本书获

国务院侨务办公室立项

广东省教育厅立项

彭磷基外招生人才培养改革基金资助

编委会名单

近现代中国社会简明教程

主　编　杜应娟
副主编　卢　宁

暨南大学出版社
JINAN UNIVERSITY PRESS
中国·广州

图书在版编目（CIP）数据

近现代中国社会简明教程/杜应娟主编；卢宁副主编．—广州：暨南大学出版社，2013.1
ISBN 978-7-5668-0463-1

Ⅰ.①近… Ⅱ.①杜…②卢… Ⅲ.①社会发展史—中国—近现代—教材 Ⅳ.①K25

中国版本图书馆 CIP 数据核字（2013）第 000703 号

出版发行：暨南大学出版社

地　　址：中国广州暨南大学
电　　话：总编室（8620）85221601
营销部（8620）85225284　85228291　85228292（邮购）
传　　真：（8620）85221583（办公室）　85223774（营销部）
邮　　编：510630
网　　址：http://www.jnupress.com　http://press.jnu.edu.cn

策划编辑：杜小陆
责任编辑：郝　文
责任校对：何　力

排　　版：弓设计
印　　刷：广东省农垦总局印刷厂

开　　本：787mm×960mm　1/16
印　　张：16.25
字　　数：300 千
版　　次：2013 年 1 月第 1 版
印　　次：2013 年 1 月第 1 次
印　　数：1—3000 册

定　　价：35.00 元

前言

《近现代中国社会简明教程》一书获国务院侨务办公室立项、广东省教育厅立项、彭磷基外招生人才培养改革基金资助，也是暨南大学加强本科课程中心建设，提高教学质量的成果之一。本书作为科研项目，获得了国务院侨务办公室立项、广东省教育厅立项、彭磷基外招生人才培养改革基金资助。

为了使学生能够更好地了解中国国情、热爱中华文化，同时增长智慧，增强历史思维能力，培养其国家意识、民族意识，我们编写了此书。本书使用对象为港澳台侨学生和外国留学生。

本书内容分为上、下两编，上编主要介绍了近现代中国社会演变的基本脉络，重点介绍了近代中国的经济与贸易、政治与国防、农村与城市、文化与科教、外交关系与中西文化交流等内容，从中国社会近代化、现代化发展的历史进程，揭示其内在规律。下编在“一个中国”的框架下，主要介绍了港澳台侨社会的变迁，重点介绍了新世纪新阶段港澳台侨发展状况。

本书由主编和副主编设计框架并拟定大纲、写作要点和基本原则，各位作者对大纲的丰富完善提出了宝贵意见。初稿完成后，主编和副主编对各章初稿进行了修改增删，最后由主编定稿。

本书写作分工如下（以章节为序）：第一章，杜应娟；第二章，郭海宏；第三章，庞晨；第四章，龚华琼；第五章，郭海宏；第六章，张龙平；第七章，卢宁；第八章，张龙平；第九章，张龙平；第十章，卢宁。

在本书编写过程中，我们得到了多方面的支持与帮助。学校教务处始终给以具体指导，并将其作为学校“本科课程中心”建设项目给予支持；暨南大学出版社一直以来积极支持国情教育教材的出版，本书的顺利出版，也得到了出版社的鼎力支持。尤其要感谢本书的组稿编辑杜小陆先生为本书的出版所做的努力和无私奉献。在本书编写过程中，我们引用了不少学者的研究成果，参考和借鉴了诸多同类教材、著作和文章，限于篇幅，我们不在此一一列出，谨对他们为本书所作出的贡献，表示衷心的感谢。

在本书编写过程中，尽管我们已经付出了极大的努力，但是由于水平有限，难免存在纰漏和不足，恳请同人、专家和读者朋友在使用过程中能一如既往地支持我们，指出问题，提出建议，使本书日臻完善。

编　者

2012年12月19日

目　录

下　编

上篇

第一章　近代中国社会演变概述

第一节　鸦片战争前中国社会概况

中国，位于亚洲的东部，土地广阔，人口众多，历史悠久。勤劳智慧的中国人民，创造了辉煌灿烂的中华文明，推动了中国社会的发展，同时也为世界文明的发展作出了重要贡献。

一、漫长的封建社会

（一）自然经济基础之上的中国

约在五六千年以前，中国的黄河流域和长江流域等地区就已经出现了早期文明社会的要素，如城市、墓葬、农业和家畜饲养等。公元前21世纪开始形成王朝国家，早期的王朝有夏、商、周。约公元前5世纪的春秋战国之际，中国进入了封建社会，一直到1840年中国沦为半殖民地半封建社会，历时两千多年。公元前221年，秦始皇统一六国，建立了统一的多民族国家，在此之后中国经历秦、汉、三国、晋、南北朝、隋、唐、五代、宋辽夏金、元、明、清等朝代。两千多年来，国家的统一和各民族间经济文化的紧密联系及相互交流始终是中国历史的主流。在这漫长的过程中，中国的封建制度表现出了巨大的生命力，形成了长期的繁荣与统一的局面。

中国封建社会的漫长，显示了这一社会形态的稳固。这种稳固的原因首先在于其建立在自然经济基础之上。在封建社会，土地是最基本的生产资料和财富，但土地的分配却是不均等的。地主土地所有制成为最主要的土地占有形式，是起主导作用的经济形态。这种经济形态的特点有两个：其一是土地在相当程度上可以自由买卖。这就使土地兼并成为中国社会最普遍的现象之一。失去土地的农民只好租种地主的土地而成为佃农。佃农和自耕农一起，在零散的土地上耕作，形成了小农经济的汪洋大海。以个体家庭为基本生产单位的小农经济，既从事农业生产，又从事手工劳动，“男耕女织”是其重要特征。这种自然经济显示了极大的保守性和稳固性。其二是封建等级关系比较松散。在地主土地所有制经济时期，在一些地区，地主土地所有制一再遭受农民战争的冲击，被不断摧毁，又不断重建。一般官僚子弟不断沦落，新兴地主又不断出现。虽然这表明地主经济能够较大限度地适应社会经济的发展，具有一定的生命力，但是到了封建社会后期，封建地主经济显示出了它的顽固性。

建立在中国封建社会自然经济基础之上的政治的基本特征是中央集权的专制制度。秦王朝统一的封建帝国确立后，封建的等级制度世代相传。在权力顶端的是至高无上的皇帝，皇帝通过中间的地主、官僚和士绅阶层对广大劳动人民实行统治。这是一种稳固的政治结构，它使下层的人民可以通过选拔的途径进入统治上层，激活了各阶层间的升迁与流动，给封建的官僚政治带来了活力，因而使封建统治秩序得以平衡运行，久盛不衰。这种封建专制主义中央集权体制，在一定程度上巩固、维护了封建统治和国家统一。

封建宗族势力在维护封建社会方面也起着重要的支撑作用。宗族组织以血缘为纽带，以族规为强制约束工具，是封建社会的基本组织，是封建官僚政治的基础。族规具体体现了封建社会的伦理纲常，它被族长用以调解家族纠纷、整顿家族事务、约束族人行为举止，它对族人的处罚有时比刑律还严酷。总之，宗族控制着个人和家庭的行为，并在镇压反抗、征收赋税、安抚地方等方面起着政府不能替代的作用。实际上，宗族的统治，就是封建政权统治在基层社会的具体化，是族权与政权相结合的封建宗法等级制度。

封建社会的稳固，还离不开封建伦理纲常对人的思想的钳制。中国社会确立封建制度之日，正是思想文化领域空前活跃之时，形成了百家争鸣的局面。墨、儒、道、法诸子学说并行流传。秦始皇时以法家思想治国。西汉之初，统治者吸取道家“无为而治”的思想。到文景之时，儒家思想逐渐抬头。汉武帝时，董仲舒将儒家封建理论系统化，论证了君权神授和强化中央集权的必要性、合理性，因而确立了儒家的独尊地位。这种理论，后经宋明理学的阐发，愈益使统治者爱不释手。在历史上，儒家学说曾经为提高中华民族的文明程度、促进封建社会的文化繁荣起过重要的积极作用。但在其基础上形成的“三纲五常”的封建伦理，不重视自然科学的研究、不了解“法治”的必要性，只强调“礼治”，使人们的思想行为被限定在封建统治秩序中不能逾越，从而限制了封建社会的发展。隋朝时，儒学家提出“三教合归儒”，倡导儒家与佛教、道教相互吸收、融合，共同为维护封建统治服务①。

（二）辉煌灿烂的中华文明

中国是世界上少有的历史文化从未间断、一直延续至今的国家。在漫长的封建社会历史中，中国人民曾以自己勤劳勇敢的精神和非凡的智慧，创造出了

① 行龙、李文海：《近代中国的民族觉醒》，北京：清华大学出版社2002年版，第1~5页。

辉煌灿烂的中华文明，在人类文明进步史上留下了光辉的篇章。

中国是世界上最早从奴隶社会进入封建社会的国家。公元前221年，秦始皇结束了长达800多年的诸侯割据局面，建立了中国历史上、也是世界历史上第一个统一的中央集权的专制主义封建王朝。秦始皇废除分封制，代以郡县制；废除土地贵族所有制，代以自由买卖的地主土地所有制；统一度量衡、货币、法律、文字、宗教、服装、历法等，为建立统一的中央集权国家奠定了基础。这种制度文明，后经汉、唐、宋、明等封建王朝的承袭与发展，达到了相当成熟的程度。这些政治、经济制度，也是当时世界上最文明、最先进的制度，在一定历史时期推动了封建生产力的发展。

物质生产领域，中国在农业和手工业方面都有着悠久的历史和辉煌的成就。早在商代，中国人就已经实行深耕细作、培土施肥、弃田休耕等农业生产方法。中国古代三部著名的农书——北魏贾思勰《齐民要术》、元代王祯《农书》、明代徐光启《农政全书》，即是对中国古代农业生产科学的深刻总结和忠实记录。早在春秋战国时期，中国就已掌握了铸铁技术，比欧洲国家冶炼铸铁的历史要早上千年。其他如纹绣、纺织、海器、染色、竹木、铜器、酿造、煮盐、造船、采矿、兵器等，无论在技术上还是在规模上都达到了相当高的水平。

古代中国科技成就更为世人所瞩目。在古代许多重要科技领域，中国人都有着"世界之最"的纪录。商代甲骨文已有了全世界最早的日食记录；春秋战国时期的《甘石星经》已准确记录了120颗恒星的位置，这比西方观测恒星早了200年；公元前43年，就有了对太阳黑子的记载，这比西方第一次类似记载早了850年；113年，东汉天文学家张衡制作的浑天仪，是世界上第一架能够比较准确测量天象的仪器……

特别值得重视的是，中国古代的四大发明，曾经极大地推动了整个人类文明的进程。其一，造纸术。西汉前期，中国已经有了纸。105年，东汉宦官蔡伦改进造纸术，用树皮、麻头等便宜易得的原料造出便于书写的纸，人称"蔡侯纸"，其后造纸术不断完善，最先传到朝鲜、日本，后传到中亚、埃及等地区。1150年左右传至西班牙，至于法国、英国知道造纸的技术并建立造纸厂则在11—12世纪之间。而美洲更晚，直到1690年第一家造纸厂才出现。

其二，印刷术。早在隋唐之际，中国人就已发明了雕版印刷技术，北宋庆历年间，著名科学家毕升发明活字印刷术，使印刷技术得到突破。其后历代中国人对印刷技术不断改进，先后创造了木、铜、铅等活字，使活字印刷技术日趋精良。中国雕版印刷技术大约在8世纪中期传到日本，12世纪传至埃及，14世纪末欧洲才有了雕版印刷的纸牌、圣像和学生用的拉丁文课本。

其三，指南针。战国时代，中国已发明了指南仪，时称“司南”。后来，由于人造磁铁的发现，最终将指南仪器改进成为细针形状的指南针。宋代海外贸易十分发达，指南针开始应用于航海。波斯商人、阿拉伯人在12世纪末13世纪初将中国的指南针技术传入中亚，后又传入欧洲。

其四，火药。唐代炼丹家已发明了黑火药。1225—1248年，火药才由商人经印度传入阿拉伯国家。欧洲最早知道火药的是西班牙人，其时为13世纪末。英法等欧洲国家接触和制造火药火器，是在14世纪中期。

中国古代的四大发明是中华民族对人类文明作出的最伟大的贡献。它不仅对人类文化知识的保存和传播，以及科学文化事业的发展起到了极大的推动作用，而且促进了世界各地的经济文化交流，使整个人类文明更加密切地联系起来。更为重要的是，中国的四大发明不仅为欧洲文艺复兴提供了物质基础，而且成为欧洲由封建社会过渡到资本主义社会“最强大的杠杆”①。

二、18世纪中国社会由盛而衰

（一）“康乾盛世”

1644年到1911年，是清朝统治时期。在这268年间，自康熙至乾隆统治的130多年，中国社会的各个方面在原有的基础上发展到极致，出现了为史家称道的“康乾盛世”。

这一时期，中国在农业、手工业、贸易、城市发展等方面，仍然走在世界前列。

从农业来看，无论是人口数量，还是耕地面积，都远远超过了历史上任何时期。据统计，乾隆初年，全国人口总数已突破1亿，到鸦片战争前已增长到4亿多。康熙二十四年（1685），全国共有耕地6亿亩，到乾隆末年（1795），全国耕地约为10.5亿亩，粮食产量则猛增至2 040亿斤。中国的粮食收获率高出英国，小麦的收获率中国为15∶1，而英国为10∶1。当时中国农作物总产量居世界第一位，人口占全世界人口的1/4。

手工业方面也有了相当大的发展。手工业规模有了更大的扩展，如广东的冶炼业、京西的采煤业、江南的纺织业、云南的铜矿业等。手工业的分工也愈益精细，如江苏松江棉布染色业作坊，按产品种类，分成蓝坊、红坊、漂色坊、杂色坊。分工的细密，使手工业的产品越来越精美。

农业和手工业的发展，大大促进了商业贸易的繁荣。当时的棉花、棉布、蚕丝、绸缎、瓷器、铁器、粮食、食盐、糖、烟、茶等行销全国。商业运输也

---

① 行龙、李文海：《近代中国的民族觉醒》，北京：清华大学出版社2002年版，第1~5页。

很发达。长江是横贯东西的交通干线，南起广州经灵渠入湘江而达于长江的航线则是岭南与内陆联系的纽带。乾隆时又修治了金沙江水道，使云南的商船可以顺流而下直达苏杭。南起杭州北到通州的大运河，是沟通南北的交通动脉。所有这些航线上，商船往来，络绎不绝。在国内贸易发展的同时，清朝的对外贸易也急剧增长，主要出口商品为生丝、茶叶和土布。据统计，18 世纪中叶，仅广州一地流入的白银，平均每年在 100 万元到 400 万元之间；整个 18 世纪，英国购买中国商品输出的白银，总数达 20 890 万元。相反，外国的商品则由于中国自然经济的抗拒而难以找到销路。

随着商业贸易的繁荣，中国城市也有了很大发展。到 19 世纪初，全世界 50 万以上人口的城市有 10 个，而中国就有 6 个，即北京、江宁、扬州、苏州、杭州、广州。当时的墟市集镇数量也大大增加，如佛山镇、汉口镇、朱仙镇等，已发展为与省会齐名的经济中心①。

（二）繁荣已隐伏着的衰象

“康乾盛世”的繁荣景象，已隐伏着衰象。

首先，清朝统治阶级日趋腐朽。康熙、乾隆多次南巡，从中央到地方耗费惊人。几位皇帝都大兴土木，劳民伤财。如康熙时修建的承德避暑山庄，到乾隆时扩充了一倍；雍正时修建的圆明园，乾隆时又大加扩展。

吏治腐败、贿赂公行。当时贪名最著者当推和珅。和珅备受乾隆宠爱，官至户部尚书、文华殿大学士，任军机大臣 24 年，权倾朝野。嘉庆继位后抄了和珅的家，没收的财物数量惊人，因而民间有“和珅跌倒，嘉庆吃饱”的说法。

军纪废弛，难以为战。八旗军是清朝的正规军，入关之初曾是强悍善战的军队，但到康熙平三藩时，八旗兵已军纪废弛，难以为战。高级将领养尊处优，玩忽职守，将公务置之脑后。普通士兵平时缺乏军事训练，每日或提笼架鸟，或聚众嬉戏，游手好闲。

其次，农业经济开始走向衰落。在农业工具的使用改进方面甚至开始停滞；清代的农田水利建设并没有超过前朝，反而出现每况愈下的趋势；土地耕作方式基本上是粗放型的；农产品产量也呈下降趋势。

再次，文化专制主义日趋严密。为了笼络和控制知识分子，统治阶级采取镇压异端、大兴文字狱等手段，实行文化专制主义。文字狱在中国封建社会可谓屡见不鲜，而清代文字狱数量之多、株连之广、处罚之酷超过了历史上任何朝代。从康熙至乾隆年间，仅见于记载的文字狱就达七八十起之多。康熙时

---

① 行龙、李文海：《近代中国的民族觉醒》，北京：清华大学出版社 2002 年版，第 6 ~ 8 页。

期，较大的文字狱案有“《明史》案”和“《南山集》案”。两案中七十余人被杀，还有几百人充军，数百人被削籍为奴。乾隆时期，文网严密，几乎到了捕风捉影的地步。清朝统治者还多次颁布禁书令，对那些不利于清朝统治的书籍，一律予以删禁或销毁，私藏禁书者重罚。乾隆还下令查禁民间文艺，将民间一切具有反清思想嫌疑的文艺创作统统取缔。文化专制的结果是知识分子一味埋头于故纸堆中而不问世事，造成了整个社会思想僵化而脱离实际。这表明封建文化已走上末路①。

衰世的种子已在盛世中生根发芽，18 世纪的清王朝已经逐渐走向衰落。

第二节　近代中国社会演变的历史脉络

近代中国社会的变迁，主要经历了晚清社会、北京政府时期、南京国民政府时期的社会变迁，以及中国共产党根据地社会的变迁。

一、晚清社会的变迁（1840—1911）

1840—1911 年清王朝统治的最后七十余年间，中国社会发生了传统时代从未有过的巨变：西方资本主义国家在政治、经济领域逐步控制了中国社会，并在许多领域对中国社会产生影响。面对陌生敌人的挑战，中国各阶级阶层的人士为了救亡图存，作出了不同的反应。

（一）西方国家对中国发动的战争

鸦片战争前夕，英国已完成工业革命。英国资产阶级为了扩大本国工业品的销售市场和增加工业原料的来源，依靠强大的军事力量，在世界各地开辟航路，强迫别国缔约通商，甚至不惜兵戎相见，拓展殖民地。英国在先后挫败了西班牙、荷兰、法国，成为“海上霸主”之后，在美洲、非洲、亚洲、大洋洲建立了号称“日不落”的殖民大帝国。在亚洲，英国占领了印度，入侵阿富汗、新加坡、缅甸等国家和地区。地大物博、人口众多的中国成为英国渴望开拓的理想市场。

初期的中英贸易中，英国处于入超地位。英国需要运送白银至中国以弥补贸易逆差。造成这种情况的直接原因，主要是英国对中国茶、丝等商品大量需求，而其本国工业制造品在中国则滞销；根本原因在于英国的工业产品受科技水平的限制，相对于中国的手工产品还未拥有明显的质量和价格优势，加之中

---

① 行龙、李文海：《近代中国的民族觉醒》，北京：清华大学出版社 2002 年版，第 8～11 页。

国自给自足的自然经济的影响。英国商人发现，鸦片在中国销路很好。于是，英国政府确立了鸦片政策，授予东印度公司贩运鸦片的专利权，造成鸦片输华量直线上升。鸦片的大量输入不仅给中国人民的身心造成严重损害，而且直接导致中国白银大量外流，出现“银贵钱贱”的现象，加重了中国人民的负担。中国人民强烈反对鸦片贸易，是理所当然的。面对危局，当时中国的有识之士要求严禁鸦片贸易，清政府派林则徐于1839年6月在广东虎门销毁收缴鸦片。这一正当禁烟运动却激起了英国资产阶级的不满。英国针对中国的禁烟运动，更加紧了发动侵华战争的准备。1840年4月，英国国会通过发动对华战争的决定。同年6月，英国侵华舰队封锁了珠江口和广东海面。鸦片战争正式爆发。

鸦片战争以清政府的失败而告终。1842年8月29日，清政府派钦差大臣耆英、伊里布在停泊于南京长江江面的英舰“康华丽”号上与英国签订了中国近代史上第一个不平等条约——《南京条约》。

《南京条约》的主要内容包括：①割让香港岛；②赔款2 100万银元（其中鸦片烟价600万银元，商欠300万银元，军费1 200万银元）；③开放广州、厦门、福州、宁波、上海五处为通商口岸，英国有权在上述口岸派驻领事；④英国货物进出口关税须经两国协定；⑤取消清政府的公行制度，两国商人实行自由贸易。接着，1843年签订了《五口通商章程》和《虎门条约》，作为《南京条约》的补充，英国又进而取得领事裁判权和片面最惠国待遇等特权。美法两国趁火打劫，于1844年7月和10月胁迫清政府分别签订中美《望厦条约》和中法《黄埔条约》，获得了除割地、赔款之外与英国同样的特权以及兵船可以进入中国沿海港口和在通商口岸传教的权利。

这一系列不平等条约，将中国纳入了欧美资本主义世界条约体系。英国等西方列强在中国攫取了大量侵略特权。割占香港岛，破坏了中国的主权和领土完整；外国兵船可以进入中国沿海港口，在中国领海航行，破坏了中国的领海主权；外国人在华不受中国法律管束，享受领事裁判权，破坏了中国的司法主权；协定关税，破坏了中国的关税主权。

随着中国的大门被西方列强用武力强制打开，中国的社会性质开始发生质的变化。中国从一个享有完整主权的独立的封建国家，逐步沦为半殖民地国家，走上了半殖民地半封建社会的畸形发展的道路。随着社会主要矛盾的变化，中国逐渐开始了反帝反封建的资产阶级民主革命。正因为如此，鸦片战争就成了中国近代史的起点。

条约签订之后，西方国家并没有停止入侵中国的步伐，先后爆发了1856—1860年第二次鸦片战争、1883—1885年中法战争、1894—1895年的甲午中日战争、1900年的八国联军侵华战争。战后签订了一系列不平等条约，以《南京条约》为开端，外国列强割占中国大片领土，强占中国租界，强租中国港湾，开辟了105处通商口岸，并且在中国划分势力范围，使中国的主权不断遭到破坏，包括：协定关税权、领事裁判权、片面最惠国待遇、海关行政权、沿海和内河航行权、铁路修筑权、投资设厂权、采矿权等。中国开始由独立的封建社会向半殖民地半封建社会演变。其后签订的《天津条约》、《北京条约》、《瑷珲条约》、《马关条约》等，使中国半殖民地半封建社会程度进一步加深。1901年签订的《辛丑条约》，是近代中国最为严重的一个不平等条约，侵略者获得了在中国领土上驻兵的特权，开始干涉中国的内政外交，镇压中国人民的反抗。清政府完全化为“洋人的朝廷”，标志着中国半殖民地半封建社会完全形成。

西方国家对中国的侵略，给中国人民带来了深重的灾难，使中国经济社会发展受到了严重阻碍。

首先，西方国家发动一系列侵略战争，屠杀了大量中国人民。甲午中日战争中，1894年11月日军攻陷旅顺后，即制造了“旅顺大屠杀”，四天内连续屠杀中国居民约2万人。1900年俄国入侵中国东北时，制造了“江东六十四屯惨案”。沙俄军警放火烧了中国人的村庄，把老百姓驱入黑龙江中活活淹死，杀害手无寸铁的居民。1900年8月，八国联军侵占北京后，仅在庄王府一处，就杀死义和团团民和平民1 700多人。有一队侵略军竟把一群中国老百姓逼到一个死胡同内，用机关枪扫射，“直到不留一个人为止”。

其次，勒索赔款，公开抢劫中国的财富和珍宝，肆意破坏中国的文物和古迹。据统计，列强侵略中国100多年间，勒索赔款折合白银达13亿两，比甲午战争前的1885—1894年10年间清政府的财政收入总和还多4亿两。对赔款的支付，使中国国家工业化失去了资金，导致了通货膨胀，致使经济停滞。如果用这些赔款来办企业，洋务派最大的军工企业江南制造总局，可以办2 400家，洋务派最大的民用企业汉阳铁厂，也可以办220家。列强还对中国进行资本输出，获得惊人的巨利，甚至进行公开抢劫。

再次，利用商品输出和资本输出，进行经济掠夺。外国列强对中国的经济掠夺，可以分为两个阶段。1840—1870年，其行为显示出海盗行径，带有明显的资本原始积累性质。除了战争期间的抢夺之外，战争结束后，还到处霸占房屋田产等。1870年后，外国列强完成了第二次工业革命，劳动生产率大为提高，加上“协定关税”特权下非常低的关税税率以及不等价交换，其工业品开始在价格上处于优势，逐渐占领了中国市场。商品输出和资本输出成为外国列强对华经济掠夺的主要手段。

从贸易平衡来看，在鸦片战争后的一定时期内，外国货物除鸦片外，洋纱、洋布等工业品并没有在中国很快打开销路，而外国对中国的茶叶、生丝需求旺盛，中外贸易中，中国仍然处于贸易顺差地位。外国的贸易逆差主要靠鸦片走私款抵充。到1870年后，外国工业品在中国市场的销路才逐渐扩大，直到1880年后，中外贸易中，中国才逐渐由顺差转变为逆差。这其中很大原因还在于中外贸易的不等价交换和进出口商品价格之间不断扩大的“剪刀差”。

外国商人将中国的农产品和原料廉价收购出口，稍作加工后又高价返销中国，比如，收购羊毛、驼毛，返销呢绒；收购棉花，返销洋纱、洋布；收购烟叶，返销卷烟等。这正是中国近代长期贫困落后的表现和根源之一①。

《马关条约》规定日本可以在中国通商口岸开设工厂，资本输出成为列强经济掠夺的主要手段。外国列强在中国开设工厂，争夺路权和开矿权，获取高额利润，还竞相向清政府贷款，一批外国银行开始进入中国。这样，到1903年，外国在华投资增加了五六倍，具有了明显的资本输出性质。

值得注意的是，外国列强在中国的投资，并没有从本国调运资金来中国，而是来自对中国的掠夺。早期的企业投资，其资金来源主要是洋行鸦片走私的利润积累、买办和华商缴纳的保证金和附股，以及外国银行在中国吸收的存款。后期的企业投资，大部分是在中国就地发行的股票。即使是外国对中国政府的贷款，也是在中国就地发行债券，相当一部分认购者是中国人。连一些资本主义国家的研究者都认为，在整个19世纪以及20世纪初期，中国并不存在外资的净流入，而是大量的净流出。本来是中国自己的资金，在所有权上却变成了外国投资，这完全是外国列强进行经济掠夺的结果。

就经济社会发展而言，列强侵略阻碍了中国的社会进步，阻碍了中国资本主义的发展，改变了中国社会历史正常的发展走向。本来“中国封建社会内的商品经济的发展，已经孕育着资本主义的萌芽，如果没有外国资本主义的影响，中国也将缓慢地发展到资本主义社会”②，“帝国主义列强侵略中国的目的，绝不是要把封建的中国变成资本主义的中国”③，恰恰相反，它们的目的是要把中国变成其半殖民地和殖民地。在整个半殖民地半封建社会期间，西方国家勾结中国封建势力，排挤、打击、压迫民族资本主义企业。中国的民族资本主义在帝国主义和本国封建主义双重挤压的夹缝中生存，艰难而缓慢地

---

① 刘克祥、陈争平：《中国近代经济史简编》，杭州：浙江人民出版社1999年版，第15页。

② 毛泽东：《中国革命和中国共产党》，《毛泽东选集》（第2卷），北京：人民出版社1991年版。

③ 毛泽东：《中国革命和中国共产党》，《毛泽东选集》（第2卷），北京：人民出版社1991年版，第628页。

发展。

（二）中国人民的反抗和觉醒

在近代，外国列强发动一次次战争；民族灾难来临之时，中华民族的无数优秀儿女不怕牺牲、英勇顽强地抗击凶残的侵略者。包括林则徐虎门销烟、广州三元里人民抗英、洪秀全等的太平天国农民起义、台湾人民反割台斗争、义和团运动等。中华民族在反对外敌入侵的斗争中表现出来的爱国主义精神，铸就了中华民族的民族魂。

西方国家发动的多次对华战争和中国人民反侵略战争的多次失败，促使中国人民思考、探索、奋起。鸦片战争时期，林则徐“开眼看世界”，魏源在《海国图志》中提出“师夷长技以制夷”，开创了中国近代向西方学习的新风。第二次鸦片战争后，冯桂芬在1861年写成的《校邠庐抗议》中提出“采西学”、“制洋器”的主张。郑观应在所著《盛世危言》中提出同西方国家进行“商战”，实行“君民共主”制度等主张，表现出了朦胧的民族觉醒意识，具有重要的思想启蒙意义。甲午中日战争以后，中国人民的民族意识开始普遍觉醒。梁启超指出：“吾国四千余年大梦之唤醒，实自甲午战败割台湾偿二百兆以后始也。”1895年严复在《救亡决论》一文中响亮地喊出了“救亡”的口号。孙中山喊出了“振兴中华”这个时代的最强音。中华民族开始了关于国家出路的艰辛探索。

（三）晚清时期社会的变化

鸦片战争后，由于外国商品以及外国资本对中国社会的冲击，更由于中国人民追求国家富强的努力，晚清时期中国社会的经济结构、阶级阶层关系、社会思潮、教育与科技、社会生活、政治生活都发生了变化。

1. 晚清经济结构的变动

晚清农业经济没有多少质的变化，基本上保持传统的生产方式，落后的小农经济构成中国农村经济的主体。农村经济的变化主要体现在农村自然经济的初步解体和农业商品化的一定发展；手工业少部分衰落了，大部分向前发展，但是晚清时期的手工业并没有大规模向现代机器工业转变。农村自然经济的这一解体过程非常漫长，直到1949年新中国成立之后一个长时期里也没有完成。同时，中国民族资本主义商业和工业有所发展，主要表现在近代商业贸易、工业、金融业开始产生，并有了初步发展。但是传统的钱庄、票号没有能够完成向近代金融机构的转化，在辛亥革命之后逐渐衰落，逐渐为新式银行所取代。这一时期，在华外资不断扩张，1895年以前，由于受到清政府的限制，发展较为缓慢，1895年甲午战争后，外国获得在华投资设厂的权利，西方资本主义国家逐渐由自由竞争向垄断阶段过渡，在华投资大规模增加，并取得绝对优势，形成了垄断，控制了中国的经济命脉。

2. 晚清阶级结构变动

近代中国经济结构的变动，促使晚清阶级结构也随之发生变动。原有各阶级阶层出现分化与解体，产生新的阶级与阶层。近代中国的阶级结构中，最基本的阶级集团表现为：与封建生产方式相联系的地主阶级和农民阶级、与近代新兴生产方式相联系的资产阶级和无产阶级。其他阶层都从属于这四大阶级集团。

地主阶级继续占有大量的土地，掌握国家政权。地主阶级的变化主要表现在军人地主增加和部分地主向近代工商业资本家转化。镇压太平天国起义，出现了一批因军功而升迁的官僚地主；近代城市的发展、农民战争的冲击和乡村社会的动荡，使有些地主向城市迁移，成为城居地主。晚清时期，大多数地主仍然是依靠地租剥削生活的封建地主，而城居地主，也多数是地主、官僚、商人、资本家多位一体，体现出一种过渡形态。

农民阶级仍是近代中国社会人数最多的被剥削阶级。由于土地兼并的加剧，不少自耕农失去土地，向贫农或雇农转化。有些农民破产或失去土地后流入城市，成为产业工人的后备军。

近代中国诞生的新兴的被压迫阶级是工人阶级。它的来源主要是城乡破产失业的农民、手工业者和城市贫民。中国工人阶级最早出现于 19 世纪四五十年代外国资本主义在华企业中，如船舶修造业、出口加工业和口岸码头等。在 19 世纪 60 年代后洋务派创办的大型军用工业和民用企业中以及 70 年代以后的中国民族企业中，又雇用了一批工人。

中国资产阶级也是近代中国新产生的阶级。它不是像欧美国家那样，在原有手工业工场比较发达的基础上，由手工工场主和包买商等演变而成，而是在外国资本主义入侵的影响和刺激下，主要由一些买办、商人、地主、官僚转化而成。从 19 世纪 70 年代开始，中国民族资本兴办的新式企业逐步发展起来。

中国资产阶级的来源多样化，构成比较复杂。其中有一部分是官僚买办资本家，他们是大官僚与大买办的结合，是利用政治特权和与外国资本的紧密联系，在剥削劳动人民和压制、盘剥民族资本的过程中，逐渐形成和发展起来的。

中国的民族资本主义经济原始积累不足，规模小，设备落后，并受到外国资本主义和本国封建主义及官僚买办资产阶级的压迫，发展缓慢，始终不在中国社会经济中占主导地位。民族资产阶级同外国资本主义、本国封建主义仍然有着千丝万缕的联系。由于工业不发达，商业畸形发展，工业资本家未能成为资产阶级的主体。有的资本家同时在农村占有大量土地，兼营封建剥削，或者还保留着封建官职、官衔和功名，从而集地主、官僚、企业主的身份于一身。

3. 晚清社会思潮的嬗变

社会思潮是指某些个人、集团、阶层、阶级在特定历史条件下围绕社会重大问题抒发并产生较大影响的思想主张、观点和意愿的总和，是某一个时期具有普遍性的思想倾向和思想运动。社会思潮，通常从知识分子群体或政治家发端，推向或大或小的社会层面，进而影响到现实生活世界与民众心理。

鸦片战争后的中国，经受着三千年未有之变局，给中国人以巨大的刺激，这种心灵的震撼，加上西方文化的传入，使中国的有识之士日益觉醒。随着外国对华侵略的加深以及晚清政权的日益腐败，逐渐形成了反映当时社会政治、经济情况而又有重大影响的救亡思潮，依次有：经世思潮、洋务思潮、维新思潮、革命思潮等。

经世思潮是近代中国人思想发生重大变迁的最早表现。经世，即经世致用，是知识界关注现实社会问题，在学习与研究中谋求解决现实社会问题的一种学术风气。它对中国近代学术风气和士林面貌产生了巨大影响，也成为西学传播到中国的桥梁和中介。

洋务思潮的主要内容最先表现为“求强”思想的兴起，1870 年后，“求富”思想产生。求强思想主要是主张采用西方先进的技术与设备，创办军事工业，训练清朝军队；求富思想主要是主张创办民用工业，增加财政收入、开辟军事工业以及扩充兵饷来源。洋务思潮主要限于军事和经济领域，在政治领域则固守封建君主专制统治，其学习西方的纲领为“中学为体，西学为用”。洋务思潮承认西方有比中国先进、值得学习的东西，是中国离开封建轨道、走向近代的起点。

维新思潮是在甲午战败，列强掀起瓜分中国狂潮，中华民族面临亡国灭种的危机时形成的。反思洋务运动不成功的原因，考察日本前进的缘由，中国的有识之士兴起了仿效日本实行君主立宪制度的思潮。主要内容是：经济方面主张以商立国；政治方面主张以资产阶级的君主立宪代替封建君主专制；文化教育方面主张“废八股兴学校”。其本质是要在中国实行资本主义的国家制度。反对专制，要求民主，符合中国社会发展的潮流，在当时的历史条件下具有进步意义，其宣传的观点，是对封建思想的极大冲击，所以维新变法是一次伟大的思想启蒙运动。

革命思潮是在 19 世纪末 20 世纪初，中华民族面临严重危机，而晚清政府又无力有效动员全国人民起来维护民族独立时期在全国形成的。革命思潮的集大成者为孙中山提出的“三民主义”理论，即民族、民权、民生三大主义。民族主义即“驱除鞑虏，恢复中华”，就是用革命手段推翻帝国主义支持的清朝封建统治；民权主义即“创立民国”，就是通过政治革命，推翻封建帝制，建立资产阶级民主共和国；民生主义即“平均地权”，主张核定地价，现有地价归原主所有，革命后因社会进步所增长的地价归国家所有，由国民共享。其中民权主义是三民主义的核心，民族主义是实现民权主义、民生主义的前提，民生主义则是民权主义在经济方面的实施纲领。三民主义其本质是进步的、革命的，是资产阶级革命派的战斗旗帜，是当时中国最先进的革命理论。

4. 晚清近代教育和科技事业的起步

近代中国的新式教育产生于洋务运动时期。当时迫切需要新式人才，晚清政府在此期间先后创办了三十多所洋务学堂，并选派学生去国外留学。洋务派所办的新式学堂可以分为三类：“方言”（语言）教育、“武备”教育、科技教育。就近代中国教育发展的进程来看，洋务学堂的产生，顺应了“西学东渐”的文化趋势，也是对封建传统教育制度的一次改革尝试。晚清新式学堂的发展，1905 年科举制度的废除，留学教育的扩大，开启了中国新兴教育的步伐，并为近代中国培养了第一代科技、教育、国防、外交方面的人才，最终促进了中国教育以及整个社会近代化的进程。

近代中国科技的产生与发展是在洋务运动时期开始的。这一时期的科技工作，主要以引进和学习西方科技为主，但是真正意义上的科学研究还没有开始。中国近代科技形成自己独立发展的理论基础，是在清末民初。

5. 晚清社会生活的变化

晚清时期，在中国的大部分地区，传统的婚姻家庭观念、风俗习惯、生活方式仍然得到遵循，但是在较为开化的地区，人们的婚姻家庭观念、衣食住行、礼仪、习俗等发生了变化。社会生活出现了新旧并存的情况，反映了晚清社会的过渡性特征。

婚姻家庭观念方面，择偶标准有了变化。有的文化人开始重视对偶的文化水平；主婚权虽仍受到父母之命的制约，但是也必须征得当事人的同意；近代中国的家庭规模也有由大而小的趋势。但是这些只是表层的变化，而且局限于城市有文化的家庭，封建的传统意识仍然束缚着人们的思想。随着近代中国社会的结构性变动，新式教育的发展，资产阶级改良与革命运动的开展以及西方民主、自由、平等观念的传播，中国逐渐出现兄弟离析、子背父命、妇女再嫁等现象，传统的家庭伦理受到了冲击。

风俗习惯、生活方式也相应发生了变化。这种变化的原因来自两个方面：一是中国内部因素的推动，主要是社会经济、政治结构变动的影响和进步人士移风易俗的倡导和实践；二是来自于西俗东渐的挑战。于是新与旧、西与中的冲突、融合，构成了近代中国社会风俗复杂多样的景象。这些风俗习惯的变化既有进步文明礼俗，也有腐朽落后的一面。晚清最后几年，西洋生活方式日益渗透到中国，以致城市上层家庭追求洋化和奢靡之风日浓。当然，晚清社会生活的变化主要发生在经济比较发达的沿海口岸城市，变化也是初步的，广大的农村和内陆城镇依然保持着传统生活方式。

6. 近代中国社会变迁的主要动力

由于西方列强的入侵，晚清政府统治的日益腐败，导致中国近代社会矛盾尖锐，改革与革命就构成了近代中国社会进程中的主要内容和社会发展的主要形式，正是这些变革运动，构成了近代中国社会变迁的主要动力，导致了中国社会诸多领域的变化，最终带来了政权与社会制度的变更。而经济、文化、社会等多方面的变化又与社会变革运动紧密相连，构成变革运动的前提条件。

晚清变革包括清政府自救的洋务运动，资产阶级改良派的维新变法实践，革命派的辛亥革命。

在内忧外患中，清政府中的一批开明官僚以及部分有识之士，发出学习西方的呼声，并很快付诸实践，这就是清政府进行的自救运动——洋务运动。

洋务运动以 1861 年 1 月总理各国事务衙门成立为起点，到 1895 年甲午战争失败而告一段落。洋务运动涉及的范围非常广泛，包括制造枪炮、编练新式海陆军、兴办近代工矿交通企业、举办新式学堂、向海外派遣留学生等。随着形势的发展和洋务派对西方资本主义认识的逐步加深，洋务运动的重点前后有所不同，前期（19 世纪 60 年代至 70 年代）以“自强”为主，重在创办使用机器生产的军事工业和训练新式军队，力图建立一套新的防务体系；后期（19 世纪 70 年代至 90 年代）洋务派在继续举办军事工业的同时，倡导“求富”，逐渐兴办工矿、轮船、电报、铁路和纺织等民用工业。另外还兴办了一批新式学堂，向海外派遣留学生和翻译西方书籍等。洋务运动是国内阶级矛盾激化，中外关系发生新变化，世界资本主义潮流冲击加剧以及中国传统经济结构变动的结果。作为地主阶级发动的一场以自强谋进步、以求富寻发展的运动，它体现了清政府应对历史变局的一种抉择。洋务运动标志着中国工业化的开始，并播下了现代资本主义的种子，为民族资本主义的成长开辟了道路。洋务运动在一定程度上带来了一次思想解放，冲击了封建思想。但是洋务运动并没有最终使中国走上独立与富强的道路，连最基本的目的即保证清政府统治的稳固都没有实现。

甲午中日战争的战败给中国带来的冲击太大了，《马关条约》是继《南京条约》以来最严重的丧权辱国条约，它给中国带来了严重的灾难，使中国的半殖民地化程度进一步加深。列强瓜分的危局惊醒中国人，救亡图存成为了中国仁人志士最强的呼声，他们要求变革社会制度，建立以日英为模本的君主立宪政体以求强求富，清政府不得不进行又一次变革——戊戌维新运动。

戊戌维新运动从1895年“公车上书”发端，至1898年9月“百日维新”达到高潮，最终又以谭嗣同等“戊戌六君子”血洒菜市口，康有为、梁启超逃往国外避难而悲剧收场。维新运动的内容涉及经济、政治、军事、文教等领域，对旧制度也进行了一定的改革，并且开始推行某些新制度。其主要内容有以下四个方面：

经济方面：设立农工商局，保护农工商业，奖励发明创造；设立路矿总局，发展铁路和采矿业；举办邮政，裁撤驿站；改革财政，编制预算；准许“旗人”自谋生计等。

政治方面：改革行政机构，裁汰冗员；允许创办报纸和官民上书言事；改革律例，澄清吏治。

军事方面：裁撤绿营，力行保甲，精练海陆军，设厂制造军火。

文教方面：改革科举制度，废八股文改试策论；设立学校，创办京师大学堂；设译书局，翻译外国新书；派学生出国留学。

维新变法运动是中国民族资产阶级领导的第一次政治运动和社会变革，对西方文化科学的传播和中国民族资本主义的发展起了很大的促进作用，也给开明绅士和民族资产阶级提供了参与政治的机会，是一次具有深远意义的思想启蒙运动。同时，在变法期间，维新派从事各种近代文化事业，如创办报刊、学堂，组织学会团体，翻译出版书籍，为中国近代新文化的形成做了大量准备和奠基，并在移风易俗方面具有积极的影响。

1900年6月，英、美、日、德、俄、法、意、奥八国联军侵华，1901年7月，清政府与参加武装侵华的8国以及比利时、西班牙、荷兰等共11国签订《辛丑条约》。主要内容是：中国赔款4.5亿两白银，分39年还清；在北京东交民巷设立使馆区，由各国驻军把守，中国人一概不准在内居住；大沽至北京沿线炮台一律削平，各国可在北京至山海关一线的12个战略要地驻军；在天津周围20里内不得驻扎中国军队；永远禁止中国人成立或参加“与诸国仇敌”的组织，违者处死；惩办赞助过义和团运动的“首祸诸臣”；各省官吏必须保护外国人的安全，否则即行革职，永不叙用；有外国人“遇害被虐”的地方，停止文武科举考试五年；清政府改总理衙门为外务部，“班列六部之前”，并指定皇族亲贵担任外务大臣等。

《辛丑条约》赔款之巨大、条件之苛刻是古今罕见的，这是西方列强对中国人民的大勒索，它标志着清政府完全丧失了独立地位，中国已经完全沦为半殖民地半封建社会。为迎合西方列强的要求，挽救清朝封建统治，改弦更张、实行新政成为清政府朝野的共识。清政府从1901年4月成立督办政务处，宣布实行“新政”，到1911年清政府被推翻止，新政措施涉及政治、经济、军事、文教等领域。

政治方面“改官制，裁冗员，整吏治”。到1911年，设立了商部、学部、巡警部等中央行政机构以及中央资政院、省咨议局、区县自治会等议会机构，虽然对封建专制政府没有实际的限制作用，但是这些是模仿西方民主制度设立的自治机构，表明晚清政权开始向近代化方向迈进。不过，晚清政府没有能够完成向近代政治体系的转轨。

经济方面颁布商法商律，奖励工商。以法律的形式肯定了工商业者的社会地位，为工商业的发展提供了一定的法律保护。传统的士农工商序列被全面打破，商人的地位日益提升。

军事方面裁撤绿营，建立新军，训练出两支颇具规模的新军，一是袁世凯为首的北洋陆军，一是张之洞训练的湖北新军。这两支新军后来却成为推翻清政府的核心力量之一，这是与新政主观愿望相背离的。

文教方面颁布新的学制，下令从1906年起正式废除科举考试。这是在教育与人才选拔制度上的大变革。在恢复了京师大学堂后，全国出现了兴办新式教育事业的高潮，促进了文教事业的发展。但是，教育制度的改革有很大的局限性，仍然保留了许多旧制度的基本特点。

清政府实行新政的目的是维护其统治，但其实际结果并没有能够挽救清王朝，反而激化了社会矛盾，加重了统治危机，客观上推动了中国近代化的进程。

戊戌维新运动失败后，以孙中山为代表的革命派在中国掀起了一场资产阶级革命运动。这场革命的发生，是当时民族危机加深、社会矛盾激化的结果。从根本上说，近代中国的革命是被外国侵略者和本国封建统治者逼迫出来的。

19世纪末20世纪初，中国民族资本主义得到了初步发展，民族资产阶级为了发展资本主义，需要自己政治利益的代言人和经济利益的维护者，这正是资产阶级革命派形成的阶级基础。一批资产阶级、小资产阶级知识分子接触到了西方的政治思想，而且对世界大势与国内民族危机有了更敏锐的认识，成为辛亥革命的中坚力量。旨在维护清政府政权却不断走向近代化的新军，则在推翻清政府的革命中充当了主力。清政府的腐朽统治难以继续下去，由近代社会演化而积聚起来的新因素不断壮大，构成了不可阻挡的反对旧制度的力量，从而使这种由资产阶级知识分子领导的民主革命成为时代的潮流。

辛亥革命迎来了中国历史上第一个资产阶级民主共和国，革命充当了历史进步的最有力工具。尽管革命成果很快被北洋军阀篡夺，但它是中国人民为救亡图存、振兴中华而奋起革命的一个里程碑，是20世纪中国的第一次历史性巨变，具有伟大的历史意义。

二、北京政府时期的中国社会变迁（1912—1928）

北洋军阀统治时期，又称北京政府时期，即1912—1928年，是中国社会急剧变革的时期。辛亥革命推翻了清王朝的专制统治，结束了两千多年的封建帝制，建立起一个资产阶级民主共和国，但好景不长，随着袁世凯的独裁、复辟帝制和其他军阀的专制统治，中国社会很快陷入了极其混乱的局面。与此同时，以孙中山为首的民主主义者为反对军阀的独裁和专制，捍卫民主，再造共和，进行了一次又一次艰苦卓绝的斗争。更为突出的是，1921年中国共产党诞生了，从此中国社会进入了一个革命新时代，随后形成国共两党合作的局面，掀起了一次轰轰烈烈的国民革命高潮，结束了北洋军阀的统治，初步完成了国家统一。

（一）挽救共和的努力及受挫

辛亥革命推翻了清王朝的封建帝制，建立了中华民国，但是封建专制制度的根基并未从根本上被摧毁，民主共和的观念只是开始深入人心，复辟与反复辟、帝制与共和的斗争成为民国初年政治斗争的中心内容。

在中外反动势力的压迫下，孙中山被迫让出了中华民国临时大总统的职位。袁世凯在北京就任中华民国临时大总统时，曾表示拥护共和，永不使君主政体再行于中国。但是当宋教仁领导的国民党在国会选举中获胜，并试图借此对袁世凯的专制有所制约时，袁世凯却雇凶将其杀害。“宋案”发生，全国哗然。以孙中山、黄兴为首的革命党人毅然发动武装反袁的“二次革命”。由于北洋军阀在军事上占绝对优势，而国民党方面缺乏兵力和财力，内部意见又不一致，结果革命只坚持了两个月就失败了。

1913年6月，袁世凯利用国会当选中华民国正式大总统，1914年1月宣布解散国会，5月公布《中华民国约法》，1915年元旦颁布新的《大总统选举法》。至此，中华民国名存实亡。1915年12月12日，袁世凯发布命令，正式承受帝位，准备于1916年元旦登基。

1914年，孙中山在日本组织中华革命党，坚持反袁武装斗争。由于中华革命党提不出能够动员群众的革命纲领，入党者又必须宣誓绝对服从孙中山个人，带有强烈的宗派性，严重脱离群众，因而参加的人数很少，社会影响不大。

1915年12月25日，即袁世凯准备“登基”的前一周，蔡锷等在云南组织“护国军”，宣布独立，很快形成席卷半个中国的护国运动。1916年3月，袁世凯在全国人民的反对声中被迫取消帝制，不久忧惧而死。皖系军阀头目段祺瑞掌控北洋政府后，拒绝恢复《临时约法》和国会。在这种局面下，孙中山举起了“护法”的旗帜，但“护法”的口号在群众中缺少应有的号召力，加之孙中山既无军队又无组织，不得不依靠与皖系军阀有矛盾的西南军阀。而西南军阀则企图利用孙中山的声望对抗北洋军阀，扩大自己的实力。1917 年 9 月，在广州成立以孙中山为大元帅的护法军政府，并出师北伐。不久，西南军阀与直系军阀勾结，擅自实行停战，并且排挤孙中山，改组军政府。1918 年 5 月 21 日，孙中山愤然离开广州，护法运动失败。护法运动的失败，使孙中山认识到“南与北如一丘之貉”，想依靠西南军阀来反对北洋军阀，是行不通的。

（二）军阀混战下的北京政府

袁世凯当权时，北洋政府统治下的中国在形式上是“统一”的。在 1916 年袁称帝败亡之后，连这种形式上的统一也维持不住了，北洋军阀分裂成皖系、直系、奉系三个派系，中国陷入了军阀割据的局面。这种局面之所以形成，其深刻的原因，一方面是由于中国主要是地方性的农业经济而不是统一的资本主义经济；另一方面是由于帝国主义国家在中国采取划分势力范围的分裂剥削政策。这些割据称雄的各派系军阀之间，或者为了争夺中央政权，或者为了保持与扩大自己的地盘，进行连年不断的纷争，引发了多次的战乱。北洋军阀各派系先后控制北京政府期间，都没有提出明确的国家发展方向和纲领，也没有实施有效的社会变革，而是不断地进行争权夺利的政治斗争，并进而发展为连绵不断的军事混战，给中国社会发展造成严重危害。

军阀的专制统治和割据、纷争乃至混战，给人民带来无穷灾难，使经济遭到极大破坏。正因为如此，1925—1927 年的大革命，以推翻北洋军阀的统治为直接斗争目标。国共合作的国民革命军于 1926 年 7 月开始进行北伐战争，在人民的支持下，基本上击溃了北洋军阀的主力。1928 年 12 月，张学良宣布“服从国民政府，改易旗帜”，北洋军阀不再作为独立的政治力量继续存在。

（三）北京政府时期的社会变迁

1. 经济变化：民族工业的壮大最为引人注目

辛亥革命后，除外资企业和官办企业外，民族资本投资设厂的热情空前高涨，之后，由于第一次世界大战的爆发，西方列强一度减弱对华商品倾销，为中国民族工业的发展提供了历史机遇和社会环境；同时，中国人民多次开展抵制洋货的爱国斗争，国内工商业发展出现了一个“黄金时期”。1914—1920 年，民族工业数量成倍增长，纺织、电气、面粉、烟草业最为突出；还涌现了化工和橡胶等一些新兴工业。无机化学工业也有了突破，创立了制碱公司；橡胶工厂在广州和上海逐渐增多。但是，就全国范围来说，相对于大机器工业，手工业仍然处于优势地位。

农业生产关系也有了一定变化，出现了富农经济、经营性地主经济、资本主义股份制的新式农场。农业生产还出现了少量机械、化肥、种子改良，但是由于缺乏资本和技能，没有发生质的变革，远远没有达到动摇封建生产关系的程度。

第一次世界大战结束后，外国资本主义经济在整个中国经济中的比重不但未被削弱，反而增强了。第一次世界大战的结果，导致了帝国主义在华经济势力发生改组，英国势力仍然处在首位，德、俄、法势力受到削弱，日、美乘机扩大了对中国的资本输出。帝国主义在中国开始了新一轮的竞争，争夺借款权、矿山开采权、筑路权，划分势力范围等。北京政府时期，通商口岸已经达92处，不仅中国的海关、盐务、邮政仍然由外国人控制，而且外国人的税收控制权不断扩大。1911年以前，所有税款都由商人直接向代理中国政府税款的海关银号缴纳，由海关银号负责保管和上缴国库；但是，1911年以后，对中国拥有债务的西方国家，将海关银号的这一职能转到外国银行手中。至此，中国海关税收的掌管大权完全落入西方列强手中。所有盐税进款，没有洋会办签字，不能提用①。第一次世界大战结束后，西方各国把中国置于它们的共同控制之下。最有代表性的是1922年签订的《九国公约》，公开声明“各国在华机会均等”，中国被迫向所有西方资本主义国家开放。

2. *政治变化：民主共和制度的初创*

结束君主专制制度，建立民主共和制度，是清末民初社会政治形态出现具有历史意义的巨大变化。但由于中国资产阶级的弱小，民国政权很快落入封建军阀官僚手中，民主共和制度名不副实。北京政府统治下的中国，依然是封建专制的社会，却又因传统的中央权威已不复存在，所以政局纷乱不已，地方割据、军阀混战，甚至一度出现帝制的复辟。为了反对军阀的专制与独裁，以孙中山为首的民主主义者进行了多次斗争。1921年，中国共产党诞生，从此中国社会进入革命新时代，随后国共两党合作进行北伐，结束了北洋军阀的统治，初步实现了国家的统一。

（1）名不副实的民主共和制度。

1911年12月3日制定的《中华民国临时政府组织大纲》，确立总统制共和国的建国方案。大纲规定：临时大总统由各省代表选举产生，每省一票，过三分之二票数者当选。依照大纲，孙中山当选临时大总统，1912年1月1日宣誓就职，中华民国南京临时政府宣告成立。

---

① 汪敬虞：《中国资本主义大发展和不发展》，北京：中国财政经济出版社2002年版，第185页。

中华民国的建立标志着中国资产阶级民主共和政体的初创。1912 年 3 月 11 日，中华民国颁布了第一部宪法——《中华民国临时约法》，它确认了“主权在民”的政治原则和民主共和国的国家性质，肯定了立法、行政、司法三权分立的组织原则，规定国家机构由临时大总统、参议院、国务院、法院组成。采用责任内阁制。规定：“中华民国人民，一律平等，无种族、阶级、宗教之区别。”人民享有人身、财产及营业、居住、迁徙、言论、出版、集会、结社、通信、信仰等自由权，以及选举、被选举、请愿、诉讼、任官考试、纳税、服兵役的权利。《中华民国临时约法》从根本上废除了封建地主阶级的君主专制制度，肯定了辛亥革命的成果，反映了广大人民群众的民主要求，符合当时社会历史发展的趋势，具有积极的进步意义。

但是，中国资产阶级自己却没有力量担当起领导中华民国的历史责任。在中外反动势力的压迫下，孙中山的南京临时政府仅执政 3 个月，就将政权送给了晚清官僚、北洋军阀袁世凯。袁世凯于 1912 年 3 月 10 日就任临时大总统，1914 年 5 月 1 日颁布《中华民国约法》，取代了《中华民国临时约法》，从这时起，“中华民国”实际上就只剩下一块空招牌了。

1916 年元旦，袁世凯复辟帝制，废除民国年号，改称“中华帝国洪宪元年”。其倒行逆施遭到社会各阶层的反对，只当了 83 天皇帝，就不得不宣布取消帝制。袁世凯之后，民国政权仍执掌于军阀官僚之手。政权体制虽然在形式上基本恢复了孙中山的民主政治设计，但民主共和的精神已荡然无存。

辛亥革命后建立的民主共和制度缺乏民族资本主义经济的支持和坚实的阶级基础。中国的资产阶级有建立民主制度、发展资本主义的愿望，但没有保障民主制度存在和完善的实力。南京临时政府就是因为得不到资产阶级在经济上的支持，所以无法渡过财政的极度危机，才不得不将政权拱手让于袁世凯。

（2）地方主义的盛行。

南京临时政府在成立时就面临着权力危机。虽然各省都督府承认南京临时政府为中央政府，但实际上地方政权在经济上和军事力量方面均有极大的独立性。在革命中，他们为维护其地方利益成为推翻清王朝的重要政治力量；但是，在革命后，他们所代表的地方利益决定了他们不可能以牺牲地方利益为代价来同中央政权进行有效的合作。

3. 社会思潮的变化：新文化运动

辛亥革命后，以儒家学说为核心的封建思想失去了对社会意识的统治地位，民主共和的观念开始深入人心。但是，由于辛亥革命对封建思想的批判不够彻底，民国初年在思想文化领域出现了一股复古尊孔的逆流。由少数先进知识分子倡导的新文化运动，以文学革命为先导，高举民主与科学的大旗，向封建旧礼教、旧思想、旧文化发起了猛烈的冲击，堪称中国近代史上一次影响深远的思想解放运动。与此同时，思想文化界围绕中西文化的异同、优劣及中国文化的出路，展开了一场大论战。新文化运动为马克思主义在中国的传播扫清了思想障碍，使它最终成为中国共产党和中国革命的指导思想。这一时期成为中国文化由传统走向现代的转折点，在中国近现代思想文化史上占据承上启下、继往开来的中心地位①。

三、南京国民政府时期的社会变迁（1927—1949）

1927 年 4 月 18 日，蒋介石在南京成立国民政府，继续北伐。1928 年 12 月，以奉系军阀张学良“东北易帜”为标志，中国实现了名义上的统一，开始了国民政府统治的历史。

（一）南京国民政府时期社会矛盾的变化

南京国民政府时期的中国仍是半殖民地半封建社会，社会主要矛盾仍是中华民族与帝国主义、人民大众与封建主义之间的矛盾。但是，在不同阶段，社会经济结构发生了一些变化，两个主要矛盾也具有不同的表现形式。

1927 年下半年至 1928 年上半年间，中国社会的主要矛盾乃是国民党新军阀同北洋军阀间的矛盾；北洋政府崩溃后，立即转变为国民党新军阀之间的矛盾；到 1932 年初蒋介石、汪精卫联合上台执政后，中国社会即表现为国共两党剧烈的军事“围剿”与反“围剿”斗争；随着中日民族矛盾逐渐成为中国社会的主要矛盾，国共两党终于逐渐携手共同反抗日本帝国主义的侵略，中国历史进入了轰轰烈烈的抗日战争时期；1945 年日本帝国主义投降后，中国社会的主要矛盾又回到国共两党剧烈的军事较量，亦即中国两种命运的斗争上，这一主要矛盾随着国民政府 1949 年在大陆的失败而结束。

（二）经济变化：民族资本的发展和国家垄断资本的形成

在南京国民政府统治的 22 年里，国民政府经济政策的演变大致可分为抗战爆发前、抗战期间和抗战之后三个阶段。

抗战爆发前国民政府的经济政策主要有：①建立统一的财政金融制度，以扭转 1928 年之前中国财政金融领域的混乱局面；②推行由政府控制经济资源、基础设施和重要林业部门的措施。到抗战爆发之前初步确立了工业发展体制，经济得到一定的恢复和发展，为抗日战争奠定了一定的经济基础。

抗战爆发之后，国民政府根据形势变化，推行服务于抗战需要的经济政

① 李延明、吴敏、王宜秋：《近代中国社会形态的演变》，合肥：安徽大学出版社 2010 年版，第 150 页。

策，根据战争的需要，调整经济发展，统制一切战略资源、物资，突出发展军事工业，加速向战时经济体制过渡。具体表现在：①调整经济发展，确立战时经济体制；②实施战时经济统制政策；③内迁工厂，发展西南大后方的建设事业。国民政府在抗战时期所推行的政策，对中国资本主义经济的发展有一定的促进作用，并有利于持久抗战的进行。但是，却造成了国家资本对国民经济的垄断，形成了国家垄断资本主义经济。

抗日战争胜利后，由于国民党的内战政策，军费逐年增加，以至于国民政府在抗战胜利以后所接收的大量日伪财产、中央银行所握有的9亿美元的外汇和50余万条黄金、数十亿美元的“美援”很快被消耗掉了。国民政府为了挽救全面崩溃的经济，先后采取了一些措施：其一，发行纸币，以弥补日益增加的财政赤字；其二，发行金圆券、银元券。但是，国民政府的财政金融体系随着其统治在大陆的失败而彻底瓦解。

这一时期经济变化之一是：资本主义经济有所发展，但是资本主义发展的命运却是由盛而衰。在商业、金融业、交通运输业等方面，民营资本同自身发展进行纵向比较有所进步，甚至达到“旧中国资本主义发展的最高峰”，如1936年的民营工业资本与外国在华工业资本相当。但除去轻工业，民营资本在其他领域较之外国资本和官僚资本都处于劣势，在整个社会经济结构中，资本主义生产关系较之封建生产关系仍处于弱势地位。

具体来说，1928—1931年，民族资本主义得到一定的发展。其原因是：1925年“五卅运动”后的抵制日货运动为工商业的发展提供了机会；国民政府在成立初期，为发展经济采取了一系列积极的措施，如1928年4月20日通令提倡国货，规定除本国没有的产品外“应一律购用国货”。颁布了一系列扶持工业发展的法规，如《特种工业奖励法》、《工业技术奖励条例》等，鼓励私人发展企业。

1931—1935年为资本主义工商业发展的艰难时期。原因是：一方面，1929—1933年的经济危机，使西方资本主义国家加强了对中国的商品输出和资本输出；另一方面，列强直接以武力侵略中国，如1931年日本发动了侵华战争。除此之外，1931年到1936年，几乎每年都发生了大水灾；再加上国民党对中国工农红军的多次“围剿”带来的破坏。这些因素或多或少地阻碍了资本主义工商业的顺利发展。

1935—1936年，民族工商业得到一定的恢复和发展。在抗战爆发之前的1935年，国民政府实行币制改革，统一了货币，推动了民族工商业的复苏和发展。

1937年全面抗战爆发之后，中国资本主义工商业走向全面衰落。这是由于日本全面侵华，中国民族工商业大迁移到西南，加上能源短缺等因素造成的。

1945 年 8 月抗战胜利之后，一方面，美货源源而来，充斥中国市场；另一方面，国民政府大量发行纸币，导致恶性通货膨胀、物价飞涨以及各种税收增加，加上官僚资本的垄断以及内战的爆发，使民族工商业的绝大多数工厂走向破产。

这一时期经济变化之二是：国家垄断资本主义开始形成。中国的国家垄断资本主义，与西方国家的相比较，缺少一个独立的私人垄断资本发展阶段，而是大官僚大买办阶级直接凭借超经济的政权力量建立的。

这一时期经济变化之三是：新民主主义经济的出现。在半封建经济中，有五种经济成分并存，即外国资本主义所有制、封建主义所有制、官僚资本主义所有制、民营资本主义所有制和小私有制，而以外国资本主义、封建主义、官僚资本主义所有制为主导。在共产党建立的苏区，出现了新民主主义经济，也有五种经济成分并存，即国营经济、合作社经济、民营资本主义经济和小私有制经济，以后又有国家资本主义，而以国营经济和合作社经济为主导。新民主主义经济既不是欧美式的资本主义经济，又不是苏联式的社会主义经济，更不是原封不动的半封建经济，而是由半封建经济向社会主义经济过渡的“过渡性质的经济”。

但是，这一时期，旧式封建剥削关系依旧保存，农业生产停滞不前。国民政府成立初期，推出了一些发展农业生产力的举措，如成立中央农业实验所、全国稻麦改进所、蚕丝改良委员会、中央农业推广委员会等机构，在引进推广先进技术、改良品种等方面做了一些工作。但旧式的封建生产方式仍然占据统治地位，土地占有关系仍然是地主土地所有制，因而收效很小。抗战前十年，地租率普遍在 50% 以上，有的地区甚至高达 80% 。一般农民必须缴纳国民政府规定的税收，但是另外的苛捐杂税又很多。抗战爆发后，国民政府制定了暂时土地政策，其核心是规定“地租额不得超过地价的 7%，并严禁任意撤佃抗租”，以此体现“二五减租”的原则。抗战胜利之后，由于很快发生内战，以及自然灾害严重，因此农村经济仍是“满目凄凉”。

（三）政治的演变：一党专政和军事独裁

1928 年 10 月，国民政府颁布《训政纲领》，宣布结束军政时期，进入训政时期。军政、训政、宪政的发展道路设计是孙中山的政治遗产。孙中山的政治理想是建立美式的政治制度。1914 年他在《中华革命党总章》中提出，革命程序分为军政、训政、宪政三个时期，他计划训政阶段只维持 6 年，待民众政治素质提高后，国民党将还政于民，实行民主宪政。

从国民党进入"训政"到1948年5月转入"宪政"的20年中，国民政府实行五权分立，但是从根本上说，是实行一党专政和军事独裁统治。1928年10月国民党中央常务委员会通过的《训政纲领》规定："由中国国民党全国代表大会代表国民大会，领导国民行使政权；全国代表大会闭会时，以政权付托中国国民党中央执行委员会执行之。"此外，国民政府建立了庞大的军队和全国性的特务系统。国民政府大力推行保甲制度，规定十户为甲，十甲为保，分设甲长、保长。保甲内各户互相监视、互相告发，并且实行联保连坐法。国民党的征税、摊派等，许多也通过保甲进行。

由于国民党曾是资产阶级民主主义革命的一面大旗和大革命时期统一战线的主要组织者，在形式上暂时地统一了全国，同时，也开始谋求与西方各国改定新约，包括争取关税自主权和废除领事裁判权两项，因而使人认为中国可能由此走上独立发展资本主义的道路。然而，事实是国民政府统治下的中国，半殖民地半封建性质并没有改变，民族独立和人民解放的问题没有得到解决。

抗日战争时期，南京国民政府于1938年迁都重庆，确立战时中央集权制度。一般来说，战时中央集权是必要的，现代民主国家在战争状态下也有集权倾向。建立国民参政会，实行了有限民主。国民参政会是一个以国民党为主、容纳国内各党派和无党派人士参加的咨询机关，为各党派评议时政提供了合法讲坛。国内各党派和无党派人士均采取了合作态度，出席参政会，对政府决策加以审议和质询。但是，随着抗日战争进入相持阶段，日本帝国主义侵华政策的改变，国民政府就不再实行这一有限的开放民主政策了。因此，抗战时期国民党政权的性质并没有改变。

抗日战争结束后，国民党政权逐渐走向覆灭。在1945年8月到1946年6月之间，国内阶级斗争主要采取了和平斗争的形式，具体表现为1946年1月召开了政治协商会议，通过了《和平建国纲领》等五项协议案。但是，1946年6月26日，蒋介石集团撕毁停战协定和政协决议，发动内战，企图用战争的方式消灭中国共产党领导的革命力量。

中国社会在这时发生了剧变。1948年9月以后，中国共产党开始同国民党政权进行战略决战，经过辽沈、淮海、平津三大战役，国民党政权的主要军事力量基本上被消灭。人民解放军于1949年4月下旬发动渡江战役，占领南京总统府，宣告国民党统治的结束，1949年12月，国民党政权在中国大陆的统治彻底结束，成为台湾地区地方政权。

（四）社会思潮的演变：法西斯主义思潮

抗日战争前的社会思潮中，占统治地位的是国民党宣传的中国式的法西斯主义，与之对立和斗争的是中国共产党信仰的马克思主义。中间政治派别的各种思想主张在这一时期也有所彰显，如第三党的“平民革命”主张、人权派的“争人权”主张、乡村建设派的“乡村建设”理论等；但是，它们的作用和影响是非常有限的。

中国式的法西斯主义。法西斯主义是20世纪二三十年代出现在欧洲的一种政治思想，意大利是最早推行法西斯主义的国家，成立了第一个法西斯政权。接着，希特勒在德国推行法西斯主义，从疯狂的排犹行动开始，进而走向以复仇情绪为思想基石的对外扩张活动，使德国重新强大起来。国民党成为全国性的执政党以后，蒋介石鼓吹法西斯主义，先后将意大利和德国的法西斯主义移植过来，并同中国封建专制主义结合起来，建立起一套中国式的法西斯主义思想体系。1931年5月召开的国民会议，是蒋介石法西斯主义开始的标志。其内容包括三部分：“行”的哲学和“诚”的哲学；超阶级的政治观与国家观；一个主义、一个政党、一个领袖的领袖独裁统治。

同时，一些民主党派和民主人士，为了救治社会与民族，提出了一些改良方案，形成了一些大的社会思潮。

“平民革命”主张。1927年冬，谭平山、章伯钧、季方等在上海成立“中华革命党”，这是第三党形成后最早采用的名称。它的基本主张是进行“平民革命”，推翻南京政府的统治，建立“平民政权”的国家，进而“实现社会主义”。设计的基本方案是被压迫人民经过各种职业（农、工、商业）及准职业（学生、妇女、兵士、警察等）团体团结起来，自动去开“国民会议”，建立自己的平民政权。

“争人权”主张。以胡适、罗隆基为代表，在20世纪20年代末30年代初提出，表明了人权派对中国问题的“根本态度”。他们声称要打倒扰乱、贪污、贫穷、疾病、愚昧这五大仇敌，建立一个“治安的、普遍繁荣的、文明的、现代的统一国家”。提出以改良和专家政治的手段来根治中国社会的主张。

乡村建设思潮。乡村建设思潮是20世纪二三十年代很有影响的社会思潮。主要派别有：晏阳初为代表的中华平民教育派和梁漱溟为代表的乡村建设派。晏阳初在河北定县农村推行称为“平民教育”的文艺、生计、卫生、公民的“四大教育”，认为将“四大教育”用以改变中国人生活中的四个基本缺点“愚、穷、弱、私”，中华民族就可以复兴。梁漱溟在山东邹平开办乡村建设研究院，着手推行乡村建设。其设计主张的三部曲是：建立乡农学校、乡村自卫组织、合作社，达到“促兴农村以引发工业”的目的。乡村建设派看到了中国农村的状况，并为此作出了努力，值得肯定。但是，在当时的社会环境下靠点滴的改良起不了多大作用。

四、中国共产党根据地社会的变迁（1927—1949）

1927—1949年中国共产党根据地社会的变迁属于区域社会变迁的类型，这种变迁虽然是局部的，却是近代中国社会性质的质的变化。一个取代半殖民地半封建社会的新社会形态——新民主主义制度，相继在南方、陕北产生，并进而扩展到全国大大小小的革命根据地，不断地发展壮大，最终实现了由区域质变到整个中国社会的根本变迁。

（一）政治上：区域政权向全国政权的转变

1927年后，中国共产党独立地领导人民进行革命，创建了一个不同于半殖民地半封建社会的全新社会——新民主主义社会。这个新民主主义社会先后经历了苏维埃根据地社会、抗日民主根据地社会、解放区人民民主根据地社会，直至全国政权的夺取和中华人民共和国的建立。

1. 苏维埃根据地社会

国共合作的大革命失败后，中国共产党走上了独立领导武装起义和创建农村革命根据地的道路。1927年10月7日，毛泽东率领工农革命军抵达井冈山北麓的宁冈县茅坪，开始了创建井冈山革命根据地的斗争。1927年11月，湘赣边界第一个根据地政权茶陵县工农兵政府成立，谭震林任主席。与此同时，广东的海陆丰、湖北的黄安县都建立了根据地政权。中国大地上涌现出了第一批以苏维埃命名的县级政权，标志着一种新型社会的诞生。1928—1930年，苏维埃区域和政权由点到面，遍及南方。

1931年11月，在各根据地迅猛发展的基础上，中华苏维埃第一次全国工农兵代表大会在江西瑞金举行。大会通过了《中华苏维埃共和国宪法大纲》以及土地法令、劳动法等法律文件，选举产生了中华苏维埃共和国中央执行委员会，成立了临时中央政府，毛泽东当选主席。

中华苏维埃共和国实行工农兵代表大会制度。首先由公民直接选举产生乡工农兵代表大会代表，召开乡工农兵代表大会，选举产生乡苏维埃政府组成人员。在此基础上，逐级召开区、县、省和全国工农兵代表大会，选举产生各级苏维埃政府。各级苏维埃政府广泛吸收工农兵群众代表参加政权管理，行使当家做主的权利。这是真正代表人民利益的政府。

由于国民党军队的五次“围剿”和共产党内部的“左倾”思想影响，根据地遭到重创，共产党不得不开始战略大转移——长征。到1936年春，各苏区主力红军相继转移。作为社会形态意义上的苏区社会在南方相继消失，而以陕北为中心的陕甘苏区发展成为全国苏区的中心。随着中日民族矛盾的急剧上升，苏维埃社会形态也逐步发生变化，由苏维埃工农共和国转变为人民共和国。

2. 抗日民主根据地社会

1931 年“九一八事变”后，日本帝国主义不断对中国进行挑衅，中日民族矛盾上升为社会的主要矛盾。西安事变和平解决后，国共内战结束。为团结抗日，中国共产党致电国民党，表示将苏维埃工农政府改名为中华民国特区政府，红军改名为国民革命军。“七七事变”后，1937 年 9 月，以国共合作为基础的抗日民族统一战线正式形成。陕甘宁苏区正式改称陕甘宁边区，苏维埃政府正式改称边区政府。中国共产党为了发动全国人民抗战，开辟敌后战场，建立了一个与苏区社会有所不同的抗日民主根据地社会。

1941 年 5 月，中共中央批准颁布《陕甘宁边区施政纲领》，全面地体现了中国共产党关于根据地建设的基本方针。边区县、乡抗日民主政府是行政机关；边区（省）、县参议会既是民意机关，也是立法机关；边区高等法院和县法院是司法机关。抗日民主政府在工作人员分配上实行“三三制”原则，即共产党员、“左”派进步分子和中间派各占三分之一。

抗日民主政权普遍采取民主集中制，各级抗日民主政权机构的领导人都由人民选举产生。抗日民主政权努力发扬政治民主，保障人民的民主自由权利。陕甘宁边区参议会、山东省临时参议会等还专门通过有关保障人权的条例。抗日民主政权实行各民族平等团结、共同抗日的基本政策，在少数民族聚居地区试行民族区域自治，这是中国共产党从中国国情出发解决民族问题的一个创造。

抗日民主政权根据共产党制定的抗日纲领和政策，在各抗日根据地进行了新民主主义的政治、经济和文化建设，取得了巨大成绩，为抗日战争的最后胜利奠定了坚实的基础。1945 年 8 月抗日战争取得胜利，9 月 2 日，日本在投降书上签字，10 月 25 日，台湾、澎湖列岛回归祖国。至此，中日民族矛盾基本解决。抗日民主根据地社会也由此向新的社会形态转变。

3. 解放区人民民主社会

抗日战争以中国人民的胜利而告终，中国人民渴望战后建立一个和平、民主的国家。各解放区政权仍然保持了与抗日战争时期基本相同的性质和体制。中国共产党坚持和平、民主、团结的方针，与蒋介石进行了重庆谈判，参加了政治协商会议，争取建立民主联合政府。1946 年 6 月，蒋介石发动全面内战，国共第二次合作破裂，国内阶级矛盾成为主要矛盾。从此解放区政权进入了新阶段——人民民主政权。抗日民主根据地社会发展成为解放区人民民主社会。

1947 年，随着人民解放战争的深入，解放区的规模日益壮大，中国共产党将原来分散的、独立性较大的各边区政权适当合并，先后成立了几个大的行政区人民政府，如东北人民政府、陕甘宁边区人民政府、华北人民政府、中原临时人民政府、华中行政办事处等。随着人民解放战争的胜利进军，不断有新的省、市人民政府成立。

人民民主政府是解放战争时期中国共产党在解放区建立的人民政权，它是从抗日民主政权发展演变而来的，但与之略有不同。首先是政府的专政对象和任务不同。全面内战爆发后，中国社会的主要矛盾发生了变化，由原来的中华民族和日本帝国主义的矛盾转变为人民大众和大地主大资产阶级的矛盾，大地主大资产阶级是专政的对象，人民政府的任务是组织领导全国人民进行解放战争、土地革命，推翻国民党统治，建立新中国。其次是人民代表会议转变为人民代表机关。另外，虽然政府仍由工人、农民、小资产阶级、民族资产阶级、开明士绅等组成，但工人、农民在政权中所占比重增大，各民主党派和爱国民主人士仍参加人民政府，人民政府的社会基础更加牢固。

随着辽沈、淮海、平津三大战役的胜利，建立新中国的任务被提上日程。1949 年 6 月 30 日，毛泽东发表了《论人民民主专政》，明确提出了人民共和国的性质就是工人阶级领导的、以工农联盟为基础的、包括城市小资产阶级和民族资产阶级在内的政权。1949 年 9 月 21 日，中国人民政治协商会议第一届全体会议召开，会议通过了《中国人民政治协商会议共同纲领》（以下简称《共同纲领》）。

《共同纲领》规定：中华人民共和国是“新民主主义即人民民主主义的国家”，是中国工人阶级、农民阶级、小资产阶级、民族资产阶级及其他爱国民主分子的人民民主统一战线的政权，实行工人阶级领导的、以工农联盟为基础的、团结各民主阶级和国内各民族的人民民主专政。人民共和国的国家政权属于人民。人民行使国家政权的机关为各级人民代表大会和各级人民政府。

1949 年 10 月 1 日，代表人民利益的政府——中华人民共和国成立了。从此，中国人民在中国共产党领导下，进入了新民主主义社会，并逐步走向了社会主义社会。

（二）经济上：公营经济和合作经济的发展

中国共产党在进行政权建设的同时，十分重视经济建设。根据地的经济主要包括农业、工业、商业等。在农村，由于封建大地主土地所有制导致农业落后，中国社会发展迟缓。

在苏维埃政府的领导下，根据地军民积极进行经济建设，着重发展农业生产。获得了土地的农民群众自愿开展互助合作，成立劳动互助社、犁牛互助社，提高劳动生产率；同时，努力开垦荒地，兴修水利，增加农作物产量。工业、军需工业和厂矿企业也有所增长。苏维埃政府鼓励私人商业往来，开展各类经贸活动，开始有公营经济与合作经济的发展。

在抗日战争时期，根据地实行了减租减息政策，在经济上削弱了封建剥削，农民从中获得实惠，达到了既坚持统一战线政策，又有力地支援抗日战争的目的。1941 年和 1942 年，是根据地最困难的时期，根据地掀起了轰轰烈烈的大生产运动，部队、机关、学校进行生产自给运动，取得了显著成就。在 1942—1944 年的三年中，陕甘宁边区共开垦荒地 200 多万亩，按当时的生活水平，根据地军民生活开始进入丰衣足食的境地。大生产运动，在当时极端困难的情况下，对于减轻人民负担，改善军民关系，支持长期抗战起到了重要的作用。根据地工业以军用工业为主，商业对内实行贸易自由，对外实行管制贸易政策。公营商业是主体，合作商业是重要组成部分，私营商业也有较大发展。

解放战争时期，人民政府的工作重心逐步由农村向城市转移，由农业转向工业。工作重心的转移预示着解放区工业的发展达到一个新的水平，为新中国成立以后的工业建设奠定了基础。

（三）社会思潮的演变：马克思主义中国化

1927 年 7 月之后，由于国共分裂，原来为求同而被掩盖的国共之间在中国社会性质、中国革命的实质和前途等问题上的分歧，也随之被彻底揭示出来。思想领域的斗争使马克思主义的中国化得到了强大的动力。毛泽东是中国共产党内把马克思主义中国化的主要代表，他率先突破了在夺取政权问题上的“城市中心论”，开辟了农村包围城市、武装夺取政权的符合中国实际的革命道路。农村包围城市革命道路的确立，成为中国共产党创立新民主主义理论、实现马克思主义中国化极为重要的一环。

中国共产党人开展了新的文化运动的理论研究工作，以瞿秋白为代表的中国共产党人，初步提出了在这一历史阶段进行文化革命的纲领，基本描绘了中国共产党在新民主主义革命阶段文化观的轮廓。从 1932 年初至 1940 年初，中国共产党更加重视新民主主义文化理论的研究，以毛泽东《新民主主义论》的发表为标志，形成了新民主主义文化学说。中国新民主主义文化是民族的、科学的、大众的、反帝反封建的文化。

苏维埃政府注重文化教育事业的发展，注重提高工农群众的文化水平。根据地普遍建立起各种识字班、夜校、半日制学校、补习学校等，还创办了马克思共产主义学校、列宁师范学校、高尔基戏剧学校、中央农业学校等，工农群众开始获得享受文化教育的权利。

抗日战争时期文化的主要特点是同日本帝国主义的文化进行针锋相对的斗争，以争取抗战的胜利。

抗日战争胜利后，新民主主义文化的具体内涵也随着形势的变化有所变更。1949年9月通过的《中国人民政治协商会议共同纲领》第五章“文化教育政策”中，明确界定了新中国文化教育的新民主主义性质，它是民族的、科学的、大众的文化教育；人民政府的文化教育工作，应以提高人民文化水平、培养国家建设人才、发展为人民服务的思想为主要任务。

新中国成立后，随着生产资料私有制的社会主义改造的完成，中国社会由新民主主义社会过渡到了社会主义社会，在文化的建设上，也相应地由新民主主义文化过渡到了社会主义文化。

总之，1840年以来，中国人民为了求得民族独立、人民解放和实现国家繁荣与人民富裕，进行了长期艰苦的探索和英勇顽强的奋斗。正是这些斗争，推动了中国社会向前发展和进步。

参考书目：

1. 行龙、李文海：《近代中国的民族觉醒》，北京：清华大学出版社2002年版。

2. 本书编写组：《中国近现代史纲要》，北京：高等教育出版社2010年版。

3. 许庆朴、张福记主编：《近现代中国社会》（上册），济南：齐鲁书社2002年版。

4. 李延明、吴敏、王宜秋：《近代中国社会形态的演变》，合肥：安徽大学出版社2010年版。

5. 黄颖黔主编：《简明中国近现代史读本》，广州：暨南大学出版社2006年版。

6. 程京武主编：《中国社会发展导论》，广州：暨南大学出版社2011年版。

7. 朱英：《中国近代史十五讲》，北京：北京大学出版社2011年版。

思考题：

1. 中国封建社会很漫长，其主要原因是什么？
2. 中国为世界文明作出了哪些重要贡献？
3. 试述中国近现代社会演变的历史脉络。
4. 鸦片战争为什么成为中国近代历史的起点？
5. 西方国家发动的战争给中国带来了什么影响？
6. 试论中国近代社会的性质。

7. 试述中国近代社会阶级的变化。

8. 试论中国近代社会政治制度的演变。

9. 试述中国近代社会经济发展的状况。

10. 试论中国近代社会思潮的演变。

第二章　近代中国的经济与贸易

作为后发展的半殖民地半封建社会的中国，近代工业并不是在本国原有传统手工业的基础上产生、发展起来的，而是受西方资本主义的影响，在从西方引进近代技术、设备的基础上发展起来的。同样，近代中国经济的转型和形成、发展也不是源自本国传统经济的转型，而是中西方经济贸易关系转变、发展的结果。1840 年鸦片战争后，随着《南京条约》等不平等条约的签订，中国被迫对外开放。此后外国资本主义势力蜂拥而来，近代市场、近代工业不断由沿海向内陆推进和扩展，使传统中国社会原有的经济和贸易秩序逐步瓦解，中国市场逐渐变成世界资本主义经济贸易体系里殖民地化半殖民地化市场的组成部分，中国经济结构开始由传统向近代化逐步转变。

第一节　近代中国贸易的转型

一、鸦片战争前中国社会的传统贸易和市场

贸易一般也被称为商业，是指自愿的货品或服务交换，需要在一个市场里进行。最原始的贸易形式是以物易物，即直接交换货品或服务。

鸦片战争前中国社会的传统贸易是以国内贸易为主，存在少量官方垄断的海外贸易。传统贸易主要从属于自然经济领域，是一种较为简单的小生产者间的产品交换。尽管在社会相对稳定时期的某些地区（如明清两代社会经济发展相对稳定时期的江南地区），这种商品经济发展可能达到较高水平，但它也仅仅是传统自然经济的某种重要补充，并未能够发展成为具有主导影响力的独立经济机制。

鸦片战争前中国社会传统的国内市场主要是以粮食为基础，包括盐、布、丝绸、茶叶和一些铁器、简单的金属冶炼制品。其主要形式有圩镇集市贸易、城市贸易和区域间流通贩运贸易，与之相匹配的国内市场主要有村落间小地方性的圩镇集市市场、城市市场和区域市场。中国传统社会中的对外贸易即海外贸易，是一种朝廷官府模式的官方贸易，主要由官方垄断，民间的海外贸易处于附属地位。官方海外贸易的主要形式是“朝贡贸易”和“随贡贸易”，其目

的是实现封建国家对外的经济、政治和文化的官方交换和交流。民间的海外贸易虽然存在，但是一向受到官府的严格控制，不是中外经济贸易交往的主体。在鸦片战争前，传统中国社会经济长期处在一种自我满足的封闭状态，国内市场和海外国际市场从未实现过有效的直接衔接，这导致中国传统经济结构发展变化异常迟缓，以交换为主的商品经济市场长期处在停滞不前的状态。

传统中国社会的这种贸易形式、市场运作模式和格局状况，与西方国家大力发展近代工商业贸易并走向海外国际市场相矛盾和冲突。尤其在16世纪地理大发现以后，西方国家锐意进取的海外国际贸易方式对中国与亚洲其他国家间的“朝贡贸易”产生巨大冲击。在鸦片战争前很长的一段时期内，中外经济贸易关系即中西经济贸易关系，其矛盾和冲突主要表现在以下三个方面：一是西方资本主义追逐利润最大化的强烈欲望与对华贸易长期逆差之间的矛盾；二是西方资本主义一贯力图不断扩大海外国际市场和清政府长期实行闭关政策之间的矛盾；三是鸦片走私和中国政府抵制之间的矛盾，而其中又以中英经济贸易关系间的矛盾和冲突最为显著、突出。

传统中国社会的经济基础是自给自足的自然经济，这种经济结构具有超强的稳定性和天然的惰性，对扩张海外国际市场没有很大的内在需求欲望。清政府采取闭关锁国政策，长期只在广州一地设立官方的公行，严格控制中外经济贸易。同时，对内采取一贯的重农抑商政策，国内市场只为自然经济服务，缺乏变革的基础、动力和力量，根本无法从自身的发展来实现对中国传统经济结构的突破性变革。海外贸易遭遇重重封锁禁锢，力量薄弱，更加无法对传统经济结构产生重要影响。鸦片战争后，中外经济贸易关系出现了根本性变革，中国被迫向西方资本主义国家开放市场，中国经济贸易市场与资本主义世界市场、世界经济相联系，并受到其强有力的冲击和影响，导致传统经济结构日渐解体，逐步演变发展成为近代化经济。

二、近代中国贸易转型和近代市场的形成

鸦片战争后，西方列强凭借不平等条约重新确立在中国的经济贸易市场秩序，在中外经济贸易关系中，中国开始处于依附地位，中外经济贸易关系呈现出以下主要特征：

（一）中外经济贸易中掠夺与被掠夺的贸易关系

鸦片战争前，中外经济贸易关系基本上处在一种较为平等的和平贸易状态。鸦片战争后的一段时期内，中西方国家的贸易平衡仍持续着旧有模式，即在一般商品贸易中，中国还处在出超地位。但是由于鸦片贸易合法化，大量的鸦片输入到中国，中国对外贸易出现巨额逆差，造成中国的白银持续外流。19

世纪40年代中国平均每年外流白银1 000万两左右，最高的年份高达1 700万两[①]。

第二次鸦片战争后，西方列强先后通过对华进行商品倾销、原料掠夺和资本输出的方式，使中外经济贸易关系逐渐演变成掠夺与被掠夺的关系。19世纪50年代中期后，原产于中国的茶叶、丝绸大量外销，造成中国产品的单一性。

19世纪70年代以后，在中外经济贸易中，中国对外贸易由顺差转为逆差。1870—1878年，中国对外贸易入超两年，出超7年，出入超抵消后，出超7 534万元。1879—1889年，出超5年，入超6年，出入超抵消后，入超764万元[②]。可见即使在一般商品的对外贸易中，中国也完全失去了有利地位，基本上沦为西方资本主义经济体系控制下的附庸。

（二）洋行对进出口贸易的控制、垄断及买办在对外贸易中的作用

近代中国社会在1842年前后对外贸易最大的变化是性质上的根本改变。1842年之前，中国的对外贸易掌控在清王朝的手中，由它授权的公行操控垄断；1842年之后，中国的对外贸易控制权转移到外国资本主义商人的手里，进行具体操控的是这些外国商人开设的洋行及其雇用的带有中介性质的买办。

鸦片战争前，外国商人在中国设立的洋行总数不超过40家。鸦片战争后，洋行的数量迅猛增长，1872年有343家，1882年增加到440家，1893年达到580家。这580家中，英国最多，有354家，德国81家，日本42家，法国33家，美国30家，俄国12家[③]。19世纪70年代以后，外国洋行数量进一步增长，资产也相继增加，从事经营的进出口贸易扩展到码头、货栈、航运、工业企业、金融、保险等方面。凭借不平等条约获取的在中国沿海内河航行的特权，使洋行在中国对外贸易和沿海沿江国内贸易运输中处于垄断地位。

洋行凭借强权外交及各种不平等条约赋予的特权，雇用中国买办推销洋货和收购土货，迅速垄断了中国的进出口贸易。1842年以后，中国国内市场通过通商口岸与海外的世界市场联结起来。在通商口岸联结国内和国外市场的就是洋行里的买办，他们是最早活跃在中国现代市场上的中国商人。

最早期的买办主要由政府官方公行的行商担任。鸦片战争后，公行制度取消。为进一步扩大对华贸易，外商需要大批熟悉中国国内市场的商人为之服

---

① 汪敬虞：《十九世纪西方资本主义对中国的经济侵略》，北京：人民出版社1983年版，第81～82页。

② 周广远：《1870—1894年中国对外贸易平衡和金银进口的估计》，《中国经济史研究》1986年第7期。

③ 姚贤镐：《中国近代对外贸易史资料》，北京：中华书局1957年版，第1000～1001页。

务，原先受命于清王朝的特许商人——行商自然而然就变成了受雇于外商的买办。随着通商口岸的不断增加、进出口贸易的迅速发展和洋行、外资在华企业及其分支机构的增设，买办人数也日益增多，并逐步形成一个有代表性的社会阶层。

买办为洋行服务，最先是充当媒介或者经纪人。19 世纪 70 年代以后，买办的业务范围扩展到经营销售和承购，并进一步发展为包购包销。到 19 世纪 90 年代，洋行与买办订立购销合同已经非常普遍。买办推销洋货主要通过两个途径，一是与当地或者内地华商订立承销合同；二是在内地城镇建立行号。这样一来，洋行通过买办利用中国国内原有的商品流通网络，逐渐建立起从通商口岸到中国内地城乡之间的洋货推销渠道，并将华商逐步变成自己经济组成中的附庸部分。因此近代中国市场带有鲜明的殖民地半殖民地的色彩。

一般而言，买办只是洋行的雇员，薪酬水平不算高，每月不过白银数十两至 200 两之间。但是他们的收入还包括佣金，买办的佣金由洋行根据其居间成交商品金额约定的比率支付。据有关资料的不完全统计，买办一般的佣金率大约为成交商品金额的 1.5% ~2%，这也促使大部分买办不遗余力地为洋行开拓业务。此外，买办还通过多种渠道参与收入分配，如年终分红、各种陈规陋习的灰色收入、自营工商业的利润及货价金额收入等。从 1840 年到 1894 年的 50 多年间，中国买办阶层收入总数达 4 亿两白银，买办成为当时中国社会最富有的阶层之一[①]。据不完全统计，1895 年之前，清政府所办现代工矿业、交通运输业与外国在华工业、运输业以及私人资本轮船、工矿业的资本合计 1.2 亿元[②]，仅及买办阶层积累财富资本额的 1/3。

当时中国买办阶层积累的巨大财富，除了一部分用于商业应酬和满足奢华生活享受以外，也有相当部分投资于近代工商业，并且涉及范围甚广，这也意味着买办资本逐渐向近代工商业转变，买办阶层逐渐向本国民族资本家转变，这种转变有利于中国民族工商业现代化的起步和发展。

（三）对外贸易流通总量和商品结构的变化

鸦片战争前，中国国内大宗商品交换以粮食、茶叶、丝绸、布匹、盐为主，城乡之间、地区之间的货物流通依靠中心市场完成集散和周转。鸦片战争后，西方资本凭借不平等条约赋予的种种特权，大肆掠夺中国的原材料和初级产品，大量的国内农产品通过通商口岸销往海外的国际市场；同时，大批近代

---

① 黄逸峰、姜铎等：《旧中国的买办阶级》，上海：上海人民出版社 1982 年版，第 70 页。

② 许涤新、吴承明主编：《中国资本主义发展史》，北京：人民出版社 2007 年版，第 1055 ~1065 页。

机器生产的工业产品由通商口岸进入内地城市，再辗转销往各地城乡市场。从而形成了近代中国社会中农产品由各地分散的农村集中到通商口岸，机器生产的工业产品则由通商口岸流向各地农村市场的流通格局，并且在这种市场流通格局中，工农业商品的交换逐步占据主导地位。

1860年以后，中外贸易总量急剧上升，进出口商品构成也出现重大变化。进口商品中，以直接的消费资料为主体，机器生产的棉纺织品输入量大幅攀升，占中国进口贸易的比重越来越大。出口商品中，主要是农产品原料及手工制品或者半成品。茶叶、丝绸的比例逐渐下降，其他农产品和原料的出口比重却逐步增加，种类也增多。从这种中外贸易格局不难看出，近代中国经济带有浓厚的殖民地半殖民地性质。

中外经济贸易关系的转变也促使中国传统贸易向近代化转变。主要体现在：

一是贸易的主要内容发生变化。鸦片战争前，中国国内贸易的主要交换商品是粮食、布匹等，手工业产品不占主导地位。鸦片战争后，在外国资本主义的强势影响下，中国国内贸易和海外国际贸易紧密接轨并促使流通商品的种类与数量出现巨大变化。这种变化表现为国际机器工业品的流通、出口农产品加工品的流通、农产品工业原材料的流通及国内农产品的流通，从而推动中国国内市场由传统市场向近代市场转型。

二是贸易总量迅猛增长。1860年以后的中国近代贸易货值出现急剧攀升的发展态势，一改传统贸易发展迟缓、停滞不前的状态。尤其是甲午中日战争后，中西方经济贸易关系中，西方不但对华继续进行商品倾销，而且还扩大对华直接资本输出。①借款给清政府。从1894年至1911年，清政府共向各国借款12 382.5万库平银两，实收借款66 053.596万库平银两，主要用于战争赔款、铁路、军械、财政支出等方面①。这些借款不但条件苛刻、利息高、折扣大，而且大都以清政府重要的财政收入，即关税、盐税及内地税为抵押。西方列强通过借款控制着清政府的财政，借款成为列强控制中国的有力工具。②对铁路和工矿业的投资。铁路方面，从1900年至1911年，清政府用于铁路修建的外债共计2.8亿两白银。列强通过这些借款取得了中国铁路的建筑权、经营权、收益分配权等。至1911年，中国修建铁路9 618多公里，但自主铁路只有665.2公里，仅占6.9%，列强经营、控制下的铁路达8 800多公里，占91.5%②。当时中国绝大部分铁路为列强所占有，如中东铁路、胶济铁路、滇

① 徐义生编：《中国近代外债史统计资料》，北京：中华书局1962年版，第90页。

② 严中平等编：《中国近代经济史统计资料选辑》，北京：科学出版社1955年版，第190页。

越铁路等。工矿业方面，列强投资增加很快，1895—1913 年，列强在华设立的重要厂矿约 136 家，资本 1 亿多美元，几乎为此前 50 年各国在华工矿业投资的 13 倍[①]。③外国银行成为控制中国金融的中枢。从 1895 年至 1914 年，外国在华设立了 13 家银行，85 个分支机构，成为帝国主义资本输出的指挥、执行机构。各国对华借款、投资、储蓄、贸易等经济活动，大都通过银行来进行。甲午战争后，西方国家加紧对中国贸易的控制。1895 年，中国净进口货值为 171 697 千海关两，净出口货值为 143 293 千海关两，入超 28 404 千海关两，到 1900 年，上述三个数字分别为 211 070 千海关两、158 997 千海关两和 52 074 千海关两，进口货值、入超额都增加很大。中国的对外贸易也为外商所控制，1914 年中国外贸总额为 9.7 亿海关两，其中 90% 都操纵在外商手中[②]。这种贸易格局突显了半殖民地中国对外经济贸易的特点。同时，中国国内贸易总值也呈现持续增长状态，鸦片战争后中国国内贸易的主要商品由原来的 7 种增加到 20 种甚至以上。1869—1894 年年均增长 1.25%，其中国内生产的货品增长 0.97%，外国进口货品净值增长 3.59%[③]，反映出中国国内近代化市场的初步形成，并有了一定的发展。

三是具有资本主义性质的新型近代商业兴起。鸦片战争后，中国进出口贸易总量不断增长，在开放的通商口岸和交通较发达的城市，如上海、广州等，出现了经营进口洋货的新式商业，传统封建性商业日渐萎缩。

新式商业主要类型有：①外国洋行。这是中国出现最早的资本主义性质的商业，洋行早期的活动主要是在商业方面，充当中外贸易的中介。②买办商人开办的商业。买办作为外国洋行的经纪人，收入较高，他们将收入积累作为资本投入到商业或其他行业中，采用资本主义经营方式进行商业经营活动，标志着中国民族资本主义商业的兴起。③旧式商业的转型。一些旧式商业在资本主义商品经济的冲击下，也采用资本主义商业的经营方式，逐渐转型为近代资本主义商业。新式商业的兴起，推动了中国商品经济的发展，但它们与外国资本主义侵略势力有着密切的联系，特别在经营内容上更多的是在为外国资本主义推销商品服务。

1894 年后，随着半殖民地半封建商业网的逐步成型和发展，国际贸易额急剧增长，加上内河轮船的发展和铁路的兴修，国内市场迅速扩大。到 20 世

---

① 汪敬虞编：《中国近代工业史资料》（第 2 辑）（上册），北京：中华书局 1962 年版，第 3 页。

② 杨端六等编：《六十五年来中国国际贸易统计》，台北：国立中央研究院社会科学研究所 1931 年版，第 1 页。

③ 吴承明：《中国的现代化：市场与社会》，北京：生活·读书·新知三联书店 2001 年版，第 303 页。

纪初，一个从通商口岸到穷乡僻壤的商业网逐渐形成。进口商品由口岸的洋行、买办卖给批发字号，再由客帮、转运商运往内地，转发农村。出口商品由农村小贩、城镇货栈集中，经转运商贩往口岸，再由行栈卖给洋行。这就把原有的传统商业，包括封建性很强的地主商业、行会商业、牙行等都组织起来，成为半殖民地半封建的商业网。

中华民国建立以后，通商口岸的近代工业（包括外商工厂）发展很快，它们的产品也进入这个商业网，而棉花、小麦、烟叶等工业原料的贸易也经这个商业网向口岸集中。随着通商口岸人口的迅速膨胀，粮食和其他农副产品也改变了传统的流通渠道，以通商口岸为中转和消费中心。据1936年国内埠际贸易统计，机制工业品已占贸易总额的34%，并以上海等地的生产为主；埠际贸易中大米的40%、药材的46%都是运到上海。估计1936年埠际贸易总额约达47亿元，比19世纪末约增长20倍①。商业网络继续扩大，殖民地性也更显著：洋行中开始出现大托拉斯的垄断集团组织，它们采用地区经销、包牌经销等制度，直接深入内地。当时国内占工业品交易额90%的棉布、棉纱、卷烟主要是产自本国，但被日、英在华工厂垄断和控制，它们还操纵着市场和价格。农产品方面，不仅种类繁多的出口货，而且主销国内的棉、麦乃至玉米的价格也受国际市场影响。1910年开始进出口商品价格剪刀差逐渐扩大，导致国内工农业产品比价失控。此后不等价交换加剧，到20世纪30年代，受东北沦陷及资本主义世界经济危机的影响，中国国内农产品价格猛跌，造成市场极端混乱。

随着民族资本主义近代工业的发展，新式商业中出现了专营国产商品的经销商。经过历次反帝爱国的抵制洋货运动，过去专营洋货的经销商也逐渐扩大国货经营比重，并出现国货公司等组织。在进出口方面，1916年、1918年开始有华商越过洋行自办茶叶、生丝出口，1919年又试行直接向国外办理进口。但是由于洋行势力根深蒂固，这种改变的成效并不大，但总算在某些商品上打破了洋行的垄断。抗日战争爆发前上海的进出口商行中，华商已占20%，但资本极难与外商匹敌。在经营上，开始出现贸易公司组织，并向多种经营和批零兼营发展。中小零售商则趋向专业化。1912—1918年经营“环球百货”的先施公司、永安公司先后在广州和上海开幕，随即向各埠发展。1920年上海首见华商证券物品交易所，继而有纱布、面粉等交易所开市。民族工业发展后，出现工厂自设的发行所、分销处、外庄、办庄等，它们也是一种新式商业；20世纪20年代它们开始发展联营，成为一种有力的竞销形式。另一方

---

① 《近代中国经济史研究资料》（第6辑），上海：上海人民出版社1987年版。

面，商业资本大量投入工业，有些新工业完全是由商业资本创建的，工商关系日益密切，如西药商创建药厂，东洋庄创建橡胶厂。从全国来说，传统商业仍占很大比重，但也不同程度地资本主义化了。在粮行、药材行、绸缎行中都出现了合股公司组织，盐商已不居重要地位，封建习俗只在零售业和集镇、农村中仍保留着。

据不完全统计，中国近代商业总计有100多个行业。以上海为例，1900年前后有棉布商134家，五金商58家，百货商约100家，西药商6家；到抗日战争前，棉布商增至700余家，五金商897家，百货商约1 000家，西药商165家，分别增长几倍乃至一二十倍。从业人员、资金、营业额等也都有相应增长。根据20世纪30年代的一些调查估计，全国约有坐商164万户，从业人员859万人，另有行商312万人。1936年私人商业资本约达30亿元①。

1927年以后，出现了另一种新的商业资本，即官僚商业资本。它是在国民党政府实行金融垄断的基础上，凭借政权力量发展起来的。官方最先干预的是出口贸易，1936年起先后垄断了钨、锑、锡的运销。抗日战争时期，国民党政府借口统制经济，实行多种物资的统购统销、公营专卖，独占丝、茶、桐油、羊毛、猪鬃的收购和出口，管制棉花、纱、布贸易。同时，国民党政府大官僚的私人商业也利用特权，投机垄断，大发“国难财”。抗战胜利后，他们又勾结美帝国主义，垄断了部分进口贸易。整个商业的投机化是在抗日战争时期由国民党的通货膨胀政策引起的，抗战胜利后达到顶峰。所有国家和社会的重要物资都变成投机筹码，正当交易停顿，城乡交流市场堵塞，工业资本也大量从事商业投机，生产停滞，城市集聚了大量游资，到处兴风作浪，直到中华人民共和国成立后，商品市场面貌才有了真正的改变。

第二节　近代中国市场与近代工业化

一、近代中国市场的转型和发展

1840年鸦片战争后，中国的经济开始从封闭型走向对外开放型，从自然经济转向商品市场经济。首先表现在国内近代商业化市场的逐渐形成和不断扩大，市场中流通的商品种类、数量不断增加。以上海开埠以后的发展最为突出。上海地处长江三角洲，靠近丝绸和茶叶的主要产地。开埠后原来国内大宗的商品不再需要从广州出口，极大地缩短了运输路程。在中国漫长的沿海海岸

① 《近代中国经济史研究资料》（第7辑），上海：上海人民出版社1987年版。

线中，上海地处中间，进口货物抵达上海后，往南、往北销售的货运也较其他通商口岸更为便捷。上海还是长江出海口，水陆路交通便利，内地土特产也便于在流域内流转，所以1842年后上海很快就成为中国的内外贸易和商业中心。19世纪60年代至90年代，随着中国一大批沿海、沿江、沿边城市和内陆各大城市被开辟为商埠，中国原有的市场结构发生显著变化，以上海为进出口货物集散枢纽中心，其他各埠则成为进出口货物吐纳的纽带，初步形成一个全国范围的货物商品流通网络。

与此同时，中国国内市场迅速与国际市场衔接，成为世界市场的一部分。市场的变化影响着生产的变化。中国原有的传统农业、手工业逐渐与世界市场发生关联，使处在这种经济利益关系中的农民和手工业生产者也逐渐受到世界市场的影响。在工业化发展方面，中国的工矿交通企业在机器设备、技术方面长期依赖外国市场，部分工业原材料、能源燃料等都要直接从国外进口，影响着工业结构与部门设置，使那些满足世界市场需要的行业优先得到发展，如船舶修理业，茶叶、丝绸等出口加工业，打包业，运输业，矿砂开采业等。在地区分布上，中国工业也主要集中在上海、天津等口岸城市。像上海就是以外贸为先导，引起内贸的发展；内外贸市场的扩大，引起近代化工业的发展。1870—1910年，运进上海的洋货增加了328%，经海关运进上海的土货增加了535%[①]，不经海关运进上海的土货与经海关运进的大体相当，使上海很快成为全国工业中心。到19世纪30年代，上海的贸易额约占全国1/4，而近代工业产值约占全国1/2。不过，获得近代化成绩的只有上海一埠。究其原因是中国市场变成世界市场一部分的过程，是以不平等条约为制度安排，以中国国家主权、政治、经济丧失独立性为前提的，中国市场根本无法获得独立自主的全面发展。

1895年《马关条约》签订后，中国国内市场进入新一轮的加速发展时期。1895—1936年，进口商品净值增长5倍，其中在国内生产的商品流通量增长9.78倍以上，国内的生产商品量增幅达到9.08倍。这一时期由于通商口岸的开放，从南往北，从沿海、边地向腹地内陆不断扩展，极大地体现出外贸拉动内贸的发展力度，使得中国国内商业依靠外贸拉动的特点更趋突出。进入民国以后，交通运输尤其是轮船、货轮、铁路的兴建，使得通往西北、东北地区的运输能力不断提高，各种各类商品的运销越来越兴旺。同时，由于大批农民劳动力移居关外，内蒙古、东北地区的农业得以发展，国内商业市场由沿海向内地、由关内向关外迅速扩张。东北地区重要的农产品也沿着市场网络大量运销

---

① 张仲礼:《近代上海城市研究》，上海：上海人民出版社1990年版，第157页。

上海、浙江和南方地区，内蒙古、青海、宁夏的毛皮制品原材料也大批运往天津、上海等地进行加工生产或者出口。华北和陕西、新疆的棉花也进入上海和沿海地区的工厂。中国国内地区间的市场，从东北、西北、华北到华中、华东、华南，商业流通基本连成一体，近代化统一市场的架构基本形成。

上述市场体系明显的近代化因素还表现在整个市场价格的重大转变。由于现代工矿业与对外贸易的发展，进口洋货、出口土货以及国内城市工业品与工业生产原料，在市场中所占的比重越来越大；与之关联的是商品的运销距离明显加大，远距离长途运输已经成为商品流通中的重要组成部分。城市将重要工业产品运销到农村，农村的农副产品成为市场工业的原材料和城市居民的生活必需品，城乡间的市场相互依存度和关联越来越密切。中国国内市集、城市的增多和彼此之间联系的密切，特别是以上海为核心的全国经济中心的出现，使以往分散的、地区性的市场网络连成一个全国性的市场网络。而近现代交通运输业、电信业的蓬勃发展，使上海的市场信息影响到全国市场的变化，上海重要商品的价格、利率、汇率的波动，很短时间内便会传遍全国各大中小市场，使得这些城市市场的物价、利率、汇率随即发生相应变化，再辐射到其他小的城镇和市集。在全国统一的市场联系的空间层面，地区之间与城乡之间交叉互成网络，在市场内部的垂直层面上，以集镇为中心的基层市场、以大中小城市为中心的地区市场和作为全国经济中心的上海，形成一个类似金字塔形的、多层次的市场网络结构；在市场内部的横向性层面上，有生活资料市场、生产资料市场、各类资本市场、劳动力市场、人才市场、技术市场、房地产中介市场等，使国内市场中各类专业分层市场发育渐趋成熟，全国性的统一市场基本形成，市场已经成为支配大多数人经济生活活动和大多数资源的配置方式。

二、中国近代工业化的发展进程

近代社会转型最主要地体现在使传统农业社会向近代工业社会过渡的工业化过程中，因而中国近代经济转型的本质特征是近代工业化，主要指 1840—1949 年使用机器和机械动力生产的制造工业的发展进程。

（一）中国近代工业化的产生

1840 年鸦片战争后，西方在中国设立工厂，是中国近代工业之始。这一时期的外资工业主要是为外商对华贸易服务的。1843—1894 年，外国在华共设立了 191 个工业企业，其中 116 个属于船舶修造业和丝、茶等出口商品加工工业。据估计，外国在华工业投资，到 1894 年约为 2 000 万元，而投放到船舶修造和出口加工两项的资本便达 1 500 万元，占总投资额的 75%。其余 75 家工厂分别属于印刷、食品加工、水、电、煤气、火柴、服皂、制药、造纸、木材、玻璃、水泥等行业，共拥有资本约500万元，大多规模狭小。

外国在华创办工业后20余年，面对西方列强的战争威胁，目睹外国资本企业的丰厚利润，困扰于农民战争的封建统治者以及商人买办，迈出了中国资本主义工业化的第一步。开始于19世纪60年代的洋务运动可视为中国经济近代化的开端。洋务运动是洋务派官僚学习西方、致力于近代化的实践。它以"富国强兵"为目标，除开展新式外交、军事和教育外，还创办了资本主义的新式企业。这些新式企业主要有两类近代化工业：一类是以"自强"为目的的军事工业，制造枪炮舰船；另一类是以"求富"为目的的民用工业，承担生产民用商品且为军事工业服务的任务。

洋务派创办的军事工业始于1861年曾国藩在安庆设立的军械所，它仿造洋枪洋炮，虽以手工生产为主，未全面启用机器生产，但是开中国创办军事工业之先河。随后李鸿章、左宗棠、张之洞等人纷纷创办军事工业。自1865年至1897年，湘、淮系官僚和各省督抚相继在全国各重要城市创办了大小共21个军火厂，其中规模最大的是江南制造总局。

洋务派创办的军事工业虽然带有浓厚的封建性，但是他们引进西方先进的机器和技术，为以农业生产为基础的中国带来了西方先进的生产力，这无疑在中国经济发展史上具有重大意义。引进的先进生产力使中国传统手工生产相形见绌，由此带来的巨大震撼成为中国近代经济转型的巨大推动力。

中国近代工业化的基础极为薄弱，工业化进程的推进需要社会为之提供配套的制度和基础设施。19世纪六七十年代的中国根本无力为近代工业提供基础设施，更无法形成工业化所需要的社会制度和社会环境。在创办军用企业的过程中，洋务派官僚遇到一系列问题，诸如原料和燃料、交通运输、经费、技术人才等，在艰难处境中终于悟出了"必先富而后强"的道理。于是他们在同治末年提出"强"与"富"并重、"寓强于富"的方针，将近代化实践由军事工业推进到民用工业。洋务派官僚创办民用工业的目的在于"求富"，而非建立一个近代化工业国家，因此民用工业的创办主要局限于为军事工业服务和提供保障。洋务派官僚于19世纪70年代创办的民用工业主要涉及采矿业、冶炼业、交通运输业、纺织工业等行业。

由洋务派发起和支持创办的新式企业，在资金来源和管理体制上可分为官办和官督商办两大类。官办，即全部由官府承办。官办企业属于官僚资本主义新式工业，具有封建性、买办性和一定程度的垄断性。官督商办则是由商人出资，政府官僚进行管理。从官办到商办，表明洋务派在管理和经营的形式上有了新变化，但由于受制度因素和社会发展阶段的束缚，官督商办的民用工业与当时的军事工业面临相似的命运，企业不能进入有序良性运作，它们所产生的社会效益和经济效益非常低下。以军事工业和民用工业的经营效果来说，并没有实现其“自强”、“求富”的目的。中国在甲午战争中的战败，表明洋务运动推进中国近代化的实践遇到挫折。主观愿望与客观效果的背离，证明中国近代化在发轫之际即处于困厄之中。

在中国近代工业发轫期兴起了一股对未来经济转型进程具有深刻影响和决定性意义的力量——中国民族资本主义。19 世纪 70 年代民族资本主义开始以商办企业的形式出现于中国近代化的进程中。19 世纪 70 年代创办了 20 多家企业，80 年代后逐渐增多，1872—1894 年，共创办了 100 余家民族资本主义近代企业。甲午战争之前中国投入新式企业中的民族资本额也增加很快，到 1894 年，商办资本总额约计白银 610 万两。这些企业按部门分类主要有缫丝业、棉纺织业、面粉业、火柴业、造纸业、印刷业、船舶和机器修造业、采矿业以及公用事业等，其中又以缫丝业、船舶和机器修造、火柴业最多。这些处于中国近代工业化早期的民族资本主义工业多是出口加工、进口替代制造业和外国轮船修造业，这些行业主要是为适应西方列强在华经济侵略所需要的配套服务而产生的，因而一开始就受到外资的掣肘而呈现出结构不合理的特点。

从企业的平均资本额度看，棉纺织业资本最大，平均每家企业的资本是白银 24 万两；船舶和机器修造业资本最小，平均每家企业的资本仅为白银 625 两。由此可以看出商办企业的规模有很大差异，其中轻工业企业约占商办企业总数的 86.1%。在中国近代工业化初期，民族资本主义工业主要集中于轻工业，而重工业的比重不大，表明民族资本主义的工业结构一开始就体现出畸形化的趋势。

从企业的分布地区看，商办企业主要集中于东部沿海一带，其中以上海和广东地区最为密集。上海有 31 家，广东有 97 家，两地约占总数的 84.8%。中国的近代工业主要建立在通商口岸或靠近通商口岸的地方，这些地方为民族资本主义工业的创办提供了交通、原料、市场及劳动力等诸多便利条件。这反映出中国近代工业化在起步时期就已经受到半殖民地社会性质的制约。

1861—1894 年，清政府一共经营了 21 家军用工厂（包括一家船厂），所费资金在白银 5 000 万两左右。其中江南制造总局、福州船政局、天津机器局和湖北枪炮厂规模较大，设备比较齐全，是中国近代工业创建时期的大型工厂。军用工业是非商品生产企业，与社会经济发展的联系不甚密切，但它促进了 19 世纪 70 年代民用工业的兴起。到 1894 年甲午中日战争前夕，由中国人自办的工业企业大抵有船舶机器修造厂 27 家，机器缫丝厂 113 家，机器棉纺织厂 8 家，其他轻工业工厂 47 家，共计 195 家。其中多数企业规模很小，资本额不详，有不少甚至在筹建期中或投产后不久便告歇业。设备比较完备的企业大多为官办或官督商办企业，如上海机器织布局、武昌织布官局和兰州织呢局等。商办工厂如陈启源经营的继昌隆缫丝厂为华南缫丝业的发展起了引导作用；商办船舶修造厂大多是在原来手工作坊的基础上添置一两部车床发展起来的，到19世纪80年代逐步发展到修理和制造缫丝车和轧花机。近代工业的创办，标志着中国资本主义生产方式的逐步确立。

（二）中国近代工业化的初步发展

中国近代工业化虽然在起步时期并不顺利，但此后在不少有识之士的艰苦奋斗下，在与外国资本主义经济侵略的斗争中缓慢展开，并于1895—1911年取得了难得的发展。

《马关条约》签订后，西方列强对中国进行资本输出，进一步破坏了中国社会的自然经济，为民族资本主义工业的初步发展提供了客观条件。清政府为扩大税源，解决财政危机，放宽了对民间设厂的限制。民族危机的加深，迫使国人发出了“换回利权，提倡工商”以图自救的呼声。在这种新情况下，清政府为寻求新的出路，提出“以筹饷练兵为急务，以恤商惠工为本源”的对策，转而倡导私人资本主义的发展。在清政府“恤商惠工”政策的影响下，中国兴起了民众投资兴办实业的热潮，商办企业得到了长足发展，从而成为中国近代工业发展的新方向。

1895—1911年，中国出现了一次投资热潮，其中官方投资2 544万银元，商办投资12 242.9万银元，商办逐渐成为此阶段中国近代工业投资的主体，表明民族资本主义工业开始成为中国近代工业化的主导力量。甲午战争后与之前相比，从设厂数量和投资总额来说，战后都远远超过战前。甲午战争前，洋务派创办的中小民用企业合计40家；甲午战争后，官办和官商合办的民用工业数量达到了89家，为前者的两倍还多。民族资本主义工业在甲午战争前设厂总数为151家，而在甲午战争后设厂总数猛增至694家，为前者的4.6倍。从投资总额看，整个战前各行业的企业平均创办资本额为白银4万两，甲午战争后，商办企业的平均创办资本额为白银17万多两，比此前增长了3倍多。中国近代工业化有了较大的发展。

中国近代工业化的初步发展表现在两方面：一是官办工业的新发展。甲午战争后，清政府将“振兴实业”作为摆脱生存危机的“切要之途”，在兴办企业的指导思想上发生了变化，由原来的“师夷长技以制夷”转向“振兴实业”，因而在甲午战争后，直接投资开设的官办企业出现了新动向。首先，对原有的主要局厂进行扩充，大幅度增加经费，扩大生产规模，使生产能力有了较大提高，使官办军事工业得到了初步发展。其次，在新形势下，一部分军事工业为追求利润，也为自身的生存发展，逐渐迈向市场，参与市场竞争，部分地生产民用产品，军事工业出现了民用化倾向。再次，甲午战争后，面对财政支绌，清政府希望利用民用工业为国家创造财源，以实现“求富”的愿望，因而使官办民用工业在甲午战争后有了较大拓展，工矿企业数量增加，规模扩充，种类增多。甲午战争前的民用工业主要集中在矿、纺、轮、电几个领域，战后扩展到制革、印刷、火柴、卷烟、水泥、陶冶、公用事业等部门。同时，官办民用工业出现了商办趋势。

二是商办工业的发展。1895 年清政府提出“振兴商务”，1898 年颁布了《振兴工艺给奖章程》，鼓励私人兴办实业和开办学堂，1903 年清政府设立商部，倡立商会，鼓励民族工商业的发展。甲午战争前后，清政府从“重农抑商”转而“恤商惠工”，有利于商办工业发展。以绅商为主体的民族资产阶级在“实业救国”思想的指导下，掀起了资本主义工业活动的热潮，涌现了大批像张謇那样的“状元资本家”。

绅商成为这一时期投资工业的主体。他们首先投资轻工业，其中以棉纺织业、面粉业、火柴业、卷烟业为主，其他轻工业也有不同程度的发展，如织布业和缫丝业。在产业结构上，商办企业已经扩展到纺织、食品、日用化工、建筑材料和文化用品等行业，轻工业体系建设渐趋完善。由于官办重工业和交通运输业不能为商办工业提供良好的服务，而轻工业的发展提出了对能源、机器、运输的迫切要求，因此商办工业开始涉足重工业、冶矿业、交通领域，使中国近代工业化程度有所提高。

商办工业虽有较大发展，但在工业化发轫时期呈现的弱点并没有改变：产业结构不平衡，轻工业为主，重工业为辅；企业平均资本较少，企业规模小，力量薄弱；地区分布偏重于沿海、沿江省份等。这些弱点既反映出处于半殖民地半封建社会条件下的中国近代工业的艰难，又必然制约后一阶段中国近代工业化的发展水平。

（三）中国近代工业化发展的“短暂春天”

1. 私人资本主义工业的发展

1912 年中华民国成立，经济法制建设和“共振实业”的潮流推动了近代工业化的发展；第一次世界大战使中国近代民族工业面临的外部环境宽松了许多，因而中国资本主义工商业迎来了一个“短暂的春天”。此间商办工业即私人资本主义工业成为近代工业化的主体，民族资产阶级成为推进中国近代工业化的主要力量。

（1）设厂数目和投资规模扩大。

1904—1908 年，年均注册的工厂有 21.1 家；1913—1915 年，年平均注册的工厂为 41.3 家；1916—1919 年，年均注册工厂为 124.6 家，呈不断增加的趋势。就投资而言，1914—1919 年共设新厂矿 379 家，投资额从一战前的 1.3 亿元增加到 3.3 亿元，包括铁路、航运在内共达 4.3 亿元。

（2）技术装备水平明显提高。

1913 年，全国民族工业企业使用的蒸汽动力总功率约为 4.3 万匹马力，1918 年增加到 8.2 万匹马力。同时，全部动力机械增加 1 倍有余。机械动力的增加表明工业技术装备水平的提高，明显地反映出工业化水平的进步。

（3）地域上的扩展。

此前，资本主义工业主要分布在沿海、沿江地区，西部地区工业企业为数很少。随着资本主义工商业的迅速发展，资本主义工业由沿海、沿江向内地城市扩展。棉纺厂此前大都集中于江浙地区，此时原来没有近代纺织工业的一些省市也相继设立棉纺厂。面粉业原来集中于上海、江苏和东北地区，到 1921 年，天津、济南成为华北地区面粉工业的中心，同时，北方的大同、开封、新乡、保定、安阳、太原、石家庄、许昌、烟台，南方的长沙、沙市、重庆、成都、昆明都有了机器面粉厂。

2. 中国资本主义工业发展的不足

这个时期资本主义工业的发展基本上奠定了中国近代工业化的基础，它的发展水平和状况直接决定了中国近代化的发展程度。然而甲午战争后到 20 世纪 20 年代，中国资本主义工业的发展仍存在以下不足：

（1）近代工业发展不充分。

民族资本主义工业在中国近代产业中所占比例太小，难以承担中国近代工业化的重任。1920 年，中国资本主义工业总产值为 23.61 亿元，其中近代工业总产值为 10.66 亿元，占 45.15%；手工业工场总产值为 12.95 亿元，占 54.85%。这说明中国资本主义发展还不充分，在国民经济中未能占主导地位，中国工业近代化还任重道远。

（2）本国企业资本严重不足，企业规模小，设备落后，生产率低。

中国的产业资本远少于外国资本，资本严重不足。投资不足导致企业规模小，技术设备落后，资本有机构成低。这些弱点限制了民族工业的近代化程度，也决定了企业劳动生产率的低水平状态。即使是 20 世纪 30 年代，中国产业工人的劳动生产率只相当于同期美国工人的 1/19。

（3）近代工业发展不平衡。

首先，近代民族工业在地理分布上并未因内地工业的兴起而改变分布不平衡的特点。1913 年，463 家万元以上的厂矿中，沿海各省有 343 家，占 74.1%，仅上海就占 48.1%。1919 年，全国新注册的工厂有 471 家，其中沿海各省有 357 家，占 75.8%，内陆的 20 个省和地区仅有 114 家，占 24.2%。

民族工业地区分布不平衡，必然会对中国近代工业化带来不利影响。其次，部门结构不合理。中国近代工业中得以发展的主要是轻工业部门，其中又以纺织、面粉、卷烟、榨油行业发展最快。重工业与轻工业发展比例失调，1913年的463家万元以上的工矿企业中，就厂家而言，重工业仅有金属加工厂13家，水电41家，且规模都很小①。

（四）中国近代工业化的曲折发展

1927年南京国民政府成立后，采取了一系列发展经济的措施，中国工商业取得了某些发展。如棉纺织业，1927年全国有纱厂119家，纱锭368万枚；1930年纱厂增为130家，纱锭增为450万枚。缫丝工业，上海、无锡两地1927年有丝厂118家，丝车30 148架；1930年增为156家，丝车40 237架。造纸业，1926年全国有规模较大的造纸厂18家，1930年增为25家。此外，煤炭、钢铁、水泥等工业也都有一定的发展。但同一时期，面粉、卷烟、火柴和有色金属等工业，在外货倾销，特别是日货走私及国民党政府经济统制政策的打击下，趋于衰落。

1930年以后，由于受世界经济大危机的影响，加之日本武力侵华以及国家资本的垄断和国民党政府的搜刮，再加上各地连续发生自然灾害，民族资本主义经济陷入全面萧条的境地，表现为停工减产，开工率下降。棉纺织品工业领域，1931年全国纱锭的开工率为92.2%，1932年降为83.9%，1935年降为82.4%，到1935年6月底，全国停工锭数和减工锭数占全国纱锭总数的31.28%。缫丝业领域，上海丝厂1934年比1930年减少了70%以上，同期广东丝厂减少了2/3，无锡丝厂减少近1/2，四川丝厂则几乎全部倒闭。面粉领域，随着东北沦陷，民族面粉工业几乎丧失了一半的销路，加之人民购买力的减退，1934年华商面粉厂开工率较1931年减少55.4%。其他如橡胶、火柴、卷烟、水泥、造纸、制糖、机械工业等，普遍存在停工减产的现象。

从1935年开始，世界经济逐步复苏，带来了短暂的繁荣，中国各地农业丰收，以及法币政策的实施，使物价回升，市场活跃，中国资本主义经济出现了一个新的转机。从工厂设立数目来看，1936年登记工厂数为2 441家，其中新设工厂193家。以地区计，新设工厂主要集中在江浙、上海、青岛、南京等大中城市。以行业论，主要是饮食工业。以开工状况而论，全国绝大部分工厂开工充足。以工业产量而论，重工业虽仍为外资所操纵，但国家资本已开始经营重工业，华侨民间资本主要经营轻工业，大多集中在纺纱、面粉、水泥、火柴、卷烟等行业，1936年的产量较之于1935年，棉纱增长45.63%，火柴

① 陈国庆：《中国近代社会转型研究》，北京：社会科学文献出版社2005年版，第23~40页。

增长3倍，卷烟增长70.23%。在工业总产值方面，1936年达102亿元，其中资本主义经济占58.8%。在经济增长率方面，1928—1936年平均年增长8.4%，为近代中国经济发展最快的一段时期①。

抗战爆发中止了民族资本主义的美好前景，战时经历了漫长而艰辛的迁移历程，到抗战胜利后，民族工业除个别工厂因经营者与官僚资本关系微妙而有所扩展外，绝大多数工厂走向破产。1946年2月，上海各工厂的开工率仅为平时的20%左右。同年6月到10月，上海工厂倒闭达1 600家，工业生产量仅为战前的1/4。1949年4月间，上海千余家机器工厂中，开工的不到百家。由于工厂普遍停工减产，并有大批工厂倒闭，使得中国工业总产量急剧下降。1947年的工业总产量比1946年降低10%，到1949年轻工业生产量约比战前减少30%，重工业生产量减少70%。主要原因，一是美国对华的经济侵略。美国通过中国官僚资本家，将中国市场变成了美货的独占市场。战后美国在华攫取了种种特权，为美国商品在华倾销创造了条件，如1947年的《中美参加国际关税与贸易一般协定》规定，中国对110种美国商品减免进口关税。廉价的美国商品在战后大量涌入中国，泛滥横流，成了淹没中国民族工业产品的国际狂流。二是中国官僚资本的垄断。官僚资本依靠国家权力以及种种特权和优先条件与民族工业竞争，民族资本无不惨败。官僚资本企业垄断了银行贷款，一般民营企业由于缺乏流动资金，只能以很高的利率向商业钱庄、地下钱庄借贷。民营企业在原料、燃料、电力等方面也都受到官僚资本的挤压。繁重的捐税负担，也给民族工业的资金周转造成极大困难。战后国民党政府对民族工商业抽税很重，当时民族工商业所负担的捐税有营业税、印花税、统税、盈利所得税、过分利得税、租赁所得税、财产出卖税、牌照税等。这些繁重的捐税，将民族工商业者们压得喘不过气来②。

第三节　近代中国经济转型中的基本形态及特征

一、近代中国经济转型中所有制结构的复杂性

（一）近代中国经济转型中的八大所有制

近代中国转型中的主要经济形态包括八种所有制：①原始氏族所有制；②奴隶主所有制；③领主所有制；④地主所有制；⑤资本家所有制；⑥国家所

---

① 王文泉、刘天璐：《中国近代史》，北京：高等教育出版社2001年版，第368～369页。

② 吴申元：《中国近代经济史》，上海：上海人民出版社2003年版，第111～113页。

有制；⑦在华外国资本所有制；⑧劳动者个体所有制。前三种所有制只存在于人口稀少的少数民族地区[①]，后五种存在于广大地区，在国民经济中影响比较大。

中国半殖民地半封建的经济形态之所以有多种所有制，首先是因为社会生产力呈现多层次结构状态，这是决定性的因素。其次是因为长期形成的各民族地区经济发展不平衡的状况。最后是因为中国从传统社会步入现代社会的国际环境与转机。中国由独立的经济形态转变为半殖民地性质的经济形态，是由一系列资本—帝国主义的侵华战争造成的。资本—帝国主义势力所到之处，总是按照自己的面貌与需要来改造和影响中国经济。它们为了自己的利益，在中国建立资本主义性质的工厂、银行、洋行等。它们为了推销自己的商品和从中国运走绿茶、矿石等物资，需要利用中国原有的经济结构，诸如商业网络、钱庄、运输工具，还需要兴办新的运输、通信等工具，诸如轮船、铁路、电报等。它们的行动必然推动商品经济的发展。中国人民为了抵抗外国的侵略，"师夷长技以制夷"，展开各种斗争和学习，兴办工厂、铁路、银行，在市场上与外国商品竞争等。这样，新的资本主义所有制产生了，旧的所有制却并未消灭，形成了新旧所有制并存的复杂结构。在半殖民地半封建经济形态中的各种所有制，与其他经济形态中的同类所有制，既有相同之处，又有差异；而各种所有制之间的相互关系，则更为复杂，更具特点。

（二）新型所有制的产生及其地位

1842—1949 年，中国经济在所有制方面的主要变化，是资本主义所有制的成长，资本主义经济在国民经济中成为一种起着重大影响和作用的、独立的经济成分，这是半封建经济形态区别于封建经济形态的基本标志。在半殖民地半封建经济形态里，资本主义所有制包括两大部分：本国资本所有制和外国资本家所有制。本国资本所有制包括资本家所有制和国家所有制两种。

1895 年《马关条约》的签订，使外国取得了在中国办厂的合法权利。随后，发达国家掀起了对华投资的高潮。到 1914 年，在中国近代工矿交通业中外国资本明显地居于垄断和支配的地位，外国资本所占比重达到高峰。以后外国资本所占比重下降，1947—1948 年，只占 8%。这是由于 1914 年之后中国资本比外国资本增长快，1937—1945 年没收了德、意、日等敌对国的在华资本。中国人民通过学习和斗争，在经济的独立上取得了重大成就。

国家资本所占比重在 1920—1936 年，由 13% 升至 38%。1920 年时国家资本比私人资本少 41 个百分点，1936 年则超过私人资本 1 个百分点，占据第一

① 赵德馨主编：《中国近代国民经济史教程》，北京：高等教育出版社 1988 年版。

位。这主要是因为国有金融业资本膨胀，由1920年的2.3亿多元增加到1936年的56.3亿元，16年间增加了23.5倍。金融业资本所占的比重，1920年为25%，1936年为73.6%①。国家资本在铁路、公路、邮电业中长期占据垄断地位。国家资本在1947—1948年升至高峰，是抗日战争胜利后接收敌伪资产的结果。

抗日战争之前，私人资本长期占主要地位。它的优势是在工业制造业和商业领域。1920年，私人商业资本占商业资本总额的72.6%，私人工业制造业资本占工业制造业资本总额的52%，1936年相应的比重为75.6%和53.8%。

此外，就产值而言，1920—1936年，中国产业资本年平均增长9.0%，外国产业资本为3.9%。工业中国家资本年平均增长1.18%，民族资本为12.41%②。中国资本企业的产值比外国资本企业增长得快。在中国资本企业中，私人资本的产值比国家资本企业有更快的增长。到抗战前，私人资本在国民生产中的地位不仅超过了国家资本，也超过了外国资本。这种发展趋势被日本发动侵华战争所打断。

（三）五种主要的所有制及其相互关系

1. 资本家所有制或者称为私人资本主义

它是一种新生的所有制，它以新的生产力为物质基础，带来新的阶级即资本家阶级和工人阶级，是国民经济中的进步因素。

1842年以前，中国经济中已有资本家所有制，但很微弱，处于萌芽状态。作为国民经济中的一种成分或一种独立的所有制，私人资本主义出现于19世纪六七十年代，以后波浪式地向前发展。资本家所有制工业的产值，1920年为2.51亿元（1936年币值），1936年为16.32亿元，年均增长12.41%。同期，在中国工业资本中所占的比重，私人资本由57.8%上升到88%。相应的，国家资本由42.2%降至12%③。私人资本在工业生产中占了绝对优势。在商业领域，相对于国家资本，私人资本一直处于优势。1937年以后，由于战时国有工业的发展，以及战后国家接收日伪工业，在工业资本中，国有资本占2/3，私人资本仅占1/3，其力量是非常微弱的。

私人资本主义具有两重性。一方面，它是封建经济的对立面，是抵抗外国资本主义经济侵略的力量，是反对国家垄断资本主义垄断行为的力量，是中国近代社会的新生产关系。另一方面，在剥削劳动者方面，它与外国资本、本国

① 吴承明：《市场·近代化·经济史论》，昆明：云南大学出版社1996年版，第208~209页。

② 刘佛丁等：《近代中国的经济发展》，济南：山东人民出版社1997年版，第218、211页。

③ 刘佛丁等：《近代中国的经济发展》，济南：山东人民出版社1997年版，第218页。

封建主义、国家资本或多或少有利益一致的一面。部分资本家同时又是地主，其资金在资本主义与封建主义两种生产方式之间融通。由于私人资本的微弱和资本家阶级在政治上的无权，私人资本企业在资金、设备、原料、材料、技术、运输等多个方面要依赖外国资本和国家资本，与它们有着千丝万缕的联系。

2. 国家所有制

在中国，这是一种自有国家以来就存在的古老的所有制。国有的范围很广，如土地、建筑物、工厂等。19 世纪下半叶后出现的国有现代企业，是资本主义性质的所有制，1927 年后发展为国家垄断资本主义所有制。后者的通俗称呼为“官僚资本主义”或“官僚资本”，它是国民政府建立后凭借政权力量建立起来的，是半殖民地半封建性质的国家所有制，是在国民经济中占垄断地位的经济成分。“这个垄断资本主义，同外国帝国主义、本国地主阶级和旧式富农密切地结合着，成为买办的封建的国家垄断资本主义。”抗日战争胜利后，国民政府接收了日本在华财产和伪政权的财产，国有经济迅速膨胀。1948 年，国家资本控制了全国银行的 70%，纺锭的 40%，织布机的 60%。国民政府控制工业的主要机构是“资源委员会”，它掌握了全国钢产量的 90%，煤产量的 33%，电力的 67%，糖产量的 90%，以及全部石油和有色金属。在全国产业资本中，国家资本占 64% 以上。在交通运输方面，它控制全部铁路、公路和 43% 以上的轮船吨位。在流通领域，它掌握十几个具有垄断性质的大贸易公司。与发达国家或资本主义经济形态不同的是，虽然半殖民地半封建经济形态或旧中国经济中的国家垄断资本主义不是在生产力高度发展、生产集中带来资本集中的基础上产生的，但它同样是进入社会主义的台阶。

3. 外国资本所有制，即外国在华企业资本所有制

资本主义国家的资本家，依仗本国与中国签订的不平等条约中规定的特权，在中国办工厂、矿山、银行、商店、铁路等，渗入中国国民经济的多个部门，在中国国民经济中形成了一种经济成分。与殖民地经济形态相比，半殖民地半封建经济形态中的外国资本所有制的特征，在于不是由一个国家独占，而是属于多个国家。全世界所有的资本主义强国，都对中国进行过经济侵略，都在中国有过投资。它们在中国的势力互相斗争，依其国力及在华力量的大小而发生变化。与主权独立国家中的外国资本不同，半殖民地半封建经济形态中的外国资本有特权护身，且在某些时期某些部门中处于垄断或操纵的地位。

在华的外国资本家（所有制），带来资本、设备、技术与企业管理经验，既利用又破坏原有的封建经济组织，掠夺中国的财富，对中国资本起着示范、压制等多重作用。

4. 地主所有制

1842年以后，封建主义所有制起了重要变化。国家所有制的土地逐步转化成了私人土地，土地买卖向现代性质的自由买卖发展，封建主义所有制在国民经济中的地位逐步下降。旧式地主经济衰败，出现了经营地主，地主兼营工商业的比重加大。佃仆制没落，永佃制和押租制开始发展。实物地租中的对分制进一步为定额租制所代替，折租制扩展较快，少数地区出现了货币定额租制。地主与农民间的人身依附关系进一步松弛，产生了半封建性的富农。城市中的封建主义所有制比农村变化得早一些，快一些。到20世纪40年代，它仅以残余的形态存在。从整个国民经济结构看，已不是完整的封建经济了。以地主所有制为基础的生产关系，在农村仍占统治地位。在封建生产关系下生产出来的产品，在工农业总产值中所占的比重越来越小。封建经济逐渐丧失了在国民经济中起主导作用的地位，变成帝国主义和国家垄断资本主义剥削农民的基础。封建主义所有制是一种走向没落的、严重阻碍生产力发展的所有制。

5. 劳动者个体所有制

个体劳动者，包括生产领域的小生产者（主要是自耕农和手工业者）和流通领域的小商小贩。在中国，劳动者个体所有制也是一种古老的形态。1842年以后，这种所有制发生了重要变化。一部分个体农民的农业与家庭手工业开始分离，农户生产的产品中，进入市场的部分日益增多，农民经济由原来的完全依附于封建经济，变成部分依附于封建经济、部分依附于资本主义所有制主宰的市场经济，受世界市场垄断资本主义的支配。城镇中个体手工业者的产品，有很大一部分在市场上受到机器制品的排挤，有一小部分进入国际市场，前者衰落，后者发展。这一切加速了小生产者的分化，极少数中农变成了富农，极少数手工业者变成了产业资本家，极少数小商贩变成了商业资本家。很多人却遭遇破产，其中有的人变成了资本主义所有制中的雇佣劳动者。劳动者个体所有制及个体劳动者的发展方向与1842年之前大不相同。

在上述五种所有制中，外国资本、国家资本和私人资本三种所有制都是资本主义性质的，受资本主义经济规律的支配；都集中在城市，集中在现代工矿业、交通运输业、金融业和商业、对外贸易等部门，与现代生产力、现代经营管理方式相联系；企业规模大，活动范围广，影响力大。地主所有制和劳动者个体所有制主要存在于农村，存在于农业与手工业中，与传统的手工劳动与经营管理方式相联系，规模小，活动范围窄，影响力弱。就与之有关的人数、地区及产值来说，后两种所有制占多数；就在国民经济中的作用来看，前三种所有制处于主导的地位。忽视后两种所有制占多数的状况，是企图跃过民主革命，直接实行社会主义革命，或"毕其功于一役"的认识根源；忽视前三种所有制占主导地位的状况，是不承认中国可以经过新民主主义社会过渡到社会主义社会的认识根源。

二、近代中国经济转型中对世界市场和发达国家的依附性

鸦片战争之前，清政府实行严格限制对外贸易的政策。资本主义国家经过几次侵华战争，轰开了清政府的大门。从此，中国政府被迫实行开放政策，中国经济逐渐地被卷入世界范围的经济联系之中，中国市场变成了世界市场的一部分。这个过程是被动的。在这种变化过程中，中国经济丧失了独立性，变成了依附型经济。

半殖民地性质在经济上的主要表现，就是中国经济在对外关系方面与资本主义的世界经济体系中，处于依附的地位。其实质是依附于发达国家及其控制的世界市场。这种依附是与上述外国资本侵入中国经济内部并成为中国经济结构的组成部分相伴随的。外国资本在一个时期内控制中国的工矿业、交通运输业、对外贸易、金融业、关税及财政。这些部门的依附程度、表现形式与发生时间不尽相同。从总体上说，是从流通领域到生产领域。变化的部门首先发生在对外贸易、关税和金融领域，变化的地区首先是被辟为通商口岸的城市。总之，变化首先发生在市场上，中国市场变成世界市场的一个依附的部分。市场的变化影响生产的变化。首先是传统的农业、手工业的产品与世界市场发生关系。在这种关系中，外国的生产、外国的市场、外国的商人处于主导的地位。中国主要的出口商品茶叶与生丝，由外国商人在中国收购并运到国外销售。处在这种关系下的中国农民和手工业者，其命运——他们生产的产品是否可以卖出以及能卖何种价钱，便逐渐地由世界市场摆布，即操纵在外国资本家手里。其次，在工业方面，表现为机器、设备、技术依附外国；一些工矿的资金要靠在华的外国银行调剂，部分工业原料、材料、燃料要从外国进口。另外，在工业结构与部门方面，那些为外国资本在中国进行侵略与掠夺活动服务的行业优先得到发展，如船舶修理业、出口商品加工业、打包业、运输业、矿砂开采业等。在地区上，工业主要集中在上海、天津等口岸城市。这些城市里有租界，有外资的电力公司，有工厂进行生产所必需的公共设施，融通资金与获取机器、设备、技术、原料、材料、燃料、动力都较为方便。一些本国资本家办工厂时，邀请外资入股，或在外国驻华领事馆注册，以对付中国政府的阻拦。中国金融业的依附性严重。在很长一个时期里，汇率是以英资汇丰银行的挂牌为准的。中国货币的依附色彩浓厚，法币币值与外汇挂钩，通过外汇比值依附在英、美两国的货币上。

经济上的不独立性，首先是因为经济的落后，同时又由于政治上只有形式

上的独立，而实质上是不独立的。半殖民地半封建经济形态的历史告诉人们：丧失政治上的独立，经济就必然是依附性的；不先取得政治上的独立，便不可能有独立的民族经济。

三、近代中国经济转型中国民经济发展的极端不平衡性

1842 年以前的中国经济发展一直是不平衡的。中英鸦片战争后，经济发展不平衡又带有新的性质与特征。这种不平衡，除上文已述者外，还突出地表现在以下几个方面：

（一）地区间发展不平衡

1842 年以后地区之间的不平衡比过去更加厉害。地区之间不仅经济发展水平差距扩大，而且有了某些性质的不同。如原本都是自然经济，现在，有的地区仍停留在自然经济，有的已是市场经济了；原本都是封建经济，现在，有的地区仍是封建经济，有的地区是资本主义经济，还有的地区已是新民主主义经济了；原本都是独立经济，现在，有的地区是独立经济，有的地区是半殖民地（半独立）经济，有的地区是殖民地经济，如此等等。

这些新的不平衡的发生主要是由外国侵入和市场经济、资本主义经济产生等因素决定的。外国的侵略是从边境进来的，外国和中国的对外经济贸易是经过边境进行的。凡属于外国影响引起的变化，总是从通商口岸开始，然后波及周围地区，浸及内地。至 19 世纪末 20 世纪初，中国的东南西北四方边境都开放了通商口岸。外国的经济侵略活动，除沙俄的一部分是从北方进来以外，其余大多是从沿海向内地推进的。这就造成了沿海地区市场经济、资本主义经济、现代工矿交通生产力的发展水平、人均收入以及半殖民地经济特征的演进程度都高于内地的状况。1842 年以前东部地区经济发展水平高于西部，加上 1842 年以后这种从东向西波及内地的现代化扩散路线，形成了从东向西的梯形地区经济结构。以现代工业为例。就工厂数量而言，1937 年年底，全国（不包括日本占领的台湾和东北地区、英国统治的香港和葡萄牙统治的澳门）共有工厂 3 925 家，其中，沿海各省 3 298 家，占总数的 84%；内地各省 627 家，占总数的 16%。在沿海各省的 3 298 家中，上海一地占 1 235 家，占总数的 31. 5%；在内地各省的 627 家中，湖南、广西、云南、贵州、四川、陕西、甘肃等现代工业较多的 7 省共有工厂 237 家，占总数的 6. 04%①。就工业产值而言，面积约占全国总面积 12% 的沿海一带，现代工业净产值占全国现代工

---

① 陈真等：《中国近代工业史资料》（第 4 辑），北京：生活·读书·新知三联书店 1961 年版，第 97 页。

业净产值的70%；占全国总面积88%的内陆地区的工业净产值却只占30%。这30%又主要集中在武汉、重庆等几个城市。从1931年日本侵占东北到1945年抗日战争胜利，中西部地区工业有所发展；日本在东北建立了一些重工业。到1949年，沿海地区集中了60%～70%的工业产值，重工业集中在辽宁。现代工业生产力的分布和现代经济从沿边（主要是沿海）向内地，从东向西、从南向北散布，主要是沿海岸线、铁路线与内河航线，其中主要是长江航运线和陇海铁路线，三者恰似一个横放着的“Ⅱ”字形。在占国土面积60%左右的少数民族地区，人口稀少，几乎没有现代工业。如1949年新疆现代工业产品只有11种，在当地工业总产值中，机器工业占2.9%，手工业占97.1%。

世界发达国家的经济发展史表明，在工业化起步阶段，区域间的不平衡发展的差距一般会在共同发展基础上相对扩大。中国近代时期市场机制在发展，由于市场以效益为导向，落后地区的投资效益相对较低，必然加强地区间的不平衡。与生产力地区分布不平衡相一致，市场发育在地区间也不平衡。就数量而言，商品流通量、货币流通量、商业资本、银行资本以及城市等，东部沿海地带多，中部地带次之，西部地带少。就性质而言，上海等大城市中各类市场已经现代化，西南和西北的一些少数民族地区、边疆地区和内地偏僻乡村，靠地方小市场生活，这种市场与全国市场乃至世界市场联系不多，或全无联系。有的地方还停留在原始的物物交换阶段，即没有市场的阶段。沿海沿江的市场，进出口贸易发达，与国外市场联系密切，与资本主义工业联系密切，资本主义商业占市场主导地位，市场已具现代性质。而农村基层市场，在多数地区没有发生什么变化，内地和边远地区的农村基层市场仍保持着传统的特征。各地市场上使用的货币，不仅呈现出不平衡性，而且表现出不统一性。1933年废两改元前，银两的计值单位，有库平两、海关两等。各地通用的记账银两，在上海为规元，在天津为行化，在汉口为洋例。银元有鹰洋（墨西哥的）、站洋（英国在亚洲铸造的）、香港银元、日本银元、美国贸易银元、龙洋（清末各省铸造的）、袁大头（袁世凯像）、孙小头（孙中山像）、蒋光头（蒋介石像）等，它们的形制、重量、价值不同。中国共产党领导的几个解放区，也铸造过银元，发行自己的纸币。在外国占领区，如日本占领的台湾、东北及关内沦陷区，为日元系统的台币、满洲币、伪币；在英国占领的香港，为英镑系统的港币。在外国势力大的地区，也流行外国货币，如上海一带流行英镑、美元，华南一带通行港币，新疆一带用卢布。在新疆市场上，不仅货币受俄国影响，就是度量衡亦如俄国，用公制而不是市制。

（二）城乡之间发展不平衡

1842年以后，中国出现城市化进程。城市的数量、规模、职能、性质都在变化。一批传统城市演变成为现代型城市，另一批传统城市中出现了不同程度的现代化因素，而在传统城市之外，兴起了一批新的现代型城市。在城市中，现代型城市逐渐占了主导地位。这是经济现代化的结果与表现之一。

城市化的主要标志是农村人口转为城市人口，城市人口在总人口数中所占的比重增加。城镇人口，1843 年为 2 072 万，1893 年为 2 351 万，1949 年为 5 765 万。在这三个年份，城市人口比重分别为 5.1%、6%、10.6%[①]。城市人口年平均递增率，1843—1893 年为 0.3%，1893—1949 年为 1.61%。

在城市化过程中，城市的经济构成、经济职能、人口构成和由此带来的城乡关系变化极大。在 1842 年以前，在政治上，城市统治农村，而且城市是行政网中的大小网结；在经济上，农村的制度、生产情况决定城市的制度、生活情况，是农村领导城市。1842 年以后，包括新的生产力、新的生产关系、新的经济组织等在内的经济现代化现象，首先在城市发生，然后扩展到农村。城市不仅仍在政治上统治农村，而且在经济上也领导农村。城乡发展的不平衡首先表现为城市发展快，农村发展慢。农村的资金与人口向城市集中，大批失业的农民涌入城市谋生计，使少数城市畸形发展，成为特大城市（如上海），经济非常繁荣（这种现象被一些学者称为“超城市化”），而广大农村生产萎缩，资金枯竭，破产流亡者不计其数，一片凄凉，农村经济陷入慢性危机之中。特别是少数民族居住的牧区和山区，生产工具落后，耕作方法原始，人口锐减。现代化城市生活与中世纪农村生活相对立；商品经济发达的城市与自给经济和半自然经济的农村相对立；用机器生产的城市工业与用手工劳动的农村农业相对立；外国侵略者、居住在城市的大地主、大高利贷者、银行家、工商业资本家、政府机关和官僚们所在的城市，与贫苦农民聚居的农村相对立；作为利润、利息、地租、赋税主要集中地的城市，与作为赋税、地租、利息、利润的主要来源地的农村相对立。这些都是城乡经济发展不平衡的表现。少数大城市的畸形发展，是以广大农村的衰败为基础、为代价的。这种不平衡的实质是城市掠夺农村，城乡之间的矛盾是对抗性质的矛盾。

（三）部门之间发展不平衡

1842 年之前，封建经济形态中的手工业、农业和交通运输业三个产业部门，都是以手工劳动为基础，以人力、畜力为基本动力（生物动力），其中农业占主要地位。19 世纪 60 年代以后，工业与交通运输业较多地使用机器，使用非生物动力的产品供应市场，资本主义关系随之发展；农业生产的基本方面却依然如故。传统的农业与新生的现代工业之间生产力与生产关系发展的这种

① 胡焕庸：《中国人口地理》（上册），上海：华东师范大学出版社 1984 年版，第 257、261 页。

不平衡日益严重。由于半殖民地半封建经济的特殊结构与运行规律，商业与金融业超越生产性产业，得到畸形发展。资本主义的工业、交通运输业、商业、金融业与封建主义的农业是产业结构中的一个重大矛盾。

在同一经济部门内，各部类、各行业的发展也是不平衡的。例如，在农业内部，某些经济作物，由于出口量大和工业需求多，有所发展，而粮食产量增加不多。在工业内部，生产资料和消费资料的生产严重不平衡，生产资料的生产部门特别薄弱，消费资料的生产部门得到一定程度的发展，轻工业与重工业发展不平衡。在重工业内部，冶金业和金属加工业发展不平衡。在冶金业中，采矿业又和冶炼业不平衡。在冶炼业中，炼铁能力又与炼钢能力增长不平衡。炼钢能力又与轧钢能力增长不平衡。这些不平衡，大都是由国民经济的半殖民地性质造成的。

经济部门之间的发展不平衡，特别是农业等传统经济部门与现代工业的发展不平衡以及二者在一个较长时期内并存，是世界各国经济现代化过程中的共同现象，中国也是如此。与现代化的发达国家相比较，中国的特殊性在于：现代工业的机器与技术主要是从现代化的发达国家引进或由这些国家向中国移植的；农业中手工劳动与前资本主义所有制占统治地位的基本格局未变。这种现象，在其他发展中国家也存在，它被刘易斯等人概括为二元经济①。

清醒地认识半殖民地半封建经济形态的不平衡特点具有重要的现实意义。如果只看到占国土百分之十几的沿海地区，而忽视广大西部地区的情况；如果只看到占人口总数 10% 左右的人口居住的城市，而忽视了广大农村的情况；如果只看到占工农业总产值 20% 左右的机器生产的部分，而忽视了占大部分的手工劳动的情况，便会高估中国经济发展的水平，便会高估经济可能的发展速度，便会产生中国可以在很短时间内赶上发达国家的错觉，从而导致制定脱离实际的、急于求成的经济发展战略。

参考书目：

1. 张仲礼：《近代上海城市研究》，上海：上海人民出版社 1990 年版。

2. 郑观应：《盛世危言》，《开矿》（上），郑州：中州古籍出版社 1998 年版。

3. 陈国庆：《中国近代社会转型研究》，北京：社会科学文献出版社 2005 年版。

---

① ［美］威廉·阿瑟·刘易斯著，施炜等译：《二元经济论》，北京：北京经济学院出版社 1989 年版。

4. 王文泉、刘天璐：《中国近代史》，北京：高等教育出版社2001年版。

5. 吴申元：《中国近代经济史》，上海：上海人民出版社2003年版。

6. 刘佛丁等：《近代中国的经济发展》，济南：山东人民出版社1997年版。

7. 赵德馨主编：《中国近代国民经济史教程》，北京：高等教育出版社1988年版。

8.《近代中国经济史研究资料》，上海：上海人民出版社1987年版。

思考题：

1. 简要概述鸦片战争前后中国市场的主要变化。
2. 试述鸦片战争后中外的经济贸易关系的主要特征。
3. 简述近代中国工业化发展的几个主要阶段及其发展特点。
4. 简述近代中国主要的所有制结构及其主要特征。
5. 如何认识近代中国经济转型中国民经济发展的极端不平衡性？

第三章　近代中国的政治与国防

第一节　从中央集权到地方分权

权力是政治的精髓，权力系统的配置与运作是任何政体形式下都会涉及的一个问题。就中国两千多年的专制政体而言，虽说“普天之下，莫非王土，率土之滨，莫非王臣”①，但是，在实际政权运行过程中始终存在着权力纷争的现象。从政府纵向权力结构来看，主要指中央与地方的关系问题，即中央集权和地方分权的配置与制衡；从政府横向权力结构来看，主要是内朝和外朝的关系问题。

一、中央集权

中央集权是国家权力集中由中央政府统一行使的制度。中央集权的基本特征是国家的统治大权集中于中央政府，强调中央政府的集权和权威，中央政府在整个社会调控中具有核心地位。中央集权按现代化理论划分为传统中央集权和现代中央集权，两者区别在于前者由具有传统意识的领袖集团掌握权力，闭目塞听，缺乏世界眼光，只顾及小集团和局部的权力、个人利益，无力控制社会和应付时局。后者是中央政府权力由具有现代意识的领袖集团掌握，并且具有立志推进现代化和现代化取向的高效率科层制度，政府不但能控制被统治者，而且能够自我控制。

中央集权的发展是一个漫长的历史过程。战国时期封建经济的发展、新兴地主阶级力量的增强、国家局部统一局面的出现，为中央集权制度的形成创造了社会条件。为适应新兴地主加强专政和保护封建经济发展的需要，初步确立了君主集权的政治体制。公元前221年，秦始皇统一六国后，继承了商鞅变法的成果并实践了韩非子的理论，创立了专制主义中央集权的政治制度。西汉建立后，实行郡国并行制，导致了王国问题的出现，使专制主义中央集权的政治制度面临严峻挑战。为解决王国问题，汉景帝在“削藩”的基础上，平定

① 《诗经·小雅·北山》。

“七国之乱”，收回王国官吏任免权。汉武帝时，又颁布了“推恩令”及其他措施，解除了王国对中央政府的威胁。汉武帝又接受了董仲舒的建议，实行“罢黜百家，独尊儒术”，终于找到了一种最适合封建专制主义中央集权政治制度的理论。从此，封建政治制度的政体基本定型，专制主义中央集权的制度得以巩固。专制主义中央集权政治制度的加强过程，不仅要克服中央与地方的矛盾，而且还要克服君权与相权的矛盾。隋朝实行三省六部制，将丞相的权力分散于三省六部。这项新的措施，被唐朝沿袭并有所发展，从而使中央集权制度得以完善。隋唐以来的科举制也是与当时政治制度的发展相适应的，使专制主义中央集权制度得到进一步完善。北宋建立后，宋太祖吸取唐末五代以来藩镇割据的教训，接受赵普的建议，采取“杯酒释兵权”等举措，收回朝中大将和节度使兵权，将地方的行政、军事、财政权力收归中央，防止地方割据局面的出现，加强了中央集权。元朝实现了全国性的大统一。为了加强封建统治及便于对辽阔疆域的管辖，在中央设中书省，地方实行行省制度。这既是元朝巩固统一的多民族国家的成功尝试，同时又是加强中央集权的新举措。明朝建立后，为处理君臣关系和中央与地方的关系，在中央废丞相，权分六部，使秦朝以来的宰相制度走到了尽头；在地方废行省，设三司，地方势力进一步削弱。明朝还遍设厂卫特务组织，实行八股取士，这是专制主义加强的突出表现，但是，八股取士禁锢了考生的思想，使士人只能成为皇帝忠诚的奴仆。清朝沿用明制，后增设军机处，大兴文字狱，使我国专制主义中央集权的政治制度发展到登峰造极的程度。

二、地方分权

中央集权与地方分权是从不同角度解决政治问题的纵向权力结构的两个方面。中央集权主要表现在财力向中央集中，地方分权主要体现在由地方承担更多的事务。在肯定中央集权的同时，又要强调地方分权的重要性，肯定地方的自由和独立性，认为地方独立自主的发展是中央得以巩固的基础，地方自治并不必然导致地方主义，它不但不会破坏中央的统一，相反，由于自身所具有的灵活性，还有助于实现中央所代表的整体利益。事实上，“中央”的利益与“地方”的利益，并不是完全对立的，从整体来看，两者往往是彼此统一的。毛泽东就曾深刻指出：“中央要巩固，就要注意地方利益。”① 地方的独立性不仅是地方发展的有利条件，而且从长远来看，也是维护国家整体利益的重要保障，这对于我们辩证地认识地方自治的实质具有重要指导意义。

① 《毛泽东著作选读》（下册），北京：人民出版社1986年版，第229页。

地方分权包括传统意义上的地方分权和现代意义上的地方分权。前者指中央王权衰落，地方势力上升，直至出现分裂割据局面，实质上是国家的分裂。这种分权不但无助于最终解决问题，而且往往会导致更大的社会失范。后者是指中央政府的权力是地方政府给予的，由此产生的中央政府只能被视为一种对地方政府职能的辅助；双方的权限由宪法明确规定，实现制度化，中央主持军事、外交等事关全局的政务，地方拥有较大的自治权。

三、从中央集权到地方分权

（一）从中央集权到地方分权的起步

18世纪末以后，清朝统治日益腐败，买官之风极其风靡，贿赂贪污公行，阶级矛盾和社会矛盾十分尖锐。从中国传统王朝更替的内在演化逻辑来看，清朝统治的腐败趋势预示着中央集权开始衰落，权力重心将逐渐下移到地方。到19世纪中叶，由于社会矛盾、阶级矛盾的尖锐和西方入侵的影响，导致太平天国等大规模农民起义爆发，起义席卷大半个中国，时间持续了十几年，这使得清朝统治处于风雨飘摇之中，原有的军事力量——八旗和绿营兵已腐朽不堪，无力承担维护封建统治的重任。平定太平天国等农民起义的紧迫性任务，使得清廷不得不授予各省在籍官员以编练军队和筹饷的大权，从而使中央的部分军权、行政权、财政权、用人权转至地方，从满人移向汉人，形成了汉人地方督抚领导的区域性政治、经济、司法、军事一体化的格局，即省级地方权力由分散、相互制约走向地方督抚集权的局面，清朝中央集权结构受到削弱和变形。随着地方督抚权力的增大，凡遇到重大事情，如中央之政策性问题以及军国大事，清政府都要援引疆臣的意见，以至于发展为朝廷将重大决策交由地方督抚复奏的成规。到1900年"庚子事变"时，地方督抚势力进一步增强，出现了东南数省敢"冒天下之大不韪"，倡导"东南互保"，置清朝中央政府安危于不顾的严重局面，愈发强化了地方督抚在政府纵向权力结构中的地位，标志着中央权威衰弱到了极点，也反映出中央与地方的关系发展到相当疏远与隔阂的地步。

这一阶段中央集权向地方分权迈出了首要一步，对此变化所产生的影响，可以从两方面进行分析：一方面，地方分权造成地方督抚专权，地方势力上升，呈"尾大不掉"之势，内轻外重严重威胁着大一统格局，这种局面为近代军阀分裂割据奠定了基础；另一方面，从现代化角度来看，这种分权化和地方自主性增强的趋势，松动了原来高度集中的政府纵向权力结构，使讲求"经世致用"、注重社会实际的地方督抚大员成为中国早期现代化的领导者和推动者，使晚清社会出现了长达30余年的自强运动。这其中也暗含了权力从传统领袖向具有初步现代化意识的现代领袖转移的特点。

19世纪末20世纪初，不少知识分子如梁启超、严复、张謇等人在国政无为、改革中央政府无望的情况下，转而借立宪运动，鼓吹地方自治，倡导扩大地方政治权限，以求将他们的政治抱负施展于地方政治，然后由各省起步，达到他们改革国家政治之目标。他们认为："抑民权之有无，不徒在议院参政也，而尤在地方自治。地方自治之力强者，则其民权必盛。否则必衰。法国号称民主，而其民权又远逊英国者，以其地方自治之力微也。"[①] 他们提出的地方自治方案是英国式的"分权立宪"法案。在他们的领导下，20世纪初立宪派主导的分权立宪运动迅速展开，成为一股重要的政治革新力量。后来由于清朝政府和立宪派双方矛盾无法调和，犹如阶级对立，改革目标相差甚远，政治关系未能形成有效互动，最终日趋分离，以至分道扬镳。

与此同时，20世纪初，面对国家权威体系的极度衰弱，清政府认识到不能再照旧下去了，在派五大臣出洋考察宪政后，于1906年宣布"预备立宪"，方案选择了最有利于维护满洲贵族封建统治的日本式的"集权立宪"方案，维护满洲贵族利益，修补残破不堪的合法性基础。清政府一系列集权措施的实施，导致全国上下处于一片抱怨声中，激化了满汉矛盾和中央与地方的矛盾。同时，又因与立宪派的"分权立宪"方案相冲突，两者很快汇成了一股反对中央集权的洪流。

最终，清政府纵向权力结构的斗争导致其统治的合法性基础丧失殆尽。就清政府而言，这一集权立宪改革具有双重含义。一方面，从君主专制走向君主立宪，推动了中国近代政治体制的现代化，是政治制度变革取得实质性进展的第一步；另一方面，它的失败说明了传统中央集权合法化基础已丧失，任何激进和保守的改革都很难再挽救之，也说明了清王朝最高统治集团不具备现代化领袖集团应有的素质，缺乏面对复杂形势的应急能力，仍将集团利益置于国家利益和社会利益之上，仍视满洲贵族利益为改革的根本目标。就立宪派来说，以地方自治为核心的"分权立宪"方案，更多地体现了现代意义的地方分权，激发了中等社会阶层，尤其是精英人士的政治参与意识，推动了资产阶级民主政治进程，对清王朝的覆灭起了重要作用。但他们把希望寄托于传统领袖集团，决定了其"分权立宪"方案行不通。而且，立宪运动的深入发展对地方势力的膨胀起了不可忽视的推动作用。

---

① 梁启超：《答某君德国日本裁抑民权事》，《梁启超全集》（第2册），北京：北京出版社1999年版，第979页。

（二）地方分权达到极致

清末地方分权与中央集权的冲突使国家的整合遭到空前破坏，特别是中央政府对于地方政治和财政经济几乎全盘失去了其权威的控制力量。一方面，南部地方政权与中央朝廷对抗；另一方面，省级地方意识逐渐牢不可破。孙中山也在1905年认识到地域色彩和省界意识容易导致国家的分崩离析。武昌起义的突发性、孤立性能变成此后辛亥革命的稳固化、全国化，确实是由于各省地方势力的纷纷响应，而造成各省脱离中央而独立的重大动力就在于中央集权逐渐弱化，地方势力逐渐上升，并与中央间接对抗。

同时，辛亥革命进一步助长了地方分权，使地方势力逐步发展到顶峰。各省政坛上活跃的士绅、旧官僚原本就是与中央集权相对抗的地方政治力量，且地方主义色彩浓厚。武昌起义后，面对清廷大兵压境和大一统观念的深刻影响，各省实力派选择了联邦分权模式。这种模式有其现代性的一面，它使传统中央集权的合法性丧失，体现了浓厚的民主政治色彩，又顺应了中国大一统的观念。由于联邦分权模式下的南京临时政府缺乏合法性基础，最终导致权力转移至以袁世凯为首的拥有政治、军事、经济、外交等权力的北洋军阀手中，也反映出此时的袁世凯拥有合法性基础。袁世凯上台后，吸取清朝外重内轻的教训，急切地谋求加强中央集权，同时争取梁启超等领导的进步党的支持。

“二次革命”到洪宪帝制失败，是由地方分权走向中央集权的阶段。袁世凯以中央的名义向皖、粤、赣等省派出新都督，撤换非袁系的南方各省都督，解散各省议会，公布省官制，改民政长为巡阅使，使省级地方行政权力萎缩为中央政府的一个派出机构。袁世凯加强中央集权的措施虽然取得了一定成效，但各省地方势力并非被彻底消灭，北洋系将领们又形成了新的地方势力，使中央与地方矛盾再度尖锐。1914年，梁启超发现袁世凯的帝制野心之后，便公开与国民党人联手，共同反击袁世凯的复辟帝制。梁启超希冀借助地方势力推翻袁世凯政权，因此一改以往的中央集权主张，公开转向反对中央集权。1915年12月，“反袁护国运动”掀起后，各省再度以“独立”的形势与袁世凯中央脱离关系，走上了辛亥革命后各省独立的老路。此后，地方政权达到了极致——军阀割据形成，中国进入军阀分裂时期。

总的来看，在民国初年中央集权与地方分权的权力冲突中，地方分权占主导地位。这种地方分权具有传统和现代的双重意义，即表明当时传统中央集权专制政体的权威合法性已经完全丧失，也反映出新的集权体制建立的条件还远不够成熟。

纵观近代前期政府纵向权力结构的演变过程和阶段，我们可以得出如下结论：

第一，从传统中央集权走向地方分权是历史发展的必然结果。面对西方列强入侵和传统王朝更替的现实，中国传统的中央集权专制政体由于自身弊端重重，根本无力改变和应付紧迫的危局，最终一步一步走向衰落，丧失了其权威和合法性基础。虽然国家和政府也进行了器物层次甚至制度层次的变革，但均属于对传统制度的修补。作为后发型现代化国家，中国在追逐早发型现代化国家的道路上，社会力量的发展、壮大最终离不开国家和政府的整合功能。

第二，政府纵向权力结构演变导致中国早期现代化发展呈现两难境地。传统集权体制由于自身弊端，以及时代环境的变迁，使其根本无力承担现代化的重任，导致中国沦为半殖民地半封建社会，中央权力下移，走向地方分权。地方分权推动部分权力不断转移到具有现代化意识的精英手中，客观上推动了中国早期现代化和民主政治的发展。但另一方面，权力下移导致地方主义、军阀主义兴起，省界意识浓厚，国家走向分裂割据。这种状况是后发型国家现代化道路上的最大障碍。这种两难境地决定了中国现代化道路将会艰难、漫长，一波三折。

第三，政治权力下移所导致的地方分权激发了民众的政治参与意识，扩大了政治参与的范围。在传统权力结构中，权力高度集中，呈现金字塔形。随着地方势力的发展和中等社会阶层的壮大，到清末民初的地方自治运动时期，政治参与逐步扩大并达到高潮。民众政治参与的扩大是政治现代化的重要标志，它提高了民众的政治水平，为以后中国革命发展和政治发展奠定了基础。但是，由于缺乏现代政治权威和制度，政治参与的扩大也有不利于社会稳定的一面，成为导致社会失范的原因之一。

第四，随着中国近代地方分权的发展，现代意义的地方分权色彩愈益浓厚，清末民初的地方自治运动的出现即是明证，但传统意义的地方分权一直占据主导地位，如地方主义和军阀主义。这一特征反映了中国近代社会力量发展的缓慢性与传统社会力量的制约性。只有现代社会力量迅速发展并超越传统的顽固力量，才会有现代民主政治发展的可能性，而这将是一个漫长的过程①。

---

① 陈国庆主编：《中国近代社会转型研究》，北京：社会科学文献出版社 2005 年版，第 138 ~ 152 页。

第二节　近代国家观念与国防观念的变迁

一、中国传统的国家观念

观念是客观事物在人头脑中的反映，国家观念则是客观存在的国家形态在人们头脑中的反映。构成国家的三要素是领土、人民、主权。主权是近代国家观念的核心，它包括对外捍卫主权独立和领土完整；对内实现主权在民。主权在民还是主权在君，是区别传统国家观念与近代国家观念的重要标准。

中国在“家天下”的封建时代，皇帝作为国家的最高统治者而存在，对立阶级在冲突、缓和中相持了几千年。汉唐盛世的繁荣业绩，使庞大的中国在人类历史上灿烂夺目、独领风骚。这自然而然地形成了当时人们的国家观念：中国是天朝大国，其他国家均是其藩属；中国地大物博，无所不有，不需再与他国贸易。对世界上其他国家知之甚少，盲目自大。到了清朝，封建社会已是穷途末路，特别是清朝中晚期，千疮百孔，积弱积贫，但传统的国家观念并未改变。面对西方的冲击，清政府实行闭关政策，企图过“小国寡民”的休闲生活。但世界形势的发展已不允许它继续照旧路走下去了。

二、近代国家观念的形成

近代国家形态的构建，是以近代国家观念的形成为前提的，而近代国家形态的构建，又为近代国家观念的弘扬和深入人心提供了现实的保证。同时，近代国家形态和国家观念的发展，从根本上是由近代社会的发展决定的。中国属于后发型现代化国家，近代社会发展与近代国家形态、近代国家观念发展并不同步，近代国家形态的构建是在近代中国社会发展相对落后，在民族危机不断加深的形势逼迫下，主要借助对西方近代国家观念和国家形态的认同与移植而建立的。

“国家是社会在一定发展阶段上的产物；国家是表示：这个社会陷入了不可解决的自我矛盾，分裂为不可调和的对立面而又无力摆脱这些对立面。为了使这些对立面、这些经济利益互相冲突的阶级，不致在无谓的斗争中把自己和社会毁灭，就需要有一种表面上凌驾于社会之上的力量，这种力量应该缓和冲突，把冲突保持在秩序的范围以内；这种从社会中产生但又自居于社会之上的并且日益同社会脱离的力量，就是国家。”① 这是欧洲认同的“国家”观念。

几千年来，中国处于“家天下”的时代，中国人深受“普天之下，莫非王土”观念的熏染，君主专制统治观念根深蒂固，总是把朝廷与国家等同起来，报效国家即报效朝廷，也习惯了把自己称为“臣民”或是“子民”，而不是“国民”，因而国人麻木地在奴隶般的王朝统治里始终沉睡不醒，不清楚国家与国民的关系，认为国家是君主的私物，而国民则为君主之奴隶。鸦片战争揭开了中国近代史的序幕。英国的坚船利炮轰开了中华帝国腐朽的大门，引起了中国社会结构的巨大变动，一味讲究礼仪道德的天朝上国失去了往日的威严，打破了中国是世界文明中心这一政治神话，传统的封建文化已无法再阻挡西方文化的冲击，传统民族所反映的民族虚骄意识与狭隘的世界方域观、爱国观在与社会现实的矛盾冲突面前被击得粉碎。鸦片战争后，中国传统社会遭遇到近代化大潮的严重挑战。

第二次鸦片战争后，洋务派对西方国家和世界秩序的认识更进一步。李鸿章承认“外国强兵利器，百倍中国”，中国面临数千年未有之变局。一些洋务派官僚认为，中国已到了落后挨打的地步，必须放弃华夏中心的天朝观念，打开国门，走向世界。天朝上国观念破灭和国家主权观念产生的同时，中国有一批先进的有识之士，他们受外敌入侵的刺激，开始面向世界，著书立说，将整个世界展现于人们面前，使中国人对世界、对自己都有了新的、较为正确的看法与认识，推动着近代国家观念的酝酿与萌芽。魏源在《海国图志》中介绍了当时世界各主要国家的地理位置、历史沿革、文化教育制度、气候物产、交通贸易、民情风俗等，其中有 17 卷着重介绍欧洲各国，他首先对西方民主政治表示向往，分析英国强大的原因，并且还提出了“师夷长技以制夷”的观点。徐继畬在《瀛环志略》中介绍了有关地球的基本知识和亚洲、非洲、南北美洲的各国概况，对欧美国家着墨更多，其中还涉及了欧美资产阶级革命的情况。这些著作从不同角度介绍了世界大势及各国状况，对中国产生了很大影响。中国人唯我独尊的传统国家观念被打破，认识到了中国的落后以及向西方学习的必要性和迫切性。特别是一批新兴的民族资产阶级代表人物，各自提出了救亡图存，建立民族民主国家的观点和方案。

总之，鸦片战争后的半个世纪，中国传统的天下观被打破了，中国先进知识分子开始接受来自西方国家主权平等观念和民主主义观念，这意味着传统国家观念被打破，近代国家观念开始萌发。

甲午中日战争后，丧权辱国、亡国灭种的现实危难，促使爱国志士在救亡

① 《马克思恩格斯全集》（第 21 卷），北京：人民出版社 1965 年版，第 194 页。

中形成了近代国家观念。19 世纪末 20 世纪初，资本主义在中国得到初步发展，民族资产阶级为摆脱帝国主义侵略，发展民族资本主义经济，希望建立一个独立的资本主义国家。以孙中山为代表的革命派发动起义推翻清朝统治，建立资产阶级共和国的事实，证明了其国家观念的可行性与正确性，从而使国内人民深信共和，拥护共和。即使与革命派有分歧的立宪派也尽弃前嫌，加入共和国的行列。而某些封建主义分子复辟帝制的幻想，也在共和国的海洋里化为泡影。共和国的观念深入人心，成为不可逆转的历史潮流。在人们心中，中华民国将作为一个独立主权国家而立于世界，不再遭受侵略与压迫。中国近代国家观念的形成，使自由、民主、平等观念在国民中得以普及，同时加强了全体国民对中华民族的国家认同。

伴随着国家观念的形成，国家形态也顺应而生。中国传统国家形态是典型的专制国家形态，它是与传统国家观念相适应的。中国传统国家形态具有四大特征：第一，建立了中央集权制度；第二，确立了绝对君主的专制统治；第三，形成了严密而庞大的官僚机构；第四，公共领域完全覆盖私人领域。近代国家形态指的是代议民主制形成的国家形态，具体包括民主共和制和君主立宪制两大国家形态，主要由选举制度、议会制度、行政官僚制度、司法制度、政党制度构成。中国由传统国家形态向近代国家形态转型的首次尝试是清末“预备立宪”，但预备立宪改革尚未完成，便随着清王朝的覆灭而夭折。1912 年元旦中华民国成立，标志着民主共和制取代了传统的君主专制制度，民主共和制成了中国不可改变的新的国家形态。总之，近代国家形态的构建以近代国家观念的形成作为前提。

三、中国传统的国防观念

近代以来，随着中国国防形势的变化，晚清政府不得不在国防观念、国防建设等方面作出相应的调整，这种调整体现出鲜明的时代特征。中国传统的国防观念是中国古代一大批富有实践经验的优秀将帅和勤于探索的军事思想家们对国防问题进行深入思考与总结的结果，是他们通过军事斗争实践而获得的智慧结晶，反映了中国古人对国防问题的理性认识。尽管他们在具体阐述各自理论观点的时候，观察问题的角度、关心问题的焦点、解决问题的思路各有不同，但他们在对国防问题核心的认识上，受整个华夏民族共同的自然地理环境、社会经济结构和民族文化心理的影响，却有着很大的一致性，这便形成了中国独具特色的传统国防观念，这种国防观念在中国数千年的历史上有效地指导了中国的国防实践活动。现择其重点论述如下：

（一）重陆轻海的国防战略

华夏民族是个勤劳、智慧的民族，自古以来就在黄河、长江流域繁衍生息，并以此为中心向四周拓展，在广袤的土地上曾经创造出灿烂辉煌的古代文明。从战略地理上看，这块富饶的文明发祥地背陆面海的地缘政治环境相对封闭，自成一体。西北是戈壁沙漠，环境恶劣；西南是世界屋脊，高不可攀；东北是茫茫林海，人烟稀少；东南则是浩瀚海洋，令人却步。这些地理屏障在科学技术不发达的古代，几乎是难以逾越的，处在这样的生存空间同时也是非常安全的，周边的任何国家都不能对中国构成致命的威胁。这样的生存环境，在以冷兵器和农业为主的时代，足够中国人民安居乐业，创造辉煌的农业文明。在随后几千年的时间里，以汉族为主体的中华民族一直以黄河流域为中心，以大海为界限，演绎着分裂与统一的历史。相对隔离而回旋余地又相当开阔的地缘环境，造就了中国古代外防内化的治国体系，对中国古代统治者而言，其面临的威胁主要来自内部的农民起义或是北方少数民族的侵扰，统治者把精力主要放在了内治和对少数民族的防御上。几千年来，匈奴人、蒙古人、女真人以及沙皇俄国对内陆构成了持久的威胁，他们或不断袭扰中原农业社会，或侵占陆地边界领土。强大的游牧民族的存在对中国历史的发展演化产生了深远影响。历代朝廷把相当一部分精力和财力用在维持北方的安定上，这样的地理环境和国防形势必然导致中国历代的国防重心是陆上而不是海上，是塞防而不是海防，这必然不利于全社会海洋意识的培养和发育。加之经济方面，中国两千多年来都是以农立国，自给自足的自然经济为整个社会经济的主导。历代政府所采取的重农抑商政策，也人为地阻碍了商业的发展，使得海洋活动的发展扩大受到影响，难以形成长期、大规模的海外贸易，因而在客观上也没有必要建立强大的海上势力。这样特定的历史条件也就决定了中国传统的国防战略是重陆轻海、重塞防而轻海防的。这种建立在传统农耕社会基础上的国防战略，在近代社会转型的浪潮中势必受到挑战，不得不作出调整。

（二）“重内轻外”的国防布局

在中国古代，由于商周以来延续数千年之久的政治体制牢固地统治着人们，再加上受儒家“大一统”思想的影响，古代思想家们始终把维护包括周边各民族在内的天下一统政治体系作为国防的根本目标。为了达到“四海一家”的目的，历代王朝通常在国防部署上采取“重内轻外”、“扼守要塞”的方针，在腹地驻守重兵、捍卫京师，以镇压百姓反抗，防止地方作乱，从而达到维护朝廷对民众“居重驭轻”的控制目的。清王朝的国防布局同样如此，可以从鸦片战争以前清政府的军队布防情况中看出。清王朝军队的布防不是按国防战略需要设计，而是依据维护清王朝统治的需要，军队主要用于防内，其对外职能不受重视。这样的国防布局，使得历代王朝对外敌入侵的可能性注意不够，防范不严，给中国的国防建设带来了消极影响。

（三）重“王道”轻实力的国防斗争观

中国古代思想家和兵学家们不仅把国防视为一种军事行为，而且把它当成一种政治、经济、军事、文化诸要素紧密结合的国家大事。与武力征伐和防御相比，他们更重视“王道”的力量，主张“王道化一”，以道德化育天下。在他们看来，统治者修明政治、广施仁德、调整民族关系，减少各民族间的仇视态度，是能够使周边各民族自愿地归附和联合起来的，也能够建立起统一的多民族国家，从而最终起到维护国防的目的。应该指出的是，这种重视“王道”的力量，而相对轻视实力的国防斗争观，在中国古代的国防斗争实践中曾起过一定的积极作用，尤其对于建立在农业经济结构基础上的中原王朝来说更是如此。由于这些王朝面临的威胁主要来自境内少数民族和狩猎民族，相对于中原王朝来说，他们是“未知王化者”，他们窥伺中原，无非是掳掠子女玉帛。因而，强调王道，可使他们受到感化从而归附中原。也许正是缘于成功的实践，才使得这种重“王道”轻实力的国防斗争观影响深远，以致这种道德化育天下的观念在近代仍延续了一段较长的时间，给中国国防尤其是近代国防带来了不利的影响，随着近代国防形势的日益严峻，这种传统的国防观念也受到挑战，不得不作出相应的调整。

中国传统国防观念反映的是中国古人对国防问题的理性思考，是中国古人智慧的结晶，它是与中国传统的以农业经济结构为基础的社会相适应的。随着近代中国国防形势的变化，中国社会由传统农业社会向近代工业社会的转型，中国传统国防观念赖以存在的社会基础已不复存在，这便迫使传统国防观念在新形势下不得不有所调整，以适应新形势下指导国防实践的需要。

鸦片战争是使中国国防形势面临“千古未有之变局”的开端。以此为起点，中国国防在形势上发生了深刻变化，国防危机日益加深，新形势的变化对传统国防观念形成了严峻的挑战。近代以来，中国国防形势的变化主要体现在以下几方面：

首先，自鸦片战争以来，对中国国防构成威胁的是一种全新的敌人。以往对国防构成威胁的是属于中国境内的游牧、狩猎民族，而近代对国防构成威胁的是西方殖民主义者。他们富于侵略性，有近代科学技术和社会制度、强大的经济和军事实力为依托。他们多次对中国发动侵略战争，且规模越来越大，从鸦片战争、中法战争这样的局部战争，一直到八国联军的联合侵华。这样的国防形势向政治、经济、军事和科学技术仍处于落后状态，国防力量弱小的中国提出了严峻挑战，中国军队难以担负起这极其沉重的国防任务。

其次，进入近代以来，中国国防受到全方位威胁，既有陆上入侵者，也有海上入侵者，这与中国传统国防威胁主要来自北面、西北面边疆游牧、狩猎民族的侵袭不同。考察东西方列强入侵近代中国路线图将会发现，东西方列强对近代中国的进攻是海陆并举，并以海上进攻为主。

再次，近代以来，对中国国防构成威胁的东西方列强在侵略中国时，既有割占领土的欲望，又有掠夺经济资源、攫取政治权益的野心。他们的侵略行为是一种亡我中华的殖民行为，他们给中国国防带来的是一种前所未有的、更为深刻的威胁。

总之，近代国防形势的深刻变化，国防危机的日益严重，迫使晚清政府不得不对传统国防观念重新进行审视，也不得不对其有所调整或是改变，从而形成了新的国防观念，并有效地指导着近代中国的国防实践。

四、近代以来的国防观念

中国近代国防观念是古今中外文明相互融合的产物，而中国古代国防观念则是其赖以发展的基础。我们不仅要对中国古代国防观念的发展过程及其所曾达到的高度有所认识，同时还应深入了解中国近代国防观念。

（一）近代以来对国防问题形成的新认识

进入近代以来，伴随着国防形势的深刻变化与国防危机的加深，晚清政府在对传统国防观念重新审视的基础上，对国防问题的认识有了新的变化，体现出鲜明的时代特色，并构成近代新的国防观念，这些新的观念主要体现在：

首先，国防危机感的渐趋强烈。鸦片战争中，有“天朝上国”之称的中国惨败于远隔重洋的岛国之手，已使中国思想界开始感受到一种前所未有的危机。这种危机意识伴随着国防形势的变化而渐趋强烈。洋务运动时期，更有不少官僚士大夫对国防问题表示忧虑，并提出了一种颇具影响的“变局”论。在他们看来，当时的中国国防已处于一个开放的世界新格局中，中国遭遇到“数千年未有之强敌”，中国国防出现了数千年未有的严重危机。晚清国人如李鸿章等对国防问题有了一定的认识，也是对当时国防形势变化的反映，对近代中国的国防建设起了较大的指导作用。

其次，对国家武装力量对外职能的重视。列强的一次次入侵，中国的一次次失败，中华民族的生存与发展受到严重威胁，中国人逐渐抛弃了传统的重“王道”轻实力的国防斗争观。他们开始认识到仅凭中国古老的忠信仁义、道德感化无法战胜列强的坚船利炮，抵御列强入侵，巩固国防，根本对策是以力御力、以强对强。为此，晚清政府开始重视作为国家武装力量主体——军队的建设，推进军队的近代化进程，加强军队的近代化建设。

当然，近代以来，国人对国防问题的认识远不止于上述内容，随着国防危机意识的日趋强烈，逐渐更新了国防价值观，引发了人们对国防的作用与地位的重新评价，对国防问题的认识也日趋深入，体现出鲜明的时代特色。

（二）晚清国防战略的调整

古代中国传统“重陆轻海”的国防战略影响深远。在这种国防战略指导思想影响下，中国虽有万里海疆，但直至鸦片战争以前实际上还处于有海无防的境地。两次鸦片战争的惨败，并没有使清政府对传统的国防战略作出相应的调整，只是使道光、咸丰两位皇帝在位期间为应付海防危机作了些努力。但这种对海防的注意却又是以忽视塞防为前提的，结果使沙俄趁火打劫，割占了我国西北、东北的大片领土。而且又发生日本侵犯台湾、东南海疆危机之事，近代中国第一次出现塞防、海防全面发生危机的局面。在这一历史背景下，清王朝最高统治者发动了一次关于如何从国防战略高度确定国防主要方向的大讨论，史称“海防、塞防之争”。清政府确立起“海防、塞防并重”的国防战略，这一新的国防战略的确立，是对传统的“重陆轻海”国防战略的改变与突破，标志着晚清国防战略的重大调整。它对中国长远的国防战略部署及国防建设来说也具有重要的指导意义。

总之，近代以来，国人的国防观念有了很大变化，如在国防危机的认识、国防战略的转变等方面，其中许多内容是对传统国防观念的突破，反映了在严峻的国防挑战现实面前近代国人所作的思考与选择，也体现了近代国防观念变迁的历史进程，有效地指导了近代中国的国防实践。

第三节　国防和军队的近代化

中国在鸦片战争中的失败，宣告了中国古老时代的终结和新旧社会秩序转换的开端。在这场实际上是中西文化正面冲突的战争中，西方先进的军事技术装备和军事组织体制给“夜郎自大”的中国人以强烈的震撼，也给“闭关锁国”、因循守旧的中国传统社会以致命的一击。在以强大的军事压力为特征的现代性挑战面前，中国传统社会再想维持现状已是不可能的了。也就是说，外来军事压力的刺激和冲击，使得中国传统社会被迫开始发生转变，这种转变是由传统农业社会向近代工业社会的转变。由此，持续百余年的近代中国社会转型也拉开了沉重的帷幕。虽然社会转型是历史的必然，但是对于当时的中国社会来说，由于转型的推动力主要不是起因于一种内发的力量，而是源于外在的压力，这就使得近代中国社会转型带有屈辱的意味。也正是由于外在的军事压力和战败的屈辱，导致了近代中国社会重心的倾斜，使整军经武具有压倒一切的优先地位。在这种以军事近代化为先导的社会大转型中，军队与国防作为军事系统不可分割的重要组成部分，必然也会由传统走向近代，实现自身的近代化。

一、中国国防近代化的举措

外国军事压力引起的社会震荡，成为近代中国社会转型的真正推动力和逻辑起点。以此为起点，近代中国社会步入了由传统农业社会向近代工业社会的转型之路，在这种转型启动之际，由于外来列强利用坚船利炮残暴地对中国进行侵略，国家的安全受到严重威胁。为了有效地抵御外来侵略，维护国家安全，国防的近代化便被提上了历史日程。清政府在加强塞、海防近代化建设的同时，特别注重加强军队的建设，推进军队的近代化。清末兴起了军民教育，为近代国防教育理论的形成做了必要的准备。

（一）塞防建设的近代化

近代以来，国防形势发生变化，人们对国防问题的认识也渐趋深入，传统的塞防建设已不能适应近代战争的需要。为了适应形势变化的需要，清政府在塞防建设方面，立足于领土、主权完整，立足于近代化，并视加强塞防建设为自强要端，采取了如下重要举措：首先，坚决收复被浩罕军事头目阿古柏侵占的新疆，并采取了一项在中国边疆史上具有里程碑意义的措施——于 1884 年在新疆设省。其次，重点加强东三省、新疆、广西、云南等边省武装力量的建设，开展整军练兵活动，有力地增强了边疆地区的军事力量。再次，改善边疆各省的军事设施，增强了边省的防御力量。清政府采取的建设举措在一定程度上加快了边疆地区的发展，增强了边疆地区的军事实力，并对塞防建设的近代化起到了较大的推动作用。

（二）海防建设的近代化

19 世纪 70 年代中期海防与塞防大争论之后，确立“海防与塞防并重”的国防战略，海防问题受到更多关注。自此，海防建设的近代化得以起步。首先，监督沿海各省修筑炮台，添置舰船，整顿水师。其次，在台湾设立行省，提高台湾防务能力。再次，创建了一支近代化的海军。此外，在海军衙门的主持下还推动了海防运输及海防通讯等事业的近代化。总之，通过以上一系列措施，初步改变了我国长期以来有海无防的被动局面，奠定了我国海军建设的基础，在促进海防近代化建设的同时，也增强了近代化国防。

（三）近代国防教育的兴起

在日益深重的国防危机面前，为了民族大业和国家安全，有识之士开始形成尚武精神，他们极力鼓吹军国民主义，以求改造国民素质，培养国民的尚武精神。在他们的极力鼓吹与宣传下，全社会开始形成一种军国民主义思潮，即建立在尚武精神之上的军国民主义。这种军国民主义既主张对全体国民进行广泛的军事教育，使一般国民具有军人的精神，掌握必要的军事知识和技能，以便实现全民皆兵；又主张要努力提高军队官兵的社会地位，改变他们的形象，培养他们良好的职业心理，使他们成为国民的表率，国防力量的中坚①。在政府行政权力的干预和推动下，军国民教育盛极一时，不仅在军事学校、军营中体现着军国民主义的勃兴，即使普通学校也不例外。这在客观上唤起了国人关注国防的激情，而且也在一定程度上推动了近代军人意识的觉醒与近代中国的国民意识，它在推动近代国民教育发展的同时，也为近代国防教育理论的形成做了必要的准备。

（四）近代国防在社会转型背景下的调整

中国传统国防在中国由传统农业社会向近代工业社会转型的背景下，在国防形势的深刻变化下，不得不顺应历史潮流，在国防观念、国防建设等方面作出相应的调整与改变，从而为最终转变成近代社会相适应的近代国防奠定了基础。这种在社会转型背景下的国防观念及国防建设方面的调整与改变，自然也体现出鲜明的时代特色。首先，随着外来侵略势力的冲击，中国近代社会转型的启动，原来植根于传统农业经济结构基础上的国防观念不得不向以工业经济为基础的近代国防观念转变。这种观念转变不仅体现在国防战略中对海防的重视，国防布局及国防斗争观的变化，还体现在对国防问题的认识更趋深化，特别是强调人防在国防中的作用及甲午战争后关于总体国防的认识，为近代国防理论的形成做了极为重要的铺垫。其次，随着近代中国国防形势的深刻变化及近代社会转型拉开帷幕，中国国防建设所需要解决的问题也发生了重大变化。这种国防建设已不是传统的那种解决如何将以农业经济为基础的国防潜能转化为直接的国防力量的问题，而变成解决如何改变晚清国防经济基础落后状况及如何将晚清国防潜能最大限度地转化为直接的国防力量的问题了。为了改变国防落后的状况，晚清政府作出了努力，不但在一定程度上促进了塞、海防建设的近代化，还在推动近代国防教育发展、促进国民意识觉醒方面作出了努力。为了改变国防经济基础落后的现状，晚清政府也进行了艰难的探索。在兴办军事工业，推动军队近代化的同时，意识到经济基础落后是造成中国国防危机的重要因素，并且认识到国家的强盛要以近代工业经济为基础。为此，晚清政府又创办了一批民用企业，对中国近代国防经济的发展起了较大作用，同时由此

① 《中华文化通志》（第6典），《军事学志》，上海：上海人民出版社1998年版，第129页。

揭开的近代工业文明的序幕也为实现国家工业化奠定了一定的基础。可见，晚清国防建设在近代中国社会转型的背景下所作的调整大致符合社会发展趋势。

当然，近代中国的社会转型给中国国防带来的触动并不仅仅停留在国防观念及国防建设两个方面，在晚清国防斗争及实践等方面同样体现出近代社会转型的影响。由于社会转型是一种质变过程，在其转型过程中必然呈现出极大的流动性、过渡性和不稳定性。随着近代中国社会的转型，它必然也会要求传统国防不断作出调整，直至转变成与近代社会相协调、相适应的近代国防。而这种近代国防是以强大的经济实力为基础的，是与政治、经济、教育、外交等各方面协调发展的。这决定了近代中国国防转型这一历史过程的复杂性。

二、中国军队的近代变革

中国军队的近代化，是中国社会近代化的重要组成部分。中国军队的近代化，是以中国近代社会经济和科学技术的进步为基础的，并反过来影响和推动中国社会的近代化。因此，准确地认识和评价中国军队近代化的历史进程，科学地探究和揭示中国社会近代化的发展规律，认真总结历史经验，对我国和我军现代化建设，必将产生重要的影响。近代中西文化的碰撞首先以“兵战”形式拉开帷幕，战败的屈辱使整军经武在近代中国具有压倒一切的优先地位。同时，社会转型的冲击与国防近代化的需要，使得军队也必然由传统走向近代，实现自身的近代化变革。

（一）八旗、绿营兵的衰败

清王朝在鸦片战争以前建立的常备兵制是八旗兵和绿营兵，两者分别为清王朝统治的建立与巩固立下了汗马功劳。但后来随着王朝腐败习气日深，腐败也日益侵蚀着军队肌体，八旗、绿营兵先后走上了衰败之路，到鸦片战争之前，这种衰败情形更加严重。总的来说，八旗、绿营兵的衰败落后主要体现在以下几个方面：

第一，将兵素质低下。就军官而言，清朝统治者不重视军官的培训和操练，没有设置像西方那样的军事学校。清军军官的选拔，采用传统的武科考试制度，外场试为马射、步射、技勇三项，内场以《武经七书》为内容。自乾隆末年起，内场也成为虚应故事，至于号称知兵的将领，仍以儒学为治军之道，以研习兵书、熟练布阵战术为职志，军官的军事素质极差。选拔兵丁时，不是专门挑选体壮艺精者，而是优先考虑生活困难者，许多老人、儿童占着兵籍吃粮拿饷，兵员素质大为降低，整个肌体也日益崩坏。绿营兵由于吃空额现象严重，造成了兵员上的严重缺额。加之制度上的问题及腐败现象的严重，清军军官素质低下可见一斑。

第二，战守训练荒疏。清军平时训练十分松弛。八旗兵自入关后，以征服者自居，坐享特权，过着养尊处优的寄生生活，很快变得游手好闲、骄奢淫逸，视操防为畏途，昔日剽悍粗犷、骁勇善战的雄风荡然无存。绿营兵的训练状况也是如此，这势必会导致清军的战斗力下降。

第三，武器装备落后。由于清朝统治者长期把“骑射”奉为“祖训”，八旗兵便始终把刀技、弓法、马术视为看家本领，加之清朝统治者不重视火器的制造和装备，所以八旗兵的装备只停留在刀枪弓箭的水平。绿营兵虽有使用旧式火器的传统，但由于受传统观念的束缚，以及清政府的民族歧视与防范心理的影响，绿营兵的装备也仍以中世纪传统的刀、矛、弓、箭等冷兵器为主，另配以少量的抬枪、抬炮等旧式热兵器，绿营兵的水师装备同样落后。而反观此时西方各国，在工业革命的推动下，其武器装备正发生着革命性变化。拿破仑时期的滑膛枪已开始被另一种射程更远、性能更先进的列兵枪所取代；同时，线膛枪和针发枪也先后问世，大大提高了步枪的射击精度和距离。另外，蒸汽机已经广泛应用于海军舰船，甲板上设置的旋转平台和滑行轨道使大部分火炮能够自由移动，其攻击力大为增强。两者比较，中国军队武器装备的落后是显而易见的。

第四，军政指挥系统混乱。清朝为了加强中央集权，将兵政、军需权统归于中央兵部和户部，军令权和最高指挥权则操纵于不熟悉军务的皇帝之手，一切用兵大事，皆秉承皇帝旨意。与西方强调赋予军队统帅指挥权相反，清王朝竭力削弱绿营将领的权力，以防止绿营将领拥兵自重，达到维护中央集权统治的目的。

第五，军队编制及战略战术的落伍。八旗、绿营兵的编制，不是按照战术需要的原则来进行编制，而是完全按便于管理组建。编制的不科学加上军队武器装备的落伍，势必会影响战略战术的更新。因为武器装备往往会影响一支军队的战术。清朝军队的落后装备与不科学的编制，决定了清军的战术完全忽视士兵个人因素发挥的可能性，战法也不可能出现单兵作战，而只能是沿用传统的布阵法，搞人海战术，而这样的战术是不符合近代战争需要的。

可以看出，传统的八旗、绿营兵的落后衰败已无法掩盖。这样衰败的军队与西方强大的近代军事力量相较量的结局是可想而知的。鸦片战争的惨败便把中国军队变革的紧迫性提上了历史议程。

（二）湘、淮军的创建及其变革

鸦片战争的惨败，说明清王朝的经制之师已不能担负起“御外侮”的职能。这一时期虽也出现了以林则徐、魏源为代表的先进中国人，他们提出整顿改革中国军队、学习西方、“师夷长技以制夷”的反侵略军事主张，但由于清王朝最高统治者的因循守旧，士大夫们受传统观念的束缚，智者的睿识并未得到认同，清军的整顿与改革也无从实施。也就是说，尽管西方列强的入侵给传统中国社会造成了极为深刻的影响，但传统社会对第一次鸦片战争的反应却相当迟钝，一时的忧患意识和战败的屈辱感很快随着条约的签订而烟消云散。真正促使清王朝在军事上采取变更举措的是1851年爆发的太平天国农民起义。太平天国的胜利进军与八旗、绿营兵的不堪一击，使刚刚登基的咸丰皇帝十分惊恐，其便任命数十名团练大臣于各省举办团练，企图阻挡太平军的攻势，在此情形下，地方性武装力量——湘、淮军便应运而生了。

1. 湘军的组建及其初步近代化

湘军由当时在湖南老家守制丁忧的礼部侍郎曾国藩奉命组建。曾国藩深知八旗、绿营军积弊，也知道团练乡民并非正规军，根本不是太平军的对手。他决定利用受命办团练的权力和机会，另起炉灶，组建一支战斗力强的正规武装力量。由于湘军在组建时即另起炉灶，所以在很多方面均异于八旗、绿营兵，主要表现在：首先，在湘军招募上，实行统帅亲自招募士兵的原则，严格规定招募兵勇，保证对兵勇的控制，湘军招兵以募兵制代替世兵制，一改绿营军积弊，提高了军队的战斗力；其次，在将领选拔上，曾国藩以“忠义血性”为准则选拔将领。在组建湘军时，曾国藩重点挑选那些未沾染官僚习气并具有“忠义血性”的中小地主阶级知识分子为湘军各级军官，其次选用那些有“诚朴忠义之气”的绿营低级士兵，这样有利于湘军战斗力的提高；再次，在部队训练上，曾国藩吸取八旗、绿营军操练废弛以致丧失战斗力的教训，在湘军创建之初就提出了“勤训精练”的训练方针，他反复强调必须经过勤训精练才能参战。这样，湘军经过勤训精练，最终成为一支有较强战斗力的武装力量，成为太平军的一支劲敌。

此外，湘军在营制、饷章、战术、裁撤等方面均异于八旗、绿营军，并在一些方面明显优于八旗、绿营军。曾国藩组建湘军，在官兵招募、训练制度等方面确已改弦更张，别开生面，在一定程度上已拉开了中国军队变革的序幕。但是，也应看到，湘军的组建并未脱离传统军事制度，未能向近代方向迈进，军队的近代化变革有待进一步深入。

2. 淮军的组建及其初步近代化

淮军是由李鸿章招募组建的。其初建时，营制规章悉仿湘军。但当淮军于1862年四五月间到达上海，伙同华尔率领的“洋枪队”与太平军作战时，李鸿章深感洋枪队训练有素、武器锋利，战斗力远在淮军之上。为了提高淮军战斗力，他决定仿照西法改编淮军，从军事编制到武器装备上都作了调整。在编制上，他先在淮军中组建洋枪队、洋炮队，后又成立炮营，又将淮军中的长夫发展成为工兵。在武器装备上，李鸿章大量购买洋枪、洋炮、弹药并以之装备淮军。在军队作战训练上，李鸿章令各部雇佣外籍军官为教官，直接训练淮军。经过李鸿章的实践，淮军被建设成为近代中国最早走向近代化的一支武装力量。

（三）洋务运动时期和甲午战争后清军的近代化变革

洋务运动时期，洋务派本着“中体西用”的指导思想，继承“师夷长技”的主张，极力推进军队近代化建设，使军队在组织结构、武器装备、教育训练等方面体现出明显的近代化趋向。尤其值得一提的是近代化的北洋海军成军，这不仅使清军形成了多军种建制，使海陆军联合作战成为可能，而且增强了国防实力，体现出了晚清军队近代化的成就。但总的来说，这一时期的军队近代化建设基本上仍停留在器物、技艺的浅表层面，旧观念、旧体制等深层次问题基本没有触及，距离全面实现军队的近代化尚有一段距离。直到甲午战败后，清朝统治者方才认识到变革军制的必要性，于是在全国范围内掀起变革军制、仿照西法编练新式陆军的热潮。在这个时期，晚清军队仿照西制，进行了较大幅度的改革，军队在组织编制、武器装备、教育训练制度、后勤制度、军官任用和选拔及士兵招募等方面都步入近代化轨道，军队的面貌焕然一新。

这一时期的军队近代化变革表明，晚清的军事体制开始追随世界潮流，加快运转，新军已被建设成为一支与西方军队基本相同、配备全套近代武器、多兵种合成的军队，在中国军队近代化建设历程中具有里程碑意义。由以上各个阶段军队变革历程可以看出，内忧外患的压力与社会转型引起的震荡，迫使晚清政府进行军事变革，加快军队近代化建设，军队近代化的进程明显加快，并为以后中国军队的近代化奠定了一定基础。

三、中国军队的近代化特点及其社会影响

中国军队的近代化，是中国社会近代化的重要组成部分，是在世界近代化的潮流中进行、在中国近代社会这个特定的时空中演进的，因而具有自身的特点；同时，它在一定程度上也影响和推动了中国社会的近代化。

（一）晚清军队近代化的特点

中国军队在其向近代化嬗变的过程中，有其自身的显著特点，这些特点主要体现在：

1. 晚清军队近代化的被动性

纵观晚清军队近代化历程就会发现，晚清军队的近代化不是自觉主动进行的，而是在侵略战争的刺激下逐步进行的。另外，在西方殖民主义冲击和国际环境影响下发生的近代中国社会转型的被动性，也决定了作为国家机器的军

队，为了加强其抵御外来侵略的职能，也只能在反侵略战争的刺激下被动地逐步走向近代化。

2. 晚清军队近代化的对外依赖性

就军队的武器装备而言，清政府虽然在洋务运动期间创办了一批近代军事工业，一定程度上加速了清军装备的近代化，但由于这些军事工业制造的产品既无统一规格又不成系列，造成了清军诸多不利。加上中国的兵工厂生产的武器与弹药从来都不足够供应中国军队使用，所以大量进口的西方过时的枪支弹药成了清军近代化装备的主要来源，中国实际上成了西方的军火市场，武器装备的对外依赖性由此可见一斑。军队近代化的对外依赖性还体现在近代海军初建时，从军舰装备到规章制度和指挥训练，几乎都是从西方国家引进的，甚至连操演口令用的也是英语。另外，在军队的教育训练上，使用洋操典，聘请洋教习，袭用洋教材，也体现出其对外依赖性，并使军队的近代化一开始就打上了半殖民地半封建社会的烙印。同时，这种对外国的过度依赖的军队教育，也易造成军队教育照搬有余，创新不够，从而给军队的近代化带来消极影响。

3. 晚清军队近代化的缓慢曲折之路

“中体西用”的指导思想对军队引进洋枪洋炮进行西式操练，对促进晚清军队装备近代化起了积极作用，并在一定程度上显现了中国军队向近代化变革的主动性。但“中体西用”的指导思想也表现出认识和行动上的局限性，在此思想影响下，主持推动军队近代化变革的洋务派首领们认定包括军事编制在内的“中体”是无需改变的。正是基于这样的认识，晚清军队近代化长期以来只注重引进西方的枪炮弹药，进行西式操练，而对于西方的军事制度和军事学术方面的内容不能予以足够的重视。到甲午战败后，清政府才认识到必须改变包括编制体制在内的军事体制，而这在时间上与日本相比已落后了二三十年，双方在实力上也有了相当大的差距，晚清军队近代化进程曲折缓慢由此可见。

4. 晚清军队近代化向私家化发展

军队私家化的倾向肇端于曾国藩创建湘军。湘军初创时，以封建宗法关系为纽带，以统兵必亲自招募、不假手于人为原则进行士兵招募。经过由上到下的层层挑选，最终在湘军内部形成了下级服从上级，全军服从曾国藩一人的封建家长式管理体系，这就使得湘军只为统帅曾国藩私人所属，别人根本无从插手其内部事务，从而开创了“兵为将有”的先河。由曾国藩创立的这种地区性组建私人军队的观念及士兵个人忠于指挥官的观念，在李鸿章的淮军和其他一部分文人将领指挥的军队中保存了下来。此后，清王朝再也没能重新获得对全国所有军队的集中控制。以此为起点，军队私家化得以恶性发展。

袁世凯编练新军时继承了曾国藩的衣钵，他坚持对将士进行封建思想教育，灌输“忠君”、“取义”等封建伦理观念，要求官兵“报效皇恩”、忠于长官，把“忠义”之道视为新军行动的最高准则和精神支柱，为其培植个人势力奠定了思想基础。他极力维持军队私属性，以收门生、义子等封建手段，将军事学堂毕业生紧紧网罗在自己的门下，建立忠于自己的班底。经过他的极力网罗，最终建立了一支忠于自己的私人军队——北洋新军，使军队私家化发展达到顶峰，也为近代中国的军阀混战局面埋下了隐患。总的来说，军队向私家化发展，是中国军队近代化进程中所走的歧途，由它所造成的军阀混战局面，对整个中国社会变迁的历史进程也造成了破坏性影响。

5. 晚清军队近代化的复杂过程

清王朝在地方上组建不同于国家经制的湘、淮军，湘、淮军在兵制上进行了变革，淮军更是率先走向近代化，但是在作战指导思想等方面仍处于落后状态。就连率先实现近代化的北洋海军也不是全盘西化的产物，在其肌体上仍保存着大量的封建因素。甲午战败后，清政府的整军经武，虽然使新军步入近代化轨道，但这一过程同样也不是全盘西化的历史。军队的基本观念虽称得上是西方式的，其编制、操法、军服、装备等也都仿效西方军队，但它毕竟是中国社会的产物，中国哲学、习俗和文明传统，已深深渗入其肌体中，封建主义的许多东西如地方主义、忠于个人的观念、派别主义观念等仍长期保留在军队肌体中，而且许多封建社会痼疾也在近代军队中有所传承。所有这些表明，晚清军队的近代化是一个新旧交融的复杂过程，这是转型时期中国社会复杂性的一种特殊反映形式。

（二）中国军队近代化对近代中国社会的影响

晚清军队近代化是军队由中世纪的传统状态向近代化演变的历史进程。军队作为社会系统的重要组成部分，它的近代化必然给近代中国社会带来影响，这种影响主要表现在以下几个方面：

首先，晚清军队近代化推动了中国社会其他方面的变革，在近代中国社会转型中，晚清军队近代化的先导作用体现在：

(1) 新式军事学堂的创办及军事留学生的派遣，在教学内容和教学方式上的变革成为晚清教育变革的先声，推动了中国教育的近代化。在晚清军队近代化的历史进程中，为了满足军队建设对近代军事人才的需要，兴办了一批新式军事学堂，这些学堂在教学内容上以近代科技知识为主体，许多学科门类和课程设置在中国教育史上都是第一次出现的，这样就使中国教育在教学内容上发生了前所未有的变更，而这种变更是对传统教育的冲击和重大挑战，将旧式教育制度撕开了一大缺口，构成晚清社会教育变革的先声。另外，派遣军事留学生去欧美各国学习军事，在拉开中国留学教育序幕，培养了一批社会所需人才的同时，也大大推动了中国教育的近代化。

（2）近代军事工业的创办揭开了中国近代工业文明的序幕。在晚清军队的近代化中，清政府为推进军队装备近代化而创办了一大批近代军事工业，这批军事工业已率先采用了近代化的大机器生产，这就表明中国近代军事工业虽然存有浓厚的封建性和买办性，但它并未改变近代化大工业生产方式的普遍性特征。价值规律、商品交换、货币投资等工业文明所共有的特征，同样寓于中国的近代军事工业之中，大机器生产方式也产生了中国社会新的阶层——早期产业工人。所以，中国近代军事工业的建立，显示出中国资本主义已在一定程度上有所发展，并揭开了中国近代工业文明的序幕。

（3）晚清军队近代化也带动了交通、通信等方面的近代化。为改变军队后勤制度落后状况，促进后勤体制近代化，保障军队后勤供应及时、充分，晚清政府在军事交通、通信等方面作出了较大努力，促进了其向近代化的过渡。在军事交通方面，火车、轮船等交通工具的运用使传统运输方式逐步得到改变，标志着军事交通进入一个新时代。在军事通信方面，电报、电话等近代化通讯手段首先运用于军事，在实现军事通信手段近代化的同时，推动了中国通信事业的近代化。由此可见，晚清军队近代化对社会转型的先导作用十分明显。

其次，晚清军队近代化改变了军人形象，提高了军人地位，并为确立士农工商兵"五位一体"的社会新秩序创造了条件。

近代中国出于强国御侮与克服转型期社会动荡的需要，重视军队建设，提高军人地位，改变军人形象成为全社会的共识。经过晚清政府的努力，军人的政治、经济和社会地位在清末逐步得到提高，军人的形象也得以明显改善，步入近代化轨道的新军官兵一律着西式军服，军容整齐，装备良好，与昔日那种衣着邋遢、手执刀矛的形象判若两途。军人形象的改变与军人地位的提高，客观上有利于改变传统社会那种"好铁不打钉，好男不当兵"的观念，社会对"兵"逐渐由排斥转向认可。另外，清末近代兵役制度的变革改变了传统社会"以兵为民"的兵役制度，而代之"以民为兵"的近代兵役制度。这种近代兵役制度，使得军队与民间社会实现了对接，也使在传统社会里被定位于"民"的"兵"获得了社会认同，近代化军营的大门开始向社会敞开，士农工商与兵的对流互动成为可能。"兵"与四民社会的契合，逐步形成了士农工商兵"五位一体"的社会新秩序，并为近代社会"工农兵学商"五位一体的排列组合奠定了基础。

最后，晚清军队近代化对近代中国政局也产生了深远影响。这种影响主要体现在两方面：一方面，近代军事学堂的创办及军事留学生的派遣，在促进中国近代军事教育与留学教育兴起的同时，也培养了一批近代军事人才。而且在当时，无论是军事学堂的毕业生还是出国留学的青年，他们都或多或少地学习了西方的法律制度和资本主义发展史，不同程度地受到西方先进的科学技术和民主思想的影响，萌发了民主思想，其中一些人还成了近代中国社会最早的觉悟者。他们积极参加资产阶级民主革命活动，把新军作为革命党的活动阵地，革命党人向新军的渗透，最终使新军成为埋葬帝制的强大力量。近代化的新军在辛亥革命中所起的作用，不能不说是晚清军队近代化对中国政局变动的一种影响。另一方面，晚清军队私家化倾向给近代中国政治纷争埋下了隐患。军队私家化对于清王朝的中央集权具有强大的离心倾向，造成军队统帅在所据地方实行个人军事独裁统治，也使得军队国家化成了停留在纸面而无法实现的目标，近代中国逐渐由中央集权的大一统走向地方分权的军阀割据。军队私家化的恶性发展给近代中国造成极大破坏，也在很大程度上阻遏了整个中国社会的近代化进程。

参考书目：

1. 邵春霞、彭勃：《论中央集权与地方分权》，《学习与探索》1996 年第5 期。

2. 刘慧娟：《论中国近代国家观念的形成》，《宝鸡文理学院学报》（社会科学版）2000 年第 3 期。

3. 华兴、张元隆：《中国近代国家观念转型的思考》，《安徽大学学报》（哲学社会科学版）2005 年第 1 期。

4. 刘俊平：《中国国防思想从古代向近代的嬗变》，《国防》2006 年第 6 期。

5. 孙成华、陈阳：《论中国传统“重陆轻海”国防观的成因》，《政工学刊》2009 年第 10 期。

6. 王彦、吴信忠、张云：《中国军队近代化的历史考察》，《军事历史研究》1988 年第 4 期。

7. 李志松、芦利梅：《军队近代化与晚清社会转型》，《西安联合大学学报》2004 年第 6 期。

8. ［美］吉尔伯特·罗兹曼编，国家社会科学基金“比较现代化”课题组译：《中国的现代化》，南京：江苏人民出版社 1998 年版。

9. 熊志勇：《从边缘走向中心——晚清社会变迁中的军人集团》，天津：天津人民出版社 1998 年版。

10. 陈国庆主编：《中国近代社会转型研究》，北京：社会科学文献出版社2005年版。

思考题：

1. 简述中国中央集权向地方分权的过程及影响。
2. 简述近代国家观念的内涵。
3. 简述中国近代国防战略。
4. 试述中国军队近代化的特点及影响。

第四章　近代中国的农村与城市

中国近代社会是以农业为主的经济社会。鸦片战争后，自然经济虽然在一些地区开始逐步解体，但是仍在中国社会中占据统治地位，农村依然是全国经济活动的重要场所，城市的政治功能仍十分突出，农村经济和城市政治的二元社会结构格局并未被打破。同时，随着西方势力的侵入和中国社会自身经济的发展，中国社会开始了艰难而漫长的近代化历程，由传统社会向近代社会转型，这一转型集中表现在农村经济结构的变化，城市功能的增多，以及中国社会城市化进程的加快等方面，从而使中国社会表现出过渡性社会的基本特征。

第一节　农村社会近代化因素的增长

从公元前5世纪的战国时代到1840年鸦片战争，中国的封建社会前后延续了两千多年，其经济是以地主土地所有制占主导地位的封建地主经济，以个体家庭为单位并与家庭手工业牢固结合的小农经济是中国封建社会的基本生产结构，自给自足的自然经济始终占据绝对优势地位。地主赁地出租、农民佃田耕种构成了封建制生产关系的基本内容，土地成为最基本的生产资料。农民自给自足，不但生产自己需要的农产品，而且生产手工产品。当时，商品交换虽有一定程度的发展，但在整个社会生活中不起决定作用。地主和贵族从农民那里剥削来的地租，也主要是用来自己享用，而不是用于交换。这种农业和家庭手工业紧密结合的经济结构，具体表现为耕织结合的经济形式，以男耕女织为基本特征。中国封建社会的政治以封建的中央集权君主专制制度为基本特征，这种中央集权君主专制体制，在一定程度上巩固、维护了封建统治和国家统一，但同时也在很大程度上扼杀了中国封建社会的生机和活力。中国封建社会的这种经济、政治，一方面巩固和维系了中国封建社会的稳定和延续；另一方面也使其前进缓慢甚至迟滞，并造成不可克服的周期性的政治经济危机。康熙、雍正、乾隆时期是中国封建社会后期的鼎盛时期，但同时也是封建社会的末世，潜伏着许多危机。至乾隆后期，中国封建社会已经开始从顶峰上跌落下来，步入下坡路；到了鸦片战争前夜，它已经衰相尽显，与新兴的西方资本主义国家拉开了很大的差距。

鸦片战争之后，以地主土地所有制为核心的封建制度在农村虽然仍占据显著的优势，但中国经济自身的增长与发展，加之西方商品经济的冲击，使得中国社会的近代化因素开始聚集、增长，呈现出向近代化转型的趋势。具体到中国农村社会，近代化因素的增加集中体现在以下几个方面：

一、农村土地兼并与农民无地化趋势的加重

土地兼并是中国古代非常普遍的现象，它的根源在于封建土地私有制的发展。在封建社会，由于土地占有关系不固定，加之土地买卖盛行，必然导致土地兼并现象的出现。土地兼并往往在一个朝代的后期表现突出，如西汉末年、唐朝中后期、北宋中期、明朝中后期，土地兼并现象十分严重。土地兼并是封建经济发展的结果，也是地主土地私有制和地主阶级力量增强的表现。进入近代以后，这一现象仍然持续着，而且表现出愈演愈烈的趋势。并且，在晚清和辛亥革命之后掀起了两次土地兼并的狂潮。

太平天国运动失败后，晚清时期开始进行大规模的土地兼并运动。由于战争的影响，战区的很多农民因战而死，活着的也迁至其他地区，许多土地荒化，一些官僚、地主乘机兼并大量土地，尤其以湘淮官僚军阀得益最多。如湖南的曾国荃（总督）在湘乡老家置田 6 000 亩，江苏清和县张汝梅（右江道）占地万亩，直隶顺天府王海（候选道）有田 17 900 亩，天津的张建勋（道台）占地 30 000 亩，河南项城的袁甲三（总督）有地 4 000 ~ 5 000 亩[①]。这种土地兼并使农村出现了新的“军功地主”。

辛亥革命后，军阀地主成为土地兼并的主角，他们掀起了比晚清时期更为凶猛的土地兼并浪潮。一时间，湖南、安徽、河南、广西、河北等很多地方的军阀地主占有很多土地，如奉系军阀张作霖在东北占地 151 600 饷（一饷 = 15 亩）以上[②]。以至于有人总结说：“所有中国的军阀没有例外的都是地主。”[③]

晚清以来，商人、高利贷者兼并土地的新因素在农村仍在继续增长，使得土地自由买卖的程度进一步加强，加速了土地商品化的进程。加之寺院地主和外国资本主义教会势力的加入，对土地兼并和土地商品化更起到了推波助澜的

① 李文治：《中国近代农业史资料》（第 1 辑），北京：生活·读书·新知三联书店 1957 年版，第 189 页。

② 章有义：《中国近代农业史资料》（第 2 辑），北京：生活·读书·新知三联书店 1957 年版，第 15 ~ 17 页。

③ 何挺杰：《陕西农村之破产及趋势》，《中国经济》1934 年第 4 期，见章有义：《中国近代农业史资料》（第 3 辑），北京：生活·读书·新知三联书店 1957 年版，第 189 页。

作用，加快了农村土地的集中速度。

农村土地兼并的直接后果就是农民无地化趋势的加重，其最直接的表现是自耕农的减少和半佃农、佃农及流民的明显增加。土地是农民最基本的生产资料，农民吃在地里、长在地里，失去了土地，就等于失去了赖以生存的基础。农民的赤贫化程度与日俱增，为自由雇佣劳动力的出现创造了条件。

二、近代流民的产生与劳动力商品化进程的加速

鸦片战争之后，国内频繁发生自然灾害，社会动荡，特别是社会阶层流动的加剧使中国流民问题日趋严重。因此，分析流民问题对于研究中国农村社会近代化和社会转型具有重要的意义。

中国近代流民的产生，不外乎自然灾害和战乱两方面的原因：一方面，自然灾害。近代中国社会，水灾、旱灾、蝗灾等自然灾害频发，直接导致粮食减产，甚至出现颗粒无收的状况，造成饥荒，迫使农民背井离乡，流落他乡。辛亥革命前十年，连绵不绝的自然灾害，使中国人民的生活陷入绝境。1904 年四川大旱“灾民数千万”；1905 年云南大水，仅昆明附近就有“数万户灾黎仓促逃生”；1906 年几省同时发生大水灾，湖南有饥民近 40 万，江苏灾民达 730 余万人；1909 年湖南大水，“统计各处灾民不下百余万人”等①。自然灾害造成的流民潮一波高过一波。另一方面，战乱。进入近代以来，中国统治者处于内忧外患双重夹击之中，社会矛盾严重激化，外敌入侵，战乱不断，赋税沉重，土地兼并和高利贷剥削日益严重，使得乡土观念深厚的中国农民也不得不抛离故土，远走他乡，造成大规模的流民潮。近代以来，仅外国侵略者发动的侵华战争就有 5 次，清末农民起义更是此起彼伏，民国时期军阀割据，战乱不绝。这些战乱直接造成了庞大的流民队伍。清末民初的连年战乱，使得政府军费开支急剧增加，加上战争赔款，政府的财政更加难以应付，这些开支和赔款无疑全部转嫁到了农民身上，加速了农民的破产和流亡。此外，人地矛盾、阶级压迫、家庭、个人原因都是引发近代流民产生的因素。

接着，由于自然经济的解体和城市近代商业、工矿业的发展，遂使流民真正具有了近代性质。帝国主义的经济侵略使得以“耕织结合”为特征的自然经济开始瓦解，先后出现纺织分离、耕织分离，从中游离出一部分剩余劳动力。随着城市近代化进程的推进和城市功能的演变，城市的经济功能不断得到强化，需要自由劳动力满足商品经济发展对人力资源的需求，大量的流民被抛

---

① 章有义：《中国近代农业史资料》（第 2 辑），北京：生活·读书·新知三联书店 1957 年版，第 359 ~ 360 页。

向社会，他们为了找到一份谋生的工作，或流向城市，或在农村地区之间流动，或向边疆地区扩散，或漂洋过海流落他国。流民大量涌入城市，使城市人满为患。

近代中国，农业经济仍在社会中占主导地位，流民在农村间的流动影响了农村雇佣关系的变化，加速了劳动力商品化的进程，促进了农村劳动力市场的建立。到了民国时期，随着城乡手工业者破产数量的增加和农产品商品化的进一步发展，劳动力商品化存在于农村的各种雇佣关系中。

三、家庭手工棉纺织业的解体和商业性农业的发展

中国封建社会经济是自给自足的自然经济，是农业跟家庭手工业紧密结合的小农经济，其生产的目的单纯是为了满足自身的需要，而当生产过剩时才会拿出去进行交换，以换回自己需要而自己又没法生产的生活资料和生产资料。在广大农村，主要表现为男耕女织的“耕织结合”形式。进入近代社会以后，由于外国资本主义的侵略和商品经济的冲击，这种“耕织结合”的经济形态开始逐步分解，集中表现在家庭手工棉纺织业的解体和商业性农业一定程度的发展上。

家庭手工棉纺织业的解体经历了两个步骤：第一步是洋纱的输入，洋纱代替土纱，使纺、织分离；第二步是家庭手工业和农业发生分离。洋纱代替土纱的过程最先发生在通商口岸及附近的农村中。鸦片战争后的20年，由于世界资本主义经济的飞速发展，劳动生产力有了较大的提高，大规模的机器生产使得洋纱的产量大幅度提高，成本大大降低，洋纱的价格逐年下调，土纱自然失去了与洋纱竞争的能力，洋纱代替土纱成为必然。同时，洋布也入销中国，洋布以其价格低廉、色彩光艳等特点，很快代替了土布，在中国扩大了其市场范围。可见，作为农副业的手工棉纺织业已走上没落之路，家庭手工业与农业开始分离，自然经济开始解体。

自然经济解体的过程就是商品经济发展的过程，进而中国商品性的农业有了一定程度的发展。首先，外国资本主义在中国倾销商品的同时，大量掠夺中国农产品，使中国农业生产开始被纳入服务资本主义世界市场的轨道，如蚕丝、棉花、大豆、花生等。农产品出口量的增加，一定程度上刺激了农民种植经济作物的积极性，反过来又促进了商品性农业的发展。其次，19世纪50年代以后，外国资本主义在中国经营若干农产品加工工厂和轻工业工厂。70年代以后，民族资本开始经营的民族工业也主要集中在纺织业和食品业方面，这些工厂的建立也增加了对农产品的需求，在一定程度上刺激了商业性农业的发展，经济性作物的种植面积进一步扩大。此外，由于家庭手工业的破产，农民

所需的生产资料和自己不能再生产的生活必需品必须依靠市场获得，使得他们不得不出卖自己的一部分农产品，这也促进了商品交换和商品性农业的发展。

近代中国商品性农业的出现和发展主要集中在大中型城市周围的农村，或者在沿江、沿海城市带的经济腹地之中。而且，商品性农业的发展程度在周围农村中呈现出以城市为中心向周围递减的趋势。

四、西方农业科技知识在国内的传播速度有加快的趋势

中国近代农业的产生和发展经历了农业改良、晚清政府兴农举措和之后的发展三个阶段。在这三个阶段中，西方农学知识和农业科技的传入起了决定性作用；反过来，早期的农业改良启蒙和晚清政府兴农举措的实施也使西方农业科技在国内的传播速度呈现出加快趋势。

（一）西方农业科技知识的传入

在近代农业出现以前，中国社会经历了从舆论意义上对西方农业科技知识进行宣传介绍的启蒙阶段。魏源在《海国图志》中用极为赞美的词句描述了西方先进的农业。之后，王韬、马建忠、郑观应等一批思想家也积极主张引进西方农业科技，以改变农业技术落后的局面，发展中国农业生产。甲午战争失败后，面对日益沉沦的国势，很多进步知识分子在主张改造社会的同时，也提出通过引进西学改变中国农业落后面貌的主张。他们组织创办农学会，翻译介绍各种有关农业原理和推广农业科技知识的书籍，成为当时农学启蒙的推动力量。

随着西方农业科技知识的传入和兴农兴邦社会思潮的兴起，中国近代农业终于诞生了，兴农思想也被晚清政府采纳而成为维新变法的一项重要内容。1898 年，晚清政府发布了一系列关于推行农业改造的措施。晚清时期各种层次的农业学堂相继出现，如高等农业学堂、中等农业学堂、初等农业学堂等纷纷建立。农科留学生人数也有所增加。农业科研方面，不仅设有国立的农工商部农事试验场，而且还设立了省农事试验场。农业教育、农业科技的发展，为西方农业科技在国内传播提供了更多的可资凭借的载体，清末引进西方农业科技物质成果的数量和速度也随之增多和加快，如 1906 年，山东农事试验场从美国购进农具 20 余种，从日本购进数十种。虽然这些引进大都停留在试验阶段，但对于丰富生物物种资源、兴风气之先河起到了不可低估的作用，更为近代农业的发展奠定了基础。

经过早期农业改良启蒙和晚清的近代农业奠基，中国近代农业的发展速度呈现出加快趋势。首先表现在引进西方先进农业科技的步伐进一步加快。1915 年，黑龙江呼玛的三大公司，从美国万国农具公司海参崴支店购入拖拉机 5 部

及其他机械农具进行大农式经营[①]。其次，农业教育向纵深方向发展。1920年，南高师农科接受美国万国农具公司捐赠的3 000元，选购和改进教学农具，并于1922年建成农具学院。同时，学习西方运用近代科学方法进行选育良种作物的试验也一直没有停止。西方农业科技知识在中国传播和中国近代农业发展加快的趋势在近代一直没有改变。

（二）中国农村近代化因素

中国农村近代化因素增加的过程，既是中国农村社会自身发展的过程，又是被动吸收西方先进科学技术、先进思想文化的过程。农村近代化因素的增加，必将导致中国近代农村社会的某些方面向近代转型。主要表现在以下几个方面：

1. 农村租佃关系发生了变化

中国封建传统采取的是地主赁地出租、农民佃田耕种的租佃制形式，农民与地主的关系主要是一种货币契约关系，地主可以随便撤佃，农民可以自由换主，农民对地主的人身依附关系比较松弛，农民有一定程度的经营自主权和离地的自由。太平天国运动失败以后，长江中下游地区各省，特别是江苏、浙江、安徽三省，封建土地关系发生了明显变化，一种新的制度——永佃制盛行。所谓“永佃”，是指佃农拥有永久佃种该田地的权利。在永佃制下，地权被分为田底权和田面权两部分，田底权为封建地主所有，田面权为佃农所有。土地价格通常是田底占60%，田面占40%。其实质是土地的所有权与耕种权发生分离。在租佃关系中，地主享有土地的所有权，有权收取地租；农民则享有永久佃种该土地的权利，还有权将耕作权出租给其他人。永佃制出现的原因一是战乱使土地大量荒芜，地主富豪趁机兼并土地，为了保证有充足的劳动力，地主在招募佃农垦荒时允许佃农有永佃权。据《中国经济年鉴》（1934年）载，“浙江金、严及杭、嘉、湖一带”和江西的南昌、抚州、乐平等府县均存在永佃制[②]。可见永佃制分布之广；第二个原因是自耕农的贫困破产，他们之中有许多人失掉土地，变成了佃农。辛亥革命以后，永佃制衰落，押租制日益盛行。押租制与永佃制不同，它是佃农在佃耕地主土地时要缴纳一定押金的制度。名义上，这是为了保证地主的地租收入的一笔押金，实际上，地主不退押金就不得干涉佃农的土地耕作权。所以，它是以佃农获得土地耕作权为代

① 章有义：《中国近代农业史资料》（第2辑），北京：生活·读书·新知三联书店1957年版，第359~360页。

② 李文治：《中国近代农业史资料》（第1辑），北京：生活·读书·新知三联书店1957年版，第252页。

价，在这一点上押租制和永佃制是相通的。永佃制与押租制的发展都反映了土地所有权与土地耕作权分离的扩大。与此同时，预租制也日益普遍，地主向佃农预先收取租钱，收成好与坏都由佃农来承担，这样加大了农民的自由耕种权。这些制度的变迁，都朝着农民的人身自由以及土地所有权与土地耕作权分离的扩大迈出了新的步伐，透露出农村经济关系变化的新信息。

2. 农村雇佣关系的变化和农业雇佣工人的出现

近代流民的产生和劳动力商品化进程的加快发展，使得劳动力商品化存在于农村的各种雇佣关系之中，农业雇佣工人也开始在“垦区”出现。

长期以来，长工和短工是中国封建社会雇佣关系的基本形式。受供求关系的影响，在劳工供过于求时，雇主剥削雇工；当劳工求过于供时，则雇工可以跟雇主谈条件。在晚清时期，一年以上的工期比较普遍，进入民国以后，雇工大多以半年为度。近代中国，流民靠出卖自己的劳动力为生，到了民国时期，全国各地有雇工市场者占 37.02%①。流民劳动力的市价，完全决定于劳动力的需求与供给关系，与普通商品没有太大区别，他们从一个地方到另一个地方，自觅雇主，像推销商品一样推销自己。劳动力流向“垦区”是近代农村劳动力流动的另一种形式。清末民初，大办垦殖（牧）公司，资本主义农业经营方式开始在一些地方兴起。据统计，1912 年全国登记在册的新式农垦企业已达 171 个②。这些垦殖（牧）公司，大多模仿或移植西方新的生产方式进行农业经营，这些具有相当资本主义色彩的垦殖企业的兴起，无疑成为中国由小农业走向大农业的重要里程碑。无论垦殖公司规模如何，总有一定数量的农业工人从事垦殖，这就为流民的分流和资本主义农业雇佣工人的出现创造了条件，更显示出传统农村雇佣关系向近代的转型。

3. 市场调节作用的加强和农作物种植结构的变化

近代中国农产品的商品化，主要是由资本主义掠夺原料引起的。一方面，随着世界资本主义工业和中国民族工业的起步和发展，对某些作为主要工业原料的农产品的需求迅速增加，使其种植面积扩大。如棉花，不仅原来产棉区种植面积增大，原来不种棉花的地区也开始大规模种植棉花。再如蚕桑，鸦片战争后，蚕丝大量出口，刺激了中国蚕丝业的发展，蚕桑种植面积迅速扩大，原来不种植桑蚕、不养蚕的地区，也开始试种和饲养。与此同时，为适应世界市

① 陈正谟：《各省农工雇佣习惯之调查研究》，见冯和法：《中国农村经济资料续编》（下），台北：华世出版社 1978 年版，第 712 页。

② 章有义：《中国近代农业史资料》（第 2 辑），北京：生活·读书·新知三联书店 1957 年版，第 339 页。

场对原材料的需求，烟草、大豆、花生的种植面积也在扩大。另一方面，一些经济作物，由于受国际市场的竞争而衰落。如茶叶的种植在中国有着悠久的历史，一直是中国出口的大宗，19 世纪 80 年代以后，由于受日本茶和印度茶的排挤，茶叶的生产和出口便大为下降，于是国内茶价大跌，茶农纷纷破产，茶田荒芜。利益驱动对农村经济的作用愈加明显，罂粟的广泛种植就是一个典型的例子。第二次鸦片战争之后，随着鸦片贸易的合法化，鸦片输入量日增，国内种植罂粟日益广泛，其原因是许多地方官吏为增加税收和中饱私囊，鼓励农民种植罂粟。

市场对农村经济调节作用的增强，影响着农作物种植结构的调整，促使其随着市场调节而发生变化，使中国农村经济朝着具有近代化意义的方向发展。

4. 农村基层政权和宗法关系的变化

经济基础决定上层建筑，农村社会近代化因素的增加和经济关系的变化又必然引起政治和社会关系的变化。清朝入关后，即采用保甲制来管理乡村社会，十户立一牌头，十牌立一甲头，十甲立一保长，户一牌一甲一保，次第而上，形成完整细致的乡村统治网络，构成清代农村社会的基层政权体系。进入晚清以后，清政府对地方政权体系作了重大调整，包括调整行政区域的划分，凡府、厅、州、县、治、城、厢划为“城”，其余市、镇、村庄、屯集等地方，人口满 5 万以上者为“镇”，不满 5 万者为“乡”。在城、镇各设权力机关“议事会”和“董事会”，乡设“议事会”和“乡董”。这是清末地方自治的重要举措，实行不久清政府就垮台了，地方自治遂告破产，不少地方实际上起作用的仍是保甲制度。国民党南京政府成立之后，1928 年 9 月颁布《县组织法》，实行新县制，以加强对农村基层的统治，此时农村实行的是一种与传统保甲制度不同的新的保甲制度，即十户为一甲，设甲长一人，十甲为一保，设保办事处，置保长一人，副保长一人，十保为一镇，设镇公所，置镇长 1～2 人，公所设民政、警卫、经济、文化四股，各股设主任一人，举凡本镇地方事务由镇务会议议决，方可实行。由此可见，农村基层政权不但在组织形式和名称上发生着变化，而且其具体的职责范围也明显地具有近代特征。

宗法制度最早产生于周代，它与宗族的发展紧密联系在一起，宗族成为宗法制度赖以存在的社会基础，而宗法制度则是宗族存在的政治保障。晚清时期，一些地方的宗族组织在形式上多少带有近代色彩。如南方一些地方称宗族为家族会，称族约为家族章程，家族成立理事会，选举理事、常务理事、理事长等，这类族规虽在内容上与传统的宗约族规无重大差别，但毕竟在表述用词上带有了近代色彩，而且形式上具有了初步的近代民主色彩。清朝前、后两个时期，宗族的社会作用呈现出日益强化的趋势，尤其在太平天国起义爆发后，清政府下令各省在籍官员在家乡举办团练，镇压人民反抗，这给宗族势力发展提供了一个绝佳的机会。晚清后期，宗法制度进一步强化，主要表现在名门望族纷纷修宗祠，各宗族建立祠堂、家祠。同时，宗族势力在政治上的膨胀也助长了它对清朝中央政权的离心力。

以家庭为基本单位的自然经济和以血缘关系为纽带的宗法制度，是支撑农村社会的两大支柱，这两大支柱在进入近代以后都因近代化因素的嵌入内部发生了相应的变化，日益朝着近代化的方向发展，农村社会的变化对城市功能的变化起了奠基的作用。

第二节　中国近代城市群的兴起

城市是生产力发展到一定阶段的产物，是人类群居生活的高级形式。人类祖先从穴居到宅居，从依水而居到定居，从分散居住到集中居住，经历了漫长而悠久的历史。城市的兴起和发展，是人类社会进步的产物，是社会生产力的必然结果。近代中国正处于由传统社会向现代社会的转型时期，城市作为政治、经济、文化、科学技术的中心，作为社会前进的基地，既是改革的主战场，又是开放的前沿阵地，在社会主义现代化建设中起着主导作用。中国的城市主要是政治中心，承担军事行政职能。从城市发展的进程来看，早期历史阶段，西方城市占有一定优势，但是到了中古时期，东方城市的数量上升，特别是中国的城市相当发达，城市发展水平居世界领先地位。在中国传统社会中，城市居民绝大多数是官僚、地主、军人、富商等消费人口，从事商品生产和流通的人口很少。18 世纪中叶以蒸汽机的发明和广泛运用为重要标志的工业革命迎来了城市发展史上一个崭新时期，创造了人类历史上前所未有的生产力，机器大工业代替了以手工劳动为主的工厂手工业，广泛的社会化专业协作代替了分散、孤立的生产状态，交通运输业的发展缩短了空间距离，大大促进了商品交换的发展和社会联系的加强，商品经济更加活跃，人口和资本大量集中，因此大大加速了城市的发展进程。随着社会分工的日益深化，合作的越加紧密，促使社会经济生活向着专业化社会方向发展。企业为了增强竞争能力，提高协作利益，于是结成集团分布，由此吸引大量人口，导致地域分化加深，城市规模急剧扩大，新城市不断涌现。

1840 年的鸦片战争，帝国主义列强用坚船利炮轰开了中国长期闭关自守的大门，中国被迫开设大量通商口岸，外国商品和资本大量涌入中国市场，侵入中国经济，中国沦为半殖民地半封建社会，封建经济开始解体。1842 年 8

月29日，中国历史上第一个不平等条约——《南京条约》签订，条约规定：开放广州、厦门、福州、宁波、上海等五处为通商口岸，准许英国在五口派驻领事，准许停泊英国军船，准许英国人在五口租地建屋，永久居住；中国海关进出口货物缴纳的税率，必须与英国商议。之后又与其他国家纷纷签订《虎门条约》、《望厦条约》、《黄埔条约》，使中国的大门开始向整个资本主义世界开放，中国自给自足的自然经济受到破坏并逐渐解体，中国开始卷入世界资本主义市场，同时对中国近代城市群的兴起起了促进作用。

一、中国近代口岸城市的兴起

鸦片战争之后，西方列强为抢占沿海、沿江等具有优越地理位置的城市作为通商口岸，以达到抢占中国市场、掠夺廉价原料、倾销商品的目的，迫使清政府签署了一系列不平等条约，《南京条约》的签订使上海、宁波、福州、厦门、广州五口成为第一批对外开放口岸；19世纪60年代按照《天津条约》、《北京条约》又增开了汕头、天津、牛庄、镇江、汉口、九江、登州、淡水、台湾等沿海、沿江城市；从19世纪70年代至19世纪末，中国对外开放口岸又增加了27个，至1917年前再增加47个，总数达到92个。鸦片战争后的几十年里，英国利用通商口岸为集散地，猖狂地扩大鸦片走私，1849年输入鸦片5万箱，到19世纪50年代每年平均达6.8万箱，使中国白银外流问题更趋严重。五口通商口岸开放后，以英国为首的西方资本主义国家，掀起了向中国倾销商品的热潮。战后的短短几年间，英国输华商品较战前增加了3.5倍，其中棉纺织品占总值的70%以上，增加了4倍多；美国也开始向中国大量输出工业品，其中棉布占80%以上，成为仅次于英国的经济掠夺者；再加上英美侵略者为了开辟市场，摧垮中国的手工纺织品，不惜薄利多销，甚至以低于成本的20%~30%的价格倾销①。这样，外国廉价的棉布、面纱充斥东南沿海市场，使中国的城市手工纺织业和农村家庭手工业遭到沉重打击。外国侵略者在向中国输入鸦片和工业品的同时，又从中国收购并输出大量的农产品和土特产品，特别是茶和丝两项的出口量，在19世纪40年代飞速增长，不仅刺激了国内茶、丝生产的发展，而且还促进了生产城市的发展。湖南、福建、浙江等地茶业迅速发展，还设立了茶厂专门加工制作适合外国人口味的茶叶；浙江湖州附近各地纷纷植桑、养蚕、制丝，带动了这些地区的城市化发展。

① 根据严中平《中国棉纺织史稿》第26页编算。

二、中国近代商业城市的兴起

开埠的带动以及国内市场自发的商业化也是城市近代化的一大动力。民初商业的发展繁荣是推动城市近代化的重要力量，“因商而兴，因商立市”是城市近代化的重要途径和手段。

1. 中国民族工商业的发展和中国近代商业城市的兴起

近代民族工商业总的来说，萌芽于明朝中叶，发端于1840年鸦片战争以后。鸦片战争的炮火，揭开了中国近代史的序幕，也吹响了中国民族工商业发展的号角。西方先进的生产技术和经营理念给中国经济社会带来了亘古未有的巨变，从官办到官督商办再到民间资本的独立经营，中国民族工商业终于破茧而出。早期的民族工商业产生于两种途径：①手工工场引进机器，转变为近代工业企业；②中小地主、官僚、商人、买办、华侨等。早期著名的企业主要有“三厂一坊”。到甲午战争前，实存的商办近代企业有260家，大部分是轻工业，主要分布在上海、广东、天津等沿海地区。近代商办企业的投资者主要是一些官僚、地主、商人（包括买办手工业主），他们已转变为民族资产阶级。主要的企业有上海发昌机器厂、广东南海继昌隆缫丝厂、天津贻来牟机器磨坊等。民族资本主义工业虽然是一种先进的生产方式，但它毕竟是在中国社会半殖民地化过程中产生和发展的，实力薄弱，深受外国资本主义和中国封建主义的压迫和束缚，同时又对它们存在着一定的依赖性，这就使民族资产阶级在政治上不可避免地具有两重性。由于沿海城市是外国资本主义入侵较早的地区，封建自然经济最早解体，再者通商口岸便于出口和运输，易于取得外国原料和技术设备，所以沿海城市最先得到发展。

2. 新式交通运输业的发展与中国近代商业城市的兴起

随着中国开埠城市的发展，传统的运输方式已不能适应新的商业贸易往来，这时新的交通运输方式应运而生。新式交通运输业主要包括轮船运输业和铁路运输业。

开埠以后，西方列强的入侵使中国传统的帆船航运业受到了巨大的冲击。据统计，从1861年到1911年，英、美、法、俄、德、日等国商人在华先后创办了125家轮船公司，引进大小轮船达数百艘①。轮船招商局是中国第一家近代轮船航运公司，也是洋务派兴办的第一个民用企业，主要包揽了清政府的漕运和承运其他官务。一些城市的地位也由于航运业的发展而发生了变化。在第一次鸦片战争爆发之前广州是全国最大的外贸港口，丝茶等主要出口商品贸易

① 张仲礼：《东南沿海城市与中国近代化》，上海：上海人民出版社1996年版。

都集中于此，但是随着上海、宁波、福州、厦门新开通商口岸贸易量的较大增长，广州一口贸易的格局开始被打破，出现了相对分散的状态。随着长江航运的大规模开发和第二次鸦片战争后南京、九江、汉口、牛庄、登州、天津等新口岸的开放，上海逐渐取代广州成为中外贸易中心，形成了以上海为枢纽的航运体系，加上香港的进一步崛起，广州的外贸和开放优势开始削弱。

最早在中国提出修筑铁路的是外国人。1863 年 7 月，在上海的英、美商人要求修筑上海至苏州的铁路，结果遭到拒绝。中国最早提出修筑铁路建议的是李鸿章。随后由于铁路的修筑，使得传统城市开始向现代城市转型，如北京、济南等城市，清政府修筑了以北京为中心的铁路网，由京奉、京汉、京张、津浦 4 条铁路主干线和京通支线、京苑轻便铁道等支线和短程铁路组成，铁路网的形成极大地促进了北京与外地的联系与交流，加强了北京作为政治、文化中心对全国的辐射能力。上海、天津、南京、武汉、广州等沿江、沿海城市因为开埠较早，进出口贸易发达，工商业繁荣，在外力的作用下，近代化已经有了相当程度的发展，而铁路的修筑则使之在原有基础上更加繁荣兴盛起来，城市规模急速扩大，城市功能进一步转变，近代化步伐明显加快。天津原为军事重镇，自京奉、津浦铁路建成并与京汉、京绥铁路连接后，到 20 世纪 30 年代成为仅次于上海的第二大港，人口超过百万的第二大城市。六朝古都南京自古为政治中心，商贸并不发达，20 世纪初随着津浦、沪宁铁路的建成通车，尤其是 20 世纪 30 年代南京下关铁路轮渡工程的建成，使之成为南北铁路交通的枢纽，商贸发达起来，新式工业也随之兴起，经济地位日渐提高①。因铁路的影响，一些小集镇急速兴盛起来，在较短的时间内发展成为本地区的重要城市。

三、近代工业城市的兴起

1840 年鸦片战争后，西方资本主义入侵中国，在中国设立工厂，开中国近代工业之先端。这时期的外资工业主要是为外商对华贸易服务的。1843—1894 年，外国在华一共设立了 191 家工业企业，其中 116 家属于船舶修造业和丝茶等出口商品加工工业。外国在华工业投资，据估计到 1894 年止约 2 000 万元，而投放到船舶修造和出口加工两项的便达 1 500 万元，占总投资额的 75%。其余 75 家工厂分别属于印刷、食品加工、水、电、煤气、火柴、服皂、制药、造纸、木材、玻璃、水泥等行业，共拥有资本约 500 万元，大多规模狭小。

---

① 赵津、李菁：《论中国近代城市的崛起》，《历史教学》2004 年第 7 期。

外国在华创办工业后 20 余年，清政府开始创建用机器生产的工业。1861—1894 年，清政府一共经营了 21 家军用工厂（包括一家船厂），所费资金从低估算在白银 5 000 万两左右。其中江南制造总局、福州船政局、天津机器局和湖北枪炮厂，规模较大，设备比较齐全，是中国近代工业创建时期的大型工厂。军用工业是非商品生产企业，与社会经济发展的联系不甚密切，但它促进了 19 世纪 70 年代民用工业的兴起。到 1894 年甲午战争前夕，由中国人自办的工业企业大抵有船舶机器修造厂 27 家，机器缫丝厂约 113 家，机器棉纺织厂 8 家，其他轻工业工厂 47 家，共约 195 家。其中多数规模很小，资本额不详，有不少甚至在筹建期中或投产后不久便告歇业。设备比较完备的企业大多为官办或官督商办企业，如上海机器织布局、武昌织布官局和兰州织呢局等。商办工厂如陈启源经营的继昌隆缫丝厂为华南缫丝业的发展起了引导作用；商办船舶修造厂大多是在原来手工作坊基础上添置一两部车床发展起来的，而到 19 世纪 80 年代逐步发展到修理和制造缫丝车和轧花机。以上近代工业的创办，带动了一大批商业城市的兴起。

城市中以近代工商业为主的近代经济职能的增长，使城市的经济内容、社会关系发生了深刻的变化，体现了城市近代化性质的转换。这些变化主要表现在以下几个方面：

1. 城市功能和城市社会结构发生变化

近代工业的出现使得资金、技术、人才大量集中于城市，使城市的社会结构和功能发生了显著的变化。城市开始从传统的以政治—军事功能为主转向以生产—消费功能为主，由单一功能逐渐转向多功能，打破了原来城市作为政治中心、农村作为经济中心的二元格局，并在经济上取得了对周围农村的支配地位。城市社会结构，是指城市人口构成结构和城市社会组织的组成结构。近代城市社会结构的变化，主要是指近代城市人口构成中工商业人口比重的显著增加以及城市社会中新的社会组织形式——新式商业组织的出现。二元格局的打破和城市功能的变化，一方面引发人们思想观念的变化，价值取向趋于多元化，读书、做官开始在一部分人的思想中逐渐淡薄，许多人开始投身近代工业，成为中国首批企业家；另一方面引发一系列现代行业的诞生，如银行业、邮政业、新闻出版业等，新行业的产生增加了就业岗位和就业机会，增强了城市的吸纳能力。大批农村剩余劳动力涌入城市，进入工厂，成为新兴的产业工人。工商业者在城镇人口中比重的显著增加，体现了城市功能的变迁。

2. 城市管理体制与管理组织模式发生变化

租界对中国近代开埠城市的管理体制变化起着示范、刺激和促进作用。租界里的城市管理制度很多，西方国家基本上是将本国的管理制度移植到了租界，这些城市管理制度的颁布与实施，增强了市民的公民意识，使城市管理日益有序化和高效化。对于未开埠的城市或者一些中小城市而言，租界的这种作用就比较有限，这些城市管理体制的近代化，主要受两个方面的影响：一是受政府政策的影响；二是受市政当局主动吸收西方城市管理经验和城市自身发展规律的影响。若二者结合得比较好，就会对城市管理体制变迁和近代管理组织的形成起促进作用。

3. 城市市政基础建设的近代化

中国传统城市市政基础建设历史悠久，仅就沿江、沿海城市而言，筑城、设渡、修堤、铺路等市政工程的实施，为近代口岸城市的兴起和发展奠定了基础。受租界的影响，人们开始注重城市的基础设施建设。在城市规划中，突出城市的经济功能，过去以政府广场、教堂、寺庙为中心的城市布局，改为以商业街区为核心的城市格局。人们根据交通便利、环境优美、生产集中和休闲方便的原则来设计城市，根据城市内各种职能部门不同的功能需求进行城市规划和布局，将城市划分为商业区、居民区、工业区，使城市初步具备了近代城市的布局。租界在市政基础建设方面引进了比较先进的技术和管理方法，为中国城市的早期近代化提供了模板和借鉴。华界模仿租界，加快了旧城区的市政基础建设，推动了中国城市市政基础建设的近代化，使城市的交通和市容面貌发生了改变，居民的内在生活质量得到了提高。

第三节　社会生活及风俗的变迁

近代社会生活转型，从人们的劳动生活来看，职业划分比以前更丰富；普通劳动者的劳动时间变长了；人们的劳动条件有所改善；但是在三座大山的压迫下，人们的劳动收入变化不大，那些习惯于从事手工业商品生产的人们，收入显得稍微宽裕一些。从人们的消费生活来看，传统的低消费水平仍旧维持着，消费结构依旧以食品、穿戴为主，但是日用消费品为西洋用品所代替，人们享受着西方文明带来的方便；有钱阶层在消费时，则以崇洋、奢侈为主要动机，浪费社会财富。从人们的闲暇生活来看，各种职业人群的闲暇时间较以前有所增加，而且闲暇娱乐方式也比以前更加丰富，但是部分人沉迷于休闲，迷恋色情、毒品、赌博等，则属于社会越轨行为。从风俗变迁来看，社会生活方式的转型，最终体现于社会的移风易俗。为此，有识之士进行了不懈的思想启蒙，使得传统社会陋习如缠足、蓄辫、溺婴、卖女、早婚等得到一定程度的遏制；在男女自由的呼唤下，婚姻自主、自由婚姻在一些地方、一些人群中得以实现；烦琐迷信的传统丧礼也得到部分简化。总之，在西方文化的浸淫下，传统生活方式发生了巨大变化，社会生活风俗也发生了变迁。

一、中国近代社会生活的变化

特定的社会生活方式是特定社会历史条件的产物。在影响和制约生活方式的诸因素中，生产方式起着决定性的作用。马克思说："物质生活的生产方式制约着整个社会生活、政治生活和精神生活的过程。"① 生产方式的变革和发展推动着生活方式的变革，生活方式在一定程度上反映着生产方式；而一定的生活方式一经形成，就具有相对的独立性，并对生产方式和整个社会产生重要影响。

（一）劳动生活方式的变化

近代中国处在一个"千年未有之大变局"中，近代社会劳动生活方式在外来生产方式的冲击与适应中，发生了不同于中世纪的变化。

1. 近代社会的职业变动

近代人们的职业呈现多样化趋势。在中国传统社会，人被按尊卑贵贱划分为士、农、工、商四个等级，强调人们的身份区别和职业的不同。这期间，由于封建社会生产方式较为单一，人们的职业划分也较为简单。自洋务运动开展以来，教育在国内进一步受到重视，许多学堂在开办中学的同时，也开设各类西学科目，培养各种专业知识型人才，如武备、水师、艺术、制造、历算等。传统的职业结构在半殖民地半封建的近代社会发生了明显的错动，某些专业性较强的传统手工行业如制针业、制袜业、蜡烛业、冶铁业、帆船业等由于受到外国商品的冲击而日趋没落。随着外国商品的进一步畅销，与农业相结合的手工业几乎遭遇灭顶之灾，而新生产方式衍生出来的诸如编辑、记者、医生、作家、翻译家、教师、技师、律师等新的职业逐渐专门化和社会化，从事这种职业的人口数量亦随之增加。

农村社区与集镇、城市社区的职业构成存在明显差别。社会经济越活跃，社会分工就越细，人们的职业也就越复杂。农村社区由于经济落后，经济结构单调，农民大多从事种植业与手工业。靠近沿海、沿江及经济发达的地区，洋货进入较早，所以商品经济气息较为浓厚，职业分工就较细；而大多数内地农村社区，特别是偏远山区，因交通不便，资本主义生产方式对自然经济的破坏力相对要小得多，从事传统职业者则较多。在集镇、城市社区，原来单一的职业划分受到了冲击，人们为了增加收入，在从事一种职业的同时，还兼从事其

① 《马克思恩格斯选集》（第2卷），北京：人民出版社1972年版，第82页。

他职业。

近代中国民众寻求职业，普遍以谋生、追求金钱为主。由于近代人口众多，加之灾害频出，人祸不断，各地粮荒现象十分严重，人们为了生存，除进入工厂的工人及官商兵丁外，其他人纷纷从事各种职业，主要以从商为多。逐商风气的蔓延，导致人们在观念上逐渐淡化“贱业”意识，这是人们择业观念的一种进步。

新职业的出现既反映了经济的发展，也反映了租界经济的辐射作用，为新兴的殖民地城市打上了深深的殖民烙印。近代社会西力东渐，灾害频发，民变迭起，政权纠葛，人们为谋求生存，常辗转流离，工作因地域变动频添变数。再加上帝国主义、封建主义、资本主义的三重压迫，使得百姓常遭欺凌，命运旦夕不保，而近代社会没有有效的法律保障制度，面对各种天灾人祸，百姓束手无策。种种原因造成了近代社会人们职业的不稳定性。

2. 恶劣的劳动条件和过长的劳动时间

近代农业劳动条件与古代社会相比，没有多大的变化，农业劳动力大多来自畜力，甚至人力，工具依旧是犁耕，由于农业还处在一种靠天吃饭状态，所以农业生产非常脆弱，易受天灾的影响，粮食亩产量极低。在手工纺织业中，19 世纪末大多数农民用的都是旧式木机，20 世纪初，从外国进口了一批科技含量较高的工具如铁轮织布机、提花机、弹花机等，这些机器使生产效率成倍增长。劳动工具的革新，在一定程度上改善了劳动条件，提高了劳动效率。洋务运动揭开了近代中国产业革命的序幕，基本奠定了近代中国工业的规模和种类。洋务运动由引进西方的机器，到自造机器；由发展军工，到致力民用产业；由仿制到创新，初步创建了近代工业体系。近代工业催生了中国民族资产阶级和无产阶级，无产阶级的劳动条件十分恶劣，人身安全无法得到保证，工资极其低微，连温饱都解决不了，在政治上又受到三重剥削压迫，备受凌辱，工人阶级为争取和维护最低限度的经济权利，进行了坚决的斗争，经过工人们的反抗斗争，他们的劳动条件才有所改善。在战斗中，无产阶级得到了锻炼，力量不断发展壮大。

近代中国的农村社区，依旧是耕织结合、自给自足的自然经济，农民不但要从事农业生产，还要从事手工业生产，这样农民一年四季的闲暇时间就十分有限，甚至每天的劳动时间远超过八个小时。而近代工人阶级，他们的劳动时间甚至超过十七八个小时，工人根本就不能恢复体力，童工、女工也是如此。资本家为了牟取暴利，不给工人提供假期和礼拜天，为此，工人阶级进行了旨在反对资本家随意延长工时的斗争，维护工人权利。劳动时间长短反映了社会的进步程度，社会文明进步，人们的劳动时间会在统治阶级的让步与关注下，相对减少；社会经济落后，统治阶级只能采取低级的剥削手段来压榨劳动者，人们的劳动时间相对要长一些，甚至超过人的体力恢复的极限。长时间的劳动剥削，一方面摧残着工人的身心健康；另一方面又孕育着工人的反抗意识。

3. 近代社会民众的劳动收入

近代社会人们的收入极不平等，有腰缠万贯的富翁，有发洋财的中等收入者，有靠坑蒙拐骗致富的无赖，也有年年辛劳的贫穷劳动者。对广大内地农民来说，农业收成基本上代表了他们的全部收入。收成的不足，意味着农民的收入减少，再考虑到广大农村依旧盛行封建地主经济，农业收成的一大部分还需要用来交租，还要负担政府的各种赋税、杂役，那么农民可占有的劳动收入就所剩无几了。在受资本主义经济影响的地区，农民为增加收入，纷纷从事手工业，以织布为例，1915—1920 年，河北省高阳县的织布农户用铁轮织布机自织自卖，每匹能获利 1 ~ 2 元，当时高阳织布区还有相当于今天的订货工业形式，由商人向农户订货，一匹布支付农户 0.5 元作为工资，以一年织布 150 匹计算，一农户全年收入当在 75 ~ 300 元之间，是农业收入的 2.5 ~ 10 倍左右①。很显然，在农业生产条件没有根本改变之前，从事手工业生产的农民收入自然就高，越是依赖手工业生产，获利就越多。

（二）近代社会人们的消费生活

消费生活是生活方式研究的主要内容之一。从消费水平、消费结构和消费观念等方面的变化反映近代社会人们消费生活的变迁。

1. 近代社会人们的消费水平

消费水平是反映物质生活资料消费的标志。衡量消费水平的指标有人均收入水平和人均支出水平，而支出水平取决于收入水平。影响一个国家或地区人均收入的因素有两个：一是劳动生产率；二是每一劳动者所负担的人口数。通常情况下，劳动生产率越高的地区，劳动者的收入水平就越高；同样，在一个家庭中，就业者的人数增加，所需负担的人口减少，人均收入水平就提高。在近代，因各种战争冲突导致男劳动力的不断损失，单个劳动力负担的人口数呈增长趋势；而对于缺失机械化作业的近代农业，又急需男劳动力。因此，人们为了弥补劳力的不足，生育率不断上升，导致清末人口剧增，但就业机会和土地数量有限，庞大的人口无法成为创造社会财富的栋梁，反而产生了数以万计的无业游民。他们成为社会发展的沉重负担，从而每一位劳动者所供养的人口数不断增加。但总的消费水平的低下，并不妨碍在一定情况下生活方式的改善。一些洋服、手套、领带、生发油、擦鞋油、衣刷、香水逐渐进入人们的消

① 吴知：《乡村织布工业的一个研究》，北京：商务印书馆 1936 年版，第 6 ~ 7、16 ~ 17 页。

费视野。总之，随着社会的发展，西方的一些日用百货替代了人们传统的日用消费品，表面上人们的生活条件有所改善，但实际上人们的消费水平仍维持在一个相当低的水平。

2. 近代社会人们的消费结构

消费结构是指在生活性消费中，必要消费资料、享受消费资料和发展消费资料等支出所占的比例。随着社会生产力的发展，三者的比例呈现出一定的变化，生产力水平越高，必要消费资料在消费结构中所占的比重越小，享受和发展资料在消费结构中所占比重就越大；反之，必要消费资料在消费结构中的比重增大，享受和发展资料的比重就减少。近代人们的消费生活水平还处在一个较低的层次上，辛亥革命前夕，人们的温饱问题还难以解决，必要消费资料都无法满足，更别说发展和消费资料的满足。

3. 近代社会人们的消费观念

消费观念是人们在消费过程中所形成的看法和观点，它是对经济发展水平和消费水平的反映。在传统社会，消费品的占有与人们的地位、身份、权力有重大关系，因此各个阶层的消费生活具有明显差异。晚清以后，社会剧烈变动，原有的消费观念受到极大冲击，按等级消费的观念逐渐演变为平等消费观，人人以奢靡为追求，以逐商为乐，特别是随着西方的廉价商品如潮水般涌入，许多具有象征意义的器物被寻常百姓所购置，消费与地位、身份、权力的关系逐渐淡化，金钱至上的观念开始流行，人们坚信，只要有钱，就能够买到自己所需要的一切。在农村手工业发达的地区，农贸市场较为发达，近代工业品大量进入市镇，而且各种布线庄、染坊、杂货铺、饭馆等，数目很大。农民对此有相当大的消费量，特别是在发达的农村纺织区，收入较高，人们对洋布、机织布、绸缎等较为高档的消费品都有很大的需求量。

在一定时期，消费观念并不是绝对与经济发展水平和消费水平相一致的，有时会出现消费观念滞后或超前的现象。有钱阶层将奢侈性消费作为体现自己价值的一种方式，攀比心极强，他们比阔气，坐洋车，住洋房，比吃比穿，这在上海、广州、天津、北京、南京、武汉等大城市最为明显。然而，近代中国有难以计数的贫民挣扎在死亡线上，许多人为食不果腹而叹息，有钱阶层却在奢侈浪费。对社会下层而言，消费应该量力而行，而不是参照有钱阶层的消费标准来刻意拔高自己的消费水平。奢靡观念的危害之深，一方面使得社会浪费了大量的有限资源，对近代化的进程产生了负面影响；另一方面，助长了社会上的不良风气，导致道德败坏。

二、近代中国社会风俗的变迁

近代社会风俗的变迁，取决于外部文化因素的冲击与内在文化的更新动力。中国近代社会特有的国情，限制了近代社会生活风俗必定会在外部文化与传统文化的夹缝中求变迁。

1. 放足、剪辫

缠足这一传统习俗延续至近代。首先从功能上讲，它要求将妇女限制在闺房的活动范围内，有利于训练女子之德，做贤妻良母；其次，“三寸金莲”可以得到以男子为中心的男权社会的认可，具有男性观念上的审美意义，凡缠足的女子一般能够顺利嫁娶。太平天国运动期间，当时参加金田起义的两广妇女以客家人居多，她们终日劳作，无人缠足，故而天足健步，所以也曾下令严禁女子缠足。虽然太平天国运动最后被镇压，缠足的禁令没有得到推广，但它冲击了传统的缠足陋俗，具有进步意义。后来康有为受到启发，并在广东创立“不缠足会”。谭嗣同更提出男女平等的观点，反对妇女缠足。戊戌时期，反缠足运动从广州、四川，经上海“不缠足会”的倡导，向福建、江苏、湖南扩展，在广东、四川发展最为迅速。在湖南，反缠足开始“只在一乡一村，未几通都大邑”，原因是“湘城风气尚不流畅，省居世族犹怀旧染，反不若各乡各邑著成效”①。可见，在不缠足运动时期，中小城镇表现出很大的主动性，表明城镇社会风气、政治气氛较城市更为宽松，基层群众对废止缠足有一定的觉悟。当时的废止缠足运动大多发生在南方，而在北方依旧是一潭死水，这与维新人士的开启民智有关。

满人入关，即在全国厉行蓄发。革命者为号召反满救国，遂将剪辫子作为向清朝发起进攻的先声，号召剪辫子，以恢复汉人仪容。民国成立，各地剪辫无疑迎合了他们的心愿，《民国野史》中记载：“无数的汉人都兴高采烈地剪去这条奴隶标志的辫子，也有迷信的，事先选择吉日，拜祭祖先，然后庄重地剪除，把辫子烧了。更有联合多人同日剪辫，并燃放爆竹，举行公宴庆祝的。”有些不愿剪辫的人也被强制剪去。社会各阶层都对放足、剪辫作了很大的努力。

2. 清末民初的婚俗改革

婚姻，从古至今都被视为人生的头等大事。在传统社会里婚姻基本上贯穿的是“父母之命，媒妁之言”的形式，要求男女双方“从一而终”，但往往受害的是妇女。在男子因故离去后，社会要求女子做烈女、贞女，为祖先脸上增

---

① 《南学会问答》，《湘报》第27号。

光。从功能上讲，旧式婚姻对维系家族、稳定家庭、稳定社会，甚至稳定政权都发挥着重要的作用。父母包办婚姻，一是剥夺了男女双方自由选择的机会；二是父母的择婚标准很难为男女双方所认同。父母注重门第、财产等方面的因素。众多新式知识分子对旧式婚姻进行了猛烈抨击，呼唤新式婚姻，自由恋爱作为进入婚姻殿堂的先声在大都市开始出现。辛亥老人回忆湖南的情况时说："革命后，男女交际自由、结婚自由和男女平权的呼声很高……湖南女子开始冲破了旧礼教的封锁线……要求有选择配偶的自由……而自由结婚也不是家长所能阻止的了。"① 自由、自主恋爱尊重青年人的人格观念和追求新生活的权利，反映了青年人敢于冲破旧礼教封锁线的精神。

20世纪初，西式婚礼为更多的中国人所接受，它允许青年人通过一段时间的交往和恋爱，经双方家长同意后结婚，优点在于不但简化了结婚礼仪，而且照顾了父母和男女双方的感情，有文章《自由女子之新婚谈》记载当时的婚礼状况："梳一东洋头，披件西洋衣，穿双西式履，凡凤冠霞帔、锦衣绣裙、红鞋绿袜一概不用，便利一；昂然登舆，香花簇拥，四无障碍，无须伪啼假哭、扶持背负，便利二；宣读婚约，互换约指，才一鞠躬，即携手同归，无傧相催请、跪拜起立之烦，便利三。"②

从总体上看，不论是晚清还是民初，新式婚姻都不是社会的主流，旧式婚姻仍然统治着社会中的绝大多数人群。相对经济和政治方面的变革，婚姻观念的变更自然显得滞后。但是还要看到，传统婚姻再也不是铁板一块，不断有新的知识分子和开明人士向其挑战，冲击着人们头脑深处的传统观念。

3. 丧俗的简化

中国的丧礼，以"孝"为基本精神，"事死如生"是其基本原则，并导致各种迷信活动充斥其中。太平天国首先挑起了丧礼改革的大旗，认为升天是头等的好事，宜欢不宜哭；反对丧事做佛事，要求大殓、成服、还山俱用牲醴茶饭祭告上帝；禁止棺葬，要求人死后以锦被绸绉包埋；禁止父母死后招魂设醮；反对葬墓讲风水③。但由于种种原因，丧礼改制没有实施。

租界内的文明丧礼给人们以崭新的视角，西人男女皆葬于教堂墓地，仪式简单，并无哭跪祭奠之事，仅以鲜花或花圈默哀。部分人开始认识到中国旧的丧礼陋俗的种种弊端，并对之进行批判。在发达地区，丧礼仪式出现西化倾向，隆重华奢、繁文缛节的丧礼形式得到简化，一些地方甚至出现了以追悼会

① 《辛亥革命回忆录》（第2集），北京：文史资料出版社1962年版，第195页。

② 《自由女子之新婚谈》，《申报》1912年9月19日。

③ 龚书铎主编：《中国社会通史·晚清卷》，太原：山西教育出版社1996年版，第410页。

形式寄托哀思的新式葬礼。“文明葬礼”少了旧式葬礼的迷信神话成分，多了理性文明成分。丧俗的简化，从观念上来讲，并没有改变人们以“孝”为本位的伦理意识。从理性的角度来看，人们对死亡已经有了较为科学的认识，对人死后没有灵魂已经能够接受。从仪式上来看，虽然较之以前有所简化，但是人们几千年形成的“事死如生”意识并未改变，所以丧礼依旧隆重而严肃。

4. 溺婴、卖女、早婚等陋俗的革除

重男轻女这一顽疾在中国传统文化中根深蒂固。一般认为，由于女子不从事生产，体力会不如男子，在以体力作为劳力的传统农业社会里，妇女往往被视为生活中的负担，成了旧有恶俗首当其冲的受害者。在清代，溺女之风在全国风行，在陕西、山西、河北、河南、山东、湖南、江西、浙江、广东等地的地方志中都有大量溺女的记载。还有卖女之风，大多因为家庭贫困，无力抚养，所以将女儿从小就卖出去做童养媳，或担心自己的儿子娶不到老婆，与对方交换童养媳，此风在全国盛行，特别是在社会越动荡的时候。1902 年，梁启超发表《新民议》，他强调早婚有五害：一害于养生也；二害于传种也；三害于豢养也；四害于修学也；五害于国计也。并将结婚的迟早与国家的优劣联系起来，“凡愈文明之国，其民之结婚也愈迟；愈野蛮之国，其民之结婚也愈早”①。

为了消除陋习，人们认为兴女学有利于端正风俗，革除陋俗。在人们眼中，女学教育承担着解救女子脱离各种陋俗的重任，但是如果认识不到陋俗是社会观念造成的，是全社会的责任而不仅仅是女子的责任，消除陋俗就不会完成。

综上所述，近代知识分子将习俗的变迁与国家兴亡、种族盛衰联系在一起，家庭、婚姻、身体乃至娱乐都不再是个人的事情，而是整个国家国民素质的问题。在西学的影响下，他们的知识结构和世界观得到重塑，他们赞赏西方的风俗和道德风尚，认为中国风俗中缺乏自由、平等、博爱之精神，希望用西方习俗代替中国固有习俗，他们为此进行了一系列的斗争。在近代中国，任何社会问题的解决都同社会进步思想的出现与发展紧密结合在一起，在传统社会中，社会规模较小，社会分工简单，社会的封闭造成信息闭塞。因此，人们有着共同的规范、价值和生活方式，社会的文化整合程度较高；在近代社会，由于有异质文化的融合，社会思想表现同一与矛盾交织在一起，从而导致传统文化的新生，促进了社会生活习俗的变迁。在近代社会变迁中，我们看到的是如

---

① 梁启超：《新民议·禁早婚议》，《梁启超选集》，上海：上海人民出版社 1984 年版，第 357 ~ 364 页。

此复杂的情景，中与西、新与旧、好与坏等都交织在社会中，体现在一个人、一群人、一个地区乃至一个国家中，这就是近代社会变迁的复杂面貌。

参考书目：

1. 李文治：《中国近代农业史资料》（第1辑），北京：生活·读书·新知三联书店1957年版。

2. 章有义：《中国近代农业史资料》（第2辑），北京：生活·读书·新知三联书店1957年版。

3. 何挺杰：《陕西农村之破产及趋势》，《中国经济》1934年第4期，见章有义：《中国近代农业史资料》（第3辑），北京：生活·读书·新知三联书店1957年版。

4. 李文海：《清史稿》卷四四，《灾异志》，北京：中华书局1976年版。

5. 陈正谟：《各省农工雇佣习惯之调查研究》，见冯和法：《中国农村经济资料续编》（下），台北：华世出版社1978年版。

6. 张仲礼：《东南沿海城市与中国近代化》，上海：上海人民出版社1996年版。

7. 赵津、李菁：《论中国近代城市的崛起》，《历史教学》2004年第7期。

8. 《马克思恩格斯选集》（第2卷），北京：人民出版社1972年版。

9. 吴知：《乡村织布工业的一个研究》，上海：商务印书馆1936年版。

10. 《南学会问答》，《湘报》第27号。

11. 《辛亥革命回忆录》（第2集），北京：文史资料出版社1962年版。

12. 《自由女子之新婚谈》，《申报》1912年9月19日。

13. 龚书铎主编：《中国社会通史·晚清卷》，太原：山西教育出版社1996年版。

14. 梁启超：《新民议·禁早婚议》，《梁启超选集》，上海：上海人民出版社1984年版。

思考题：

1. 简述中国农村近代化因素。
2. 简述中国近代化城市群的兴起。
3. 简述社会生活及风俗的变迁。

第五章 近代中国的文化与科教

与近代中国社会的经济、政治以及中国人对西方文化的认识发展过程相适应，中国的文化科技教育在近代的变革中经历了西学的大量传播和中西文化冲突、融汇的演变历程，完成了从传统文化向近代文化的转变。基本封闭的、与大一统的中央集权的君主专制制度相联系的、定孔子与儒学为一尊的、压抑个性的古代文化转变为开放式的、与近代民主制度相联系的、自由与兼容的、鼓励个性发展的近代文化①；中国传统的旧式教育的主导地位也在西方资本主义教育思潮的冲击下发生转型变化，最终被近代教育所取代。

第一节 近代学术与文化观的变化

一、晚清时期资产阶级学术思想文化观的萌芽

1840—1895 年，是中国近代资产阶级新学术思想文化观的萌发阶段。这一阶段是向西方学习物质文化的阶段，“中学为体，西学为用”是这个阶段文化的基本特征。

1840—1860 年，林则徐组织人编写《四洲志》，倡导“开眼看世界”，力图了解西方、了解世界；魏源以此为基础，编写了《海国图志》，更提出“师夷长技以制夷”的主张，强调学以致用，说明传统文化思想的封闭系统开始出现重大转变。1861 年冯桂芬写成《校邠庐抗议》，提出了“以中国之伦常名教为原本，辅以诸国富强之术”② 的重要建议，这是后来成为主流思想的“中体西用”论的最早表达。他还提出了许多具体的改革主张，比如，讲求设厂、制造、开矿、采用机器、改科举、讲实学、培养翻译与外交人才、大力翻译西书等。其思想影响了同时代寻求改革的思想家郑观应、王韬等，使人们认识到

① 汪敬虞：《十九世纪西方资本主义对中国的经济侵略》，北京：人民出版社 1983 年版，第 81 ~ 82 页。

② 周广远：《1870—1894 年中国对外贸易平衡和金银进口的估计》，《中国经济史研究》1986 年第 7 期。

学习西方技艺器物的迫切需要，成为引导洋务运动的重要思想资源。

洋务运动是中国近代资产阶级学术思想文化观初步形成的奠基时期。洋务派在办理军事工业的过程中，认识到了解西方的重要性。1868 年曾国藩、李鸿章商议设立翻译馆，主持翻译和出版西学书籍。除翻译科技书籍外，也翻译了一些社会科学书籍，主要是史地、法律等书籍。洋务运动 40 年时间里，先后翻译和印刷西学书籍 160 种①，还编印《西国近事汇编》等，对引进和传播西方文化有很大贡献。

洋务运动时期，除了设立翻译馆，还设立了同文馆，培养了一批能够运用外语的人才，为中国外交和实业界服务。1872 年开始，实行幼童赴美留学，前后 4 年，共计派遣了 120 名。这批幼童在美国分入各学校，住在美国人家庭，融入其文化氛围之中。从实质上说，起到了沟通中西文化的作用。同时还开办了各类新式专业学堂、创办报刊，如福州（1877）、天津（1880）开办了电报学堂、广西西学馆（1880 年改为水师学堂）、吉林表正书院（1883）、台湾西学堂（1887）、湖北自强学堂（1893）、招商局驾驶学堂（1894）等。此外，还有一批军事学堂，如天津北洋水师学堂、广东水陆师学堂、南京水师学堂、威海水师学堂等。经这些学堂培养的各项专门人才，成为中国最早的一批依靠自己的专业知识服务于社会的人。中国人自己创办的中文报刊以陈霭廷所办的《香港华字日报》（1872）为最早。王韬后来在香港办了《循环日报》（1874）。

随着西方炮舰打开中国大门，西方传教士们纷纷来中国传教。传教士们创办了许多教会学校，但是由于中国人对他们的宗教并不感兴趣，因此，教会学校先从讲述技术入手，比如几何、代数、天文，还有宗教课程等。他们还在中国创办报刊，其中影响最大的是《中国教会新报》（1868 年创刊，1874 年改名为《万国公报》）和上海的《申报》（1872）。出版业也开始出现，比如上海墨海书馆，1844—1860 年共计出版书籍 171 种，其中宗教书籍有 138 种，占大多数。自然科学和社会科学书籍有 33 种，占少数②。传入中国的西方文化，除了宗教文化外，主要是自然科学，如天文、数学、西医学等。原因主要在于当时中国人认为“中国唯独火器不如人”，要学习西方的“技艺”。

外语教育和派遣留学生，既是新式的教育，又对社会有示范作用，随之兴起了职业教育、新式学堂、新式书院等，也因此产生了一批新的职业，比如新闻记者、报刊撰稿人等。为资产阶级思想的进一步传播和中国近代资产阶级新

① 姚贤镐：《中国近代对外贸易史资料》，北京：中华书局 1957 年版，第 1000～1001 页。
② 黄逸峰、姜铎等：《旧中国的买办阶级》，上海：上海人民出版社 1982 年版，第 70 页。

文化的产生奠定了基础。不过，这一阶段，国人一方面认为不得不向外国学习；另一方面，仍然认为不能没有中国儒学作为根本，因此“中学为体，西学为用”就成了这个阶段文化的基本特征。

二、1895—1911 年资产阶级新学术思想文化观的形成

这一阶段是向西方学习制度文化的阶段。甲午战争后，与中国近代社会经济变化相适应，文化的变化逐步深化和积累，西方进化、民主思想进一步传播开来，新式教育与文化机构相继产生，新式的国民教育得到发展，市民文化纷纷涌现，近代城市生活方式开始形成，推动了 20 世纪初近代资产阶级新文化结构体系的初步形成。其特点是：新的文化主体、新式知识分子群体出现，新的近代文化部门建立和新的文化要素产生，以及大众商业文化兴盛，从而为 20 世纪初期以后文化价值观的根本转变创造了条件[①]。

1895 年，发生了震惊中外的“公车上书”，以及南方的香港、广州正在紧锣密鼓地筹划武装起义，标志着中国进入以变革君主专制制度为中心的政治革命时期[②]。这一时期，改革与革命交相跌宕，一切文化现象无不是政治问题的折射；一些先进的中国人日思夜想，都在于此。发展实业为救国，兴办教育为救国，学习科技为救国，而救国之核心在于改革专制、兴民权。戊戌之前，翻译西书只重视科技，自从康有为提出变法论以后，才由翻译富国之书转为翻译有关政治书籍。中国近代第一位翻译家严复所翻译的书籍，号称“八大名著”，其中有关政法类的书籍有三种，占 37%。值得注意的是，有些书籍即使本身不是政法类的，但是经过翻译出版后，它们在读者中所产生的影响，却明显地带有政治性的作用。比如严复翻译的《天演论》，主要介绍生物进化的书，其中“优胜劣败，适者生存”的公式，给无数人以绝大的刺激，呼唤国人觉醒、急图自强，以求避免亡国，起了政治动员的作用。中国近代最有影响的一家出版机构商务印书馆就是在戊戌维新时期创办的，这一时期翻译和出版的著作，围绕国会问题、宪法问题、警政与财政问题、地方问题者尤多。之后的十多年，政治性报刊大量涌现，据统计，晚清末年的十几年中有 170 多种报纸杂志，其中政论性报刊占绝大多数，占 88%。与此同时，教育方面，清末废科举、兴学堂，鼓励出国留学，起到了“开民智”的作用。

由此可见，这一阶段传入中国的西方文化，除了自然科学外，社会科学日

---

① 许涤新、吴承明主编：《中国资本主义发展史》，北京：人民出版社 2007 年版，第 1055 ~ 1065 页。

② 徐义生编：《中国近代外债史统计资料》，北京：中华书局 1962 年版，第 90 页。

益增多，尤其以政治和法学类为主。原因在于，甲午中日战争中清政府的惨败，标志着“自强”的洋务运动失败了。人们开始思考用西方的进化论、民主、自由、平等思想来救中国。这样，在中国也就破天荒地出现并逐渐形成一个新的知识分子群——资产阶级知识分子群。正是这个资产阶级知识分子群，推进了资产阶级新文化的形成，并成为指导资产阶级改良与革命的思想武器。

三、中华民国时期资产阶级新学术思想文化观的进一步发展

进入民国时期，阻碍西方文化深入传播的壁垒一个个被扫除，使得西方文化如潮水般涌入中国，开始了中西文化的大融合，从而在整个文化界发生了一次大的变革。在各个文化领域逐步形成了带有现代色彩的新型文化，使中国文化第一次具有了民国时代的特征。这一时期几乎所有的西学门类，如科技、医学、教育、经济、政治、军事、法律、哲学、宗教、心理学、地理学、史学、文学、考古学、美学、语言、文字、艺术，以及各种各样的学说、思潮、观念都先后传入中国，尤其是外国文学。据不完全统计，仅1918—1923年的五年间，先后有30多个国家的170多位作家的文学作品被翻译成中文，介绍到中国。大量西方文艺作品的翻译出版，推动了新文学运动的向前发展，而且有利于人们的思想解放，对中国社会产生了相当积极的影响。

在文学领域，白话文第一次占领文学阵地。在思想界，中国现代各主要思想流派的思想第一次得到广泛传播。在美术界，由于西方画风的传播，出现了中西美术的相互渗透。在科学界，不仅全面形成了新型社会科学，而且诞生了中国第一代自然科学家，成立了第一批科学社团和研究机构，开始形成了中国自己的科学体系。清末已经开始的新型教育、新闻出版、体育和医疗卫生等，这时也都有了迅速发展，并进一步成熟。新舞蹈、新音乐、新戏剧和电影艺术逐渐形成，并为广大群众所接受。

辛亥革命虽然推翻了清朝统治，但旧的传统文化还拥有相当大的势力，并向新文化发动猛烈的反扑，严重妨碍了西方文化在中国更大规模的传播，导致民国初年逐步形成的新文化，在较长时期内很难发展，仍然保持着形成初期的特征。1912年元旦，中华民国成立，资产阶级、小资产阶级知识分子开始大规模地传播西方文化。1913年，袁世凯上台后，掀起了一股尊孔复古的逆流，并颁布了《报纸条例》、《出版法》等一系列法令，禁止人民的言论、出版、集会、结社自由，激起了资产阶级、小资产阶级激进派的强烈反对。1915年，他们在文化领域里兴起了新文化运动，提倡民主与科学，反对迷信与专制；提倡新文学，反对旧文学；提倡白话文，反对文言文。新文化运动后期，马克思主义开始传播，为中国共产党1921年的成立奠定了思想基础。

1927年，蒋介石建立南京国民政府以后，随即成立了大学院（后改为教育部）和中央研究院，作为最高教育行政和科学研究机构。以后又建立了北平研究院，各实业团体和高等学校也都建立了一批科研机构。1927—1931年，各左翼文化团体，如左翼作家联盟、普罗诗社、中国社会科学家联盟、戏剧运动联合会等纷纷成立。“于是渐渐的都不约而同地走向大众艺术的路线上去了”[①]，将文化与大众结合在一起，有力地推动了教育、科学研究和当时文化的发展。1931—1937年，南京国民政府先后颁布了《宣传品审查条例》、《出版法》、《危害民国紧急治罪法》、《出版法细则》等一系列法令，严格限制书刊的出版发行。与此同时，广大文化工作者积极投入到反对日本侵略的斗争中去。他们纷纷集会、游行，建立各种群众组织，发表演说，反对日本帝国主义的侵略，“反对依附帝国主义的一切势力，及其对反帝抗日运动的压迫”[②]，“以期共赴国难，重整山河”[③]，有力地打击了日本帝国主义的侵略。

1937年“七七事变”以后，抗日战争全面爆发，文化界爱国人士立即行动起来，组织各种救亡团体，出版书刊，进行抗日战争的宣传和服务。仅上海就有中药界救护团、国民救亡歌咏协会、上海救亡演剧队等十多个团体。不仅有力地推动了抗日战争的开展，也为全国抗日文化统一战线的建立奠定了组织基础。北京、上海、南京沦陷以后，文化界人士云集武汉，1938年3月成立了中华全国文艺界抗敌协会，简称“文协”，标志着抗日文化统一战线正式建立，也将抗日文化运动推向了高潮。文化界爱国人士纷纷奔赴抗日前线，有的深入内地和基层群众，歌颂抗日英雄，号召人们拿起武器，与日本侵略者作殊死斗争。他们认为“民族的危机”，“造成全民族严肃的抗战情绪生活，以求持久的抵抗，争取最后胜利”。他们也向全世界“揭露日本的暴行，引起全人类的正义感，以共同制裁侵略者”，有力推动了抗日战争的深入开展，直到最终胜利。1938年，国民政府在迁都重庆以后，特别是在武汉失守以后，相继颁布了《修正抗战期间图书杂志审查标准》、《战时图书杂志原稿审查办法》和《抗战时期文化团体指导工作纲要》等，限制抗战书刊的出版，从而使抗战文化运动陷入低潮。1942—1945年，全国“文协”积极开展工作，文化工作者也积极努力呼吁民主，使文化运动从低潮又重新走向高涨。

抗战胜利后，文化学术思想事业刚复原，国民政府即在美国的支持下，一

① 严中平等编：《中国近代经济史统计资料选辑》，北京：科学出版社1995年版，第190页。

② 汪敬虞编：《中国近代工业史资料》第二辑上册，北京：中华书局1962年版，第3页。

③ 杨端六等编：《六十五年来中国国际贸易统计》，台北：国立中央研究院社会科学研究所1931年版，第1页。

方面，对解放区发动全面内战；另一方面，对文化界实行高压政策，破坏了文教事业；同时通货膨胀，物价飞涨，人民生活艰辛，因而文化事业又陷入严重危机之中，并日趋走向衰落。

第二节 教育的近代化趋势

一、西方的教会教育

（一）教会学校的兴起

教会学校的传入和兴起是西方传教士来华传教活动衍生的产物。19世纪初，随着资本主义势力的进一步扩展，海外传教事业也随之兴盛。当时中国未开禁，西人传教仍被禁止，但是也有为数不少的西方传教士受不同宗教组织的派遣秘密到中国沿海一带进行传教活动。1807年9月，25岁的英国传教士罗伯特·马礼逊（1782—1834）受基督教新教伦敦会的派遣，经澳门入广州传教，是第一个到中国开辟新教区的传教士。1813年，另一名传教士米怜（1785—1822）也前来传教，协助马礼逊工作。鉴于清廷的传教禁令，他们暂时将传教重点转至南洋一带的华人身上，于1815年创办马六甲（今雅加达）英华书院（The Anglo－Chinese College），然后再试图向大陆发展。

1842年中英《南京条约》签订，英国霸占香港，英华书院正式迁往香港，次年更名为英华神学院，1856年停办。英华书院尽管不是设在中国本土，但它是第一所主要面向华人的新式学校。该校毕业的部分华人学生，成为近代中国第一批西学的知情者。马礼逊学堂是最早设立于中国本土的比较正式的教会学校，因纪念马礼逊而得名。在马礼逊学校接受教育的学生中，容闳、黄宽、黄胜三人于1847年在教会资助下至美国留学，成为中国第一批留美学生，在以后的“西学东渐”中发挥了作用。其中容闳对中国近代教育影响最大，1872年在容闳的努力促成下，中国近代史上最早的官派留学生即第一批留美幼童终于成行。

中英《南京条约》签订后，其他西方列强接踵而来。凭借不平等条约的保护，西方传教士纷纷来华传教、办医院、办学校。到1860年，仅天主教耶稣会在江南一带就发展教徒7.7万余人，有传教据点400余处，传教士约50人，天主教小学90所。早期的教会学校主要集中在五个开放通商的沿海城市和香港，大多附设于教堂，规模小、程度低。办学目的是为在中国人中培植一批传教助手，以扩展传教的范围，加快宗教影响的速度。招生对象以贫苦人家的孩子为主，还有一些无家可归的难童，故多免收学费和膳食费，甚至还提供衣服和路费等。

早期教会女学堪称近代中国女子教育的先声。由于中国社会“女子无才便是德”的传统观念根深蒂固，加之国人对西人的文化教育生活十分陌生，更由于西方列强是以鸦片和大炮与中国人民相见的，这不能不引起中国人民的仇恨。因而教会女学在招生时非常困难，教会女学不得不采取发放津贴，以弥补女儿不能在家助理家务的办法来拉拢家长，全国教会女学生的人数呈增长趋势。爱尔德赛所办的宁波女塾，1845 年只有学生 15 名，到 1852 年学生增至 40 名。

第二次鸦片战争后，随着西方殖民主义侵略势力的深入，教会学校从原来的五个通商口岸发展到内地，数量迅速增加。同时，随着西人在华事业和洋务派兴办的洋务事业的不断发展，对新型人才的需要越来越多，也促进了教会学校的进一步发展。

洋务运动时期教会学校的发展可大致划分为两个阶段：第一阶段从 19 世纪 60 年代初到 1876 年，教会学校数量由 19 世纪 60 年代初的不足 200 所发展到 1876 年的大约 800 所，学生人数达到 20 000 人左右。第二阶段开始于 1877 年的第一次基督教传教士大会。1877 年 5 月 10 日至 24 日，在华基督教传教士在上海举行第一次传教士大会。大会之后，基督教教会学校改变了过去零星分散、各自为政的状态，加强了相互之间的联系。在教会内部，教会学校的独立性加强，并着手讨论和解决教会教育的具体问题，如教科书、课程设置、师资培训、考试制度及教学方法等，从而加速了教会学校的制度化发展。到 19 世纪末，教会学校总数增加到 2 000 所左右，学生人数增加到 40 000 人以上，且学生层次由小学提高到中等学校水平，招收对象也不再是免费的穷人子弟，而是新兴资产阶级家庭和其他富裕家庭的子弟，并收取较高的学费，以便提高教会教育的影响，在进行文化渗透的同时获取经济利益。

（二）教会学校的主要课程设置及对近代中国社会发展的影响

教会学校的课程设置经历了由各自为政逐渐走向统一的过程。在 1877 年之前，各教会学校基本由主办者自行选择、编写教材，自行安排课程。1877 年基督教传教士大会第一次召开，并在会上设立“学校与教科书委员会”，通过统一编译教科书对引导课程朝规范化发展起到了一定的作用。1890 年“中华教育会”成立，对课程统一问题有了较多的关注，并努力推进其发展。考察洋务运动时期比较著名的教会学校，其课程设置一般包括以下几个方面：

1. 宗教

这是教会学校必开的主课，除课程表列有宗教课程外，学生还参加弥撒、做礼拜等其他活动，大部分学校都规定宗教课程不及格者不能升级。上海中西书院在课程规划中未列宗教课程，是鲜见的特例。

2. 外语

在19世纪60年代初不少教会学校已开设外文。1877年在基督教传教士大会上尽管对是否应加强教会学校的英语教学产生争论，但随后英语却越来越受到重视。整体上，19世纪90年代后，教会学校已普遍开设外语课程，有些学校已用之作为教学用语。

3. 西学

教会学校一般都开设相当数量的数学、物理、化学课程和其他科技课程，高等级的学校也开设一定数量的人文社会学课程，如哲学、逻辑学、经济学等。传教士之所以热衷科技教育，是因为洋务运动开始后，西方科技越来越受到中国人的重视，传教士认为受过科学教育的人，能够胜过中国的旧式士大夫，就能从受过儒家思想教育的人那里夺取他们所占有的地位。但传教士强调科学必须与宗教结合，认为“科学不是成为宗教的盟友，就是成为宗教最危险的敌人”。

4. 儒学经典

早期的传教士视儒家文化与基督教文化势不两立，但他们的传教活动受到儒家思想的强烈抵制，迫使传教士不得不有所妥协。同时，教会学校要使培养的学生能对中国一般民众产生影响或居于领袖地位，就必须适应中国的文化教育背景甚至通过科举考试取得功名。19世纪70年代后，教会学校中一般都开设相当数量的儒经课程。洋务运动时期是教会学校由自发状态向制度化转变的关键时期。在当时特定的历史和社会条件下，教会学校的性质和影响得到了比较充分的表现。

据有关统计，1912年清帝退位之前，在华西方传教士创办的各种大专学校共计30所[①]。主要有上海圣约翰大学、浙江之江大学、江苏东吴大学、广东岭南大学、江苏金陵大学、北京协和医学院等。

教会学校是西方世界殖民扩张的产物。传教士宣称要使中国完全的基督教化，向中国传播西方的科学和文明。事实上传教士的活动领域并不限于文化和宗教，即使是传教士所从事的文化教育活动，其目的也不是单一的，一直与各宗主国的政治、经济，甚至军事目的紧密结合，带有强烈的殖民性质。教会学校的存在是近代中国半殖民地的国家地位在教育上的反映。19世纪后期西方传教士在华开设教会学校是在不平等条约保护下进行的，并不在中国政府立

① 吴承明：《中国的现代化：市场与社会》，北京：生活·读书·新知三联书店2001年版，第303页。

案。清政府在自己办理的洋务学堂里明确禁止洋教习传教，但对教会学校如何教育中国的儿童和青年，则只能任凭传教士的愿望，基本无能为力，这正是教育主权不能独立的反映。

教会学校同时也是中国传统教育向近代教育过渡的促进因素。教会学校与洋务学堂被并称为新式学堂，但教会办学的整体规模大于洋务教育的规模。除宗教课程外，教会学校的课程设置和洋务学堂并无显著差别，特别是其中的“西文”和“西艺”部分，都是当时中国人急需了解的西学成分。教会学校的广泛设立无疑加速了西学在中国的传播进程。由于教会学校在学校教学体制、课程规划、教学方法、考试管理等各方面，都具有近代教育的特征，因而成了中国人学习西方教育的“样本”。通过教会教育这个渠道，中国人也逐渐开阔了教育的观念视野，如开放女子教育、设立学前教育机构等，都是从教会教育开始的。中国教育由传统教育向近代教育转变的起步阶段，需要大批懂“西学”的新式教师，教会学校的毕业生在知识结构上符合新式教育的需要，遂成为洋务时期乃至维新时期、清末新政时期新式学堂教师的重要来源。

（三）五四运动后收回教育权运动

民国初年，西方教会学校的发展势头有增无减，引起了国人关注。1921年，教育部长范源濂在直隶山西基督教教育会上公开声明，教会学校强迫学生做礼拜和读《圣经》是违背中国宪法的，因为中国宪法保障公民的信仰自由。他还指出：教会学校的学生普遍缺乏关于本国的知识，不具备作为领袖人物和参与国民生活的资格，表达了对教会教育的强烈不满。1922 年，蔡元培在《教育独立议》一文中，提出教育与宗教分离的主张，得到许多人的响应。1923 年，“少年中国学会”的领导人之一余家菊在《中华教育界》杂志上发表了题为《教会教育问题》的文章，提出了“收回教育权”的口号。当时教育界为“收回教育权”提出了种种办法，采取了种种措施，如规定以后毕业于教会学校的学生，不给予本国学校毕业生同等待遇，不承认有相应的升学资格，不能参加国家安排的留学考试等。“收回教育权运动”到 1925 年融入了“五卅”反帝爱国运动。

20 世纪 20 年代的“收回教育权运动”虽然没有达到取缔教会学校的目的，但斗争是有成效的，取得了一定的成果。运动前与运动后的教会学校发生了一些变化：在此前，教会学校被看成是中国国家教育系统以外的外国学校，但在这以后大部分传教士开始承认中国政府有权监督中国境内的一切学校，大多数教会学校都得向中国政府申请注册；教会学校开始重新组织课程，向中国政府教育部规定的课程标准靠拢；在学校管理上开始吸收中国人作为行政管理人员。

二、晚清政府的教育改革

（一）兴办新式学堂

第二次鸦片战争后，清朝内外交困。统治集团内部一些较为开明的官员主张利用西方先进生产技术，富国强兵，摆脱困境，维护清朝统治。1860 年 12 月曾国藩上书指出，目前借外国力量助剿、运粮，可减少暂时的忧虑；将来学习外国技艺，造炮制船，还可收到永久的利益。翌年他对上述看法加以发挥，主张购外国船炮，访求能人巧匠，先演习，后试造，不过一两年，火轮船必成为官民通行之物，那时可以剿发（指太平军）、捻（捻军），勤远略，这是救时第一要务。1862 年李鸿章到上海后，得到外国侵略者帮助训练洋炮队，设洋炮局。他认为清军作战往往数倍于外敌，仍不能胜，原因在于武器不行，枪炮窳（yǔ）滥，如能使火器与西洋相埒，则“平中国有余，敌外国亦无不足”，今起重视，最后可达自主①。奕忻看到曾李两人学造外国船炮，决定派员前往学习，在奏折中说，治国要做到自强，自强以练兵为要，练兵又以制器为先，“我能自强，可以彼此相安”②。

中国历史上很早就有人从事翻译工作，但正式设立外语学校却晚至 1862 年清政府在北京设立的同文馆。1861 年奕忻奏请设立外语学校，培养外语人才和外交人才。1862 年 8 月，同治帝正式批准成立“京师同文馆”。学员除学习汉文外，主要学习外文。聘有外籍教师英国人包尔腾，法国人司默灵、毕利干，俄人柏林，美国人丁韪良、傅兰雅、海灵敦等先后任教。丁韪良从 1869 年任总教习，总管教务达 30 年。总税务司赫德兼任监察官，实际控制了经费和人事大权。同文馆完全按正规学校来办，陆续开设英文馆、俄文馆、德文馆和东文（日文）馆，初收 13、14 岁以下八旗子弟，后又招收 15～25 岁的满汉学员和不限年龄的满汉学员。学习期限初定 3 年，到 1876 年分为两种：一是由外文而及天文、化学、测地等科的学生，学制 8 年；一是年龄稍大，仅借中文译本学习天文、化学、测地等科的学生，学制 5 年。1867 年增设算学、化学、《万国公法》、医学生理、天文、物理、外国史地等。学生最多时达 120 人。毕业生大多任清政府译员、外交官员和其他洋务机构官员。设有印刷所，翻译印刷《万国公法》及数理化和文史等方面书籍。1902 年同文馆并入京师大学堂。

---

① 张仲礼：《近代上海城市研究》，上海：上海人民出版社 1990 年版，第 157 页。

② 郑观应：《盛世危言》，《开矿》（上），郑州：中州古籍出版社 1998 年版，第 378 页。

（二）清末新政的教育改革

1901年1月，清政府发布“变法”上谕：参照“西法”，推行新政。从实行“新政”开始至1911年清王朝灭亡为止的十年间，清政府为挽颓势，广求人才，以适应新形势的发展要求，在文化领域，推行了一系列教育改革，对原有的教育政策作了大幅度调整，其主要方面有以下几点：

第一，布新除旧，使教育由无系统过渡到有系统。“布新”是指清政府颁布了新学制，并建立了一套自中央到地方的新型教育行政体系；“除旧”则指变革乃至最终废除了延续1300余年的科举制度。1902年，清政府颁布了由管学大臣张百熙主持制定的《钦定学堂章程》，对各级各类学堂的目标、性质、年限、入学条件、课程设置及相互衔接关系都作了规定，是中国教育史上第一个由政府公布的法定学制系统。1904年1月颁行《奏定学堂章程》，是为“癸卯学制”。新的学制体系对各级各类学校的创建与运作均作了详细规定，标志着中国近代学制的正式建立。1907年，清政府又颁布了《女子小学堂章程》和《女子师范学堂章程》，补充了关于女子教育的内容，从而使教育体系更为完善。其后，清政府筹划建立了新的教育行政管理体系。1898年成立的京师大学堂，便负有统辖各省学堂之责，成为向近代中央教育行政部门过渡的重要机构。1905年，清政府设立学部，责其专管全国教育。次年，又裁撤各省学政，改设提学使司统辖全省学务，并于各府厅州县设立劝学所。同时，清政府还对旧式的教育制度进行了变革，其中尤以科举制的废除最为突出。1903年11月，张百熙、张之洞等人奏准，自下届考试起，按年递减中试名额的1/3，历三届减尽。1905年9月，光绪帝颁布上谕：自次年为始，“所有乡会试一律停止，各省岁科考试亦即停止”①。科举制的废除是近代教育政策的巨大变革，它有力地推动了新式学堂的进展，促进了中国教育的进一步近代化。

第二，以发展师范教育为先导，奠定发展新式教育的基础。师范教育是整个教育体系的基础，要发展新教育，就必须先重视师资的培训。因此，优先发展各类师范教育成为“新政”时期教育政策调整的侧重点。1902年，清政府正式下令恢复京师大学堂，管学大臣张百熙特别强调师范教育的重要性，认为应优先设立师范馆，并制定了《师范馆章程》。1903年，张之洞入朝主持学制的修订，把优先发展师范教育的政策进一步深入。这种教育理念在之后颁行全国的《奏定学堂章程》中得到了集中反映。章程明令各省“应即按照现定初级师范学堂、优级师范学堂及简易师范科、师范传习所各章程办法迅速举

① 陈国庆：《中国近代社会转型研究》，北京：社会科学文献出版社2005年版，第23～40页。

行”[①]，从而使师范教育自成体系，并趋向系统化。1907 年学部奏定各学堂征收学费章程，明确规定师范学堂不收学费和膳宿费，“师范学堂所有各费一律免收”[②]，以尽可能多地鼓励和吸引有志于教育事业的学子。

第三，努力发展普通中小学教育，使传统的精英教育转向国民普及教育。传统教育模式是为科举制度服务的，是培养未来的官僚队伍，即所谓的“精英教育”。这种教育模式并未把普及国民知识、开启民智作为教育目标。到了清末“新政”时期，清政府开始认识到国民教育的重要性，对普通教育逐渐予以重视。1901 年，清政府谕令全国各地传统书院改设学堂，以发展普通教育。1904 年的《奏定学堂章程》也明确指出国民教育的重要性。1905 年进入预备立宪阶段后，清朝统治集团内部几乎形成了一种共识：开民智是实行宪政的前提，而普及教育则是实现民智大开的根本途径。在这种思想的指导下，1905 年，出使大臣孙宝琦奏请劝励绅商广设小学堂。袁世凯等封疆大吏也奏请立停科举以广学校。1906 年，出洋考察宪政的五大臣回国，在奏报考察心得时，一致称赞教育发展为政治改革的“本原所在”[③]。是年，学部在奏请宣示教育宗旨一折中指出：“今中国振兴国务，固宜注重普通之学，令全国之民无人不学。”表明清政府的教育理念与政策正处于转轨的关节点，其目标已“不在造就少数之人才，而在造就多数之国民”[④]。

第四，鼓励与约束并重，留学政策渐趋明晰。晚清留学教育肇始于 1872 年的公派幼童留美，但由于当时社会大环境不够开化和守旧派的极力阻挠，留学教育并未取得预想效果。甲午战败后，举国震惊，朝廷上下掀起一股走出国门学习西学的浪潮。1898 年，军机处传知总理衙门面奉之谕旨：“现在讲求新学，风气大开，惟百闻不如一见，自以派人出洋游学为要。至游学之国，西洋不如东洋，诚以路近费省，文字相通，易于通晓。”[⑤]此时，清政府鼓励留学和选择日本作为留学对象的政策已初露端倪。1901 年“新政”开始后，张之洞、刘坤一等重臣在奏请变法的奏疏中，大力提倡派遣学生留学，且均将日本作为出洋学习之首选。1901 年，光绪帝颁发派遣游学的上谕。翌年，外务部奏《议复派赴出洋游学办法章程折》。1903 年，清廷颁布张之洞拟奏的《约束鼓励游学章程》，规定了约束留日学生和奖励归国留学生的具体办法。对留学回国之学生，分别奖励拔贡、举人、进士、翰林等出身，“已有出身者，给以

---

① 王文泉、刘天璐：《中国近代史》，北京：高等教育出版社 2001 年版，第 368 ~ 369 页。

② 刘佛丁、王玉茹等：《近代中国的经济发展》，济南：山东人民出版社 1996 年版，第 209 页。

③ 冯桂芬：《校邠庐抗议 · 采西学议》（下篇），上海：上海书店 2002 年版，第 39 页。

④ 耿云志：《近代中国文化转型研究导论》，成都：四川人民出版社 2008 年版，第 84 页。

⑤ 耿云志：《近代中国文化转型研究导论》，成都：四川人民出版社 2008 年版，第 107 页。

相当官职"[①]。在学习科目方面，此间偏重于师范、实业、法政及普通学，其中文科居多，且强调攻读速成科，体现了清政府学习西学以强国御侮的迫切心态。1905 年学部成立后，清廷的留学教育政策逐渐明确和完善。1907 年后，留学欧美的人数渐多，特别是 1909 年美国退回部分庚子赔款作为留美学生经费后，更出现了留美热潮。1904 年，清廷颁布《游学西洋简明章程》五条，以引导学生留学西方国家。次年，基于各省派遣留学的实际情况，清廷再次下谕："现在留学东洋者已不乏人"，应"再多派学生分赴欧美，俾宏造就"[②]。表明了清政府在留学国别选择上的视野已有所拓展，其留学政策业已具有更大的开放性。

三、中华民国初期的教育

1912 年南京临时政府成立，颁布了《普通教育暂行办法》、《普通教育暂行课程之标准》和《禁用前清各书通告各省电文》等法令，奖励女学，男女同校，废止读经，教科书的内容务须合乎共和民国宗旨，禁用清朝学部所颁行的教科书等。高等以上学校虽可照旧章办理，但《清会典》、《大清律例》、《皇朝掌故》、《国朝事实》及其他有碍民国精神的书籍一律废止，前清御批等书一律禁止使用。

第一次世界大战期间，中国近代工业得到进一步发展，战后民族资产阶级不仅要求在政治经济方面给予创造继续发展的条件，也要求在教育方面能提供具有文化知识的劳动力和科学技术。1920 年 10 月，以资产阶级教育家为主干的全国教育会联合会第六次代表大会在江苏召开，会上提出了改革学制系统案。1921 年 10 月，联合会第七次代表大会在广州召开，把通过的《学制系统草案》向各省区教育会和各高等教育机关征询意见。1922 年 9 月，"北洋政府"召开学制会议，就全国教育会联合会整理的草案做了修订，再交同年 10 月在济南召开的联合会第八次代表大会讨论。于 11 月 1 日以中华民国北洋政府大总统令公布了《学校系统改革案》。为区别于壬子癸丑学制，又称新学制。此改革案由全国教育会联合会提出。《学校系统改革案》列有七条标准：适应社会进化之需要，发挥平民教育精神，谋个性之发展，注意国民经济力，注意生活教育，使教育易于普及，多留各地方伸缩余地。

① 龙先琼：《关于近代社会变迁与文化转型的历史关联性的思考——兼评〈社会结构变迁与近代文化转型〉一书》，《教学与研究》2010 年第 4 期。

② 郭卫东主编：《近代外国在华文化机构综录》，上海：上海人民出版社 1993 年版，第 478 ~ 486 页。

《学校系统改革案》对各级学校修业年限作了规定：①初等教育6年。其中初级小学4年（可单设），高级小学2年。②中等教育6年，分初高两级，各为3年。初级中学施行普通教育，可单设，亦可根据地方需要，兼设各种职业科。高级中学分为普通、农、工、商、师范、家事等科。师范学校修业年限为6年。③高等教育3~6年，其中大学4~6年，专门学校3年以上。大学院为大学毕业及具有同等程度者研究之所，年限不定。全国教育会联合会于提出《学校系统改革案》的同时，组织了新学制课程标准起草委员会。

1923年5月，全国教育会联合会颁布《新学制课程标准纲要》。规定小学课程为国语（包括语言、读文、作文、写字）、算术、卫生、公民、历史、地理、自然、园艺、工用艺术、形象艺术、音乐、体育等学科。初级中学课程分社会科、言文科、算学科、自然科、艺术科、体育科等。高级中学分普通科和职业科（有师范、商业、工业、农业、家事等科）。普通科以升学为目的，又分为两组：第一组注重文学和社会科学，第二组注重数学和自然科学。课程均分公共必修、分科专修、纯粹选修三部分，各科课程以学分计，以修满150学分为毕业。后期师范学校和高中师范科课程编制相同，都分为公共必修、师范专修、纯粹选修科目三部分。大学和专门学校的课程，依具体实际情况，参照各校意见，送教育部核定。主要特点是：①缩短小学修业年限，延长中学修业年限；②若干措施注意根据地方实际需要，不作硬性规定；③重视学生的职业训练和补习教育；④课程和教材内容侧重实用；⑤实行选科制和分科教育，兼顾学生升学和就业两种准备。

1922年制定的新学制，是中国教育界经过长期酝酿、集思广益的结晶，标志着中国资产阶级新教育制度的确立和中国近代以来的学制体系建设的基本完成。

四、抗日战争时期的教育

（一）国统区的战时教育

1937年“七七事变”爆发后，国民政府为保存中国教育好不容易发展起来的微弱基础，迅速制定了《战区内学校处理办法》、《总动员时督导教育工作办法纲要》等应急措施。依据上述方案，沿海地区有关学校在政府协助下纷纷往内地迁移，其中专科以上学校有52所10 000多名师生。这些学校历尽艰辛、数度搬迁到达四川、云南、贵州等地，经重新整合后在1939年陆续恢复上课。此外，国民政府还创办国立中学34所、师范23所、职业学校14所，以安置从战区迁来的众多中等学校的师生。

为适应战争的长期性及“抗战建国”的需要，国民政府对战时教育进行了重新规划。1938 年 4 月，国民党临时全国代表大会提出“战时当作平时看”的办学指导原则，积极推行战时教育、三育并重、文武合一、教育目的与政治目的一致、发展自然科学、普及义务教育等新的教育方针，继续加强对学校的党化教育。为了适应战时教育的需要，高等教育方面，在保留原学制（大学及学院除医学院五年外，其余为四年制，专科学校为二年与三年制）不变的同时，采取了一系列改进高等教育的行政措施。

首先实行贷金和公费制度。由沦陷区内迁的学生亟待解决的是生活问题。为了保证流亡青年能够继续求学，国民政府对学生实行救济制度。1938 年对大专院校学生设置贷金，凡经济来源断绝的学生，可直接向学校即间接向政府贷款以维持生活，学生毕业后须予以偿还。贷金包括膳食及服装各项费用，学校并免费供应住宿。后来因清债不易办到，加上法币贬值，偿还几乎等于不还，于是改贷金为公费。而非战区的贫困学生，也多得到贷金或公费。整个抗战期间，教育费用之庞大，在国家财政支出中仅次于军费，位居第二，而青年救济费用几乎超过全部教育经费的 1/2。据 1939 年统计，全国大中等学校中 70% 以上的学生都是拿贷金的①。整个抗战时期全依赖国家贷金和公费完成学业的大中学毕业生达 12. 8 万多人。

其次实行统一招生和借读制度。战前各大专院校各自招生，因而学生程度参差不齐。为适应战时需要和保证招生质量，1938 年开始实行大学入学统一考试。这样大学入学的最低水准得以维持，各院校系录取的学生之人数可依国家需要而确定，而中学可依其毕业生升学比例而有所勤勉。太平洋战争爆发后，由于交通关系，1942 年又规定私立专科以上各校招生办法分为“单独、联合、委托和成绩审查四种方式”②。

再次整理课程与编写教材。为保证教学质量，经各教授专家提供意见，教育部拟定颁布了各学校、各学系之必修科目表，使全国各大学院校相同学院有共同之必修科目若干种，相同学系又有共同之必修科目若干种，使各院系学生在基本学问上有最低限度之共同基础，达到一定水准。积极开展学术研究和国际文化合作。战前各大专院校有研究所设置，战争爆发后各校因迁移关系，研究工作多未进行。教育部于 1938 年特拨经费，开设师资优良的国立大学，酌情增设研究所，同时并令旧有研究所恢复招收研究生（学制两年）。为鼓励研

① 李楚材编：《帝国主义侵华教育史资料：教会教育》，北京：教育科学出版社 1987 年版，第 23 ~ 24 页。

② 李楚材编：《帝国主义侵华教育史资料：教会教育》，北京：教育科学出版社 1987 年版，第 15 页。

究工作，教育部又于1942年订立办法，每年奖励著作、发明及美术作品，应征作品经过审查，由学术审议委员会决定，分等予以奖金。

中等教育方面实行分类划区办学，改订课程，统编教材，鼓励发展职业及师范教育，并在中等以上学校增设国防系科，开展战时国防特别教育。教育部还陆续颁布有关初等教育的条例纲要，要求各地普遍建立国民学校和乡镇中心学校，规范基础教育、义务教育的发展。抗战时期国统区的各级各类学校的数量和人数均有不同程度的增长，为中国抗战胜利储备了一定的人才资源。

（二）解放区的战时教育

与国统区传统的正规教育不同，在敌后抗日根据地实行以抗战为中心的新式教育。解放区的新式教育方针是：教育为长期抗战服务，教育与生产劳动相结合；注重培养抗日干部，开展普通群众教育和社会教育；重视与战争和生产需要相关的技能知识。

解放区的高等教育主要指实施较高级专门教育，为抗战培养各类战备人才的干部学校。如陕甘宁边区的中国人民抗日军政大学（简称抗大）、陕北公学、鲁迅艺术学院、中国女子大学、延安自然科学院、延安大学、民族学院及华北联合大学、建国学院、抗大分校等。这些院校的学生主要来自各根据地的军政干部、国统区和沦陷区的爱国知识青年，以短期培训为主，课程设置包括政治、军事、生产劳动等方面，培养了大批战时一线的基层人才。如抗大在8年中培养了20多万干部人才。

由于敌后抗日根据地大多处于几省交界的山区或农村，文化教育也极不发达。为提高人民群众的文化水平，加强民族意识，动员群众积极参加抗日，各根据地都把扫除群众中特别是青壮年中的文盲作为教育工作中的一项重要任务，积极开展普通群众教育和社会教育，其主要形式为开办冬学、民校，办学方针是“明理第一，识字第二”。晋察冀边区，1938年就认真开展了冬学运动。《抗敌报》发表专文论述开展冬学运动的意义及重要性，并提出开办冬学的十条具体办法。该年，在阜平办起冬学190多处，入学人数达7 600余人，广大群众积极参加了冬学识字活动。1939年的冬学是在日军大规模的“扫荡”中进行的，冬学与抗战的政治任务相结合，形成了热烈的群众学习运动。各地在冬学运动的基础上建立了午后半日学校、夜校、救亡室等，开展经常性的文化教育。晋冀豫、冀鲁豫边区，抗战前文盲约占人口总数的95%～97%，经过几年的冬学运动，文盲人数逐年减少。到1940年，已办起冬学1 801处，有73 824人入学，占文盲总数的23.5%。晋绥边区的冬学运动，从1940年开始有了较大的发展。山东根据地仅泰山区7个县就有14万人参加了冬学，其中有2万人识字300个以上。

对儿童进行小学义务教育是群众教育的另一个重要方面。各根据地创建初期，主要进行小学的恢复和小学教育的改革和提高，使小学教育得到普遍发展。1938 年初，晋察冀边区政府规定原有的小学一律恢复，校址被占用的一律迁出，被焚毁的另找民房或寺庙暂用，同时规定小学生一律免费。边区自编了国语课本、国难讲话等新的教材。至 1940 年 7 月，全区 32 县有小学 3 770 所，其中以晋东、太南及太岳最为发达，有些地区已超过战前水平，有近 1/3 的县恢复到战前水平的 81% ~93%。晋绥边区，1940 年起颁布教育政策，编印新教材，优待小学教师，使小学很快得到恢复和发展。当年 9 月底据 19 个县的统计，有完全小学 26 所，初级小学 1 393 所，学生 61 938 人。山东根据地，1940 年召开省文化教育宣传座谈会、战地国民教育座谈会，提出了加强小学教育的建议，此后山东小学教育开始得到恢复和发展。华中在全国抗战前小学教育比较发达，但屡遭日伪“扫荡”的摧残。学校和学生数量均显著减少，但各抗日根据地对小学教育十分重视，在极其困难的条件下，不仅恢复而且发展了小学教育。如苏北盐城的小学很快就由 200 所增至 700 所。

总之，各敌后抗日根据地通过群众教育，使各根据地的成年人在一定程度上摆脱了文盲状态，提高了抗战的觉悟和生产建设的能力，使学龄儿童也能受到应有的政协文化教育。这些都成为夺取抗战胜利必不可少的条件。

第三节　近代科学技术的发展

一、鸦片战争前后的开眼看世界、“师夷长技”

林则徐、魏源、龚自珍等是近代最早睁眼看世界的先进中国人，他们在鸦片战争惨败辱国的触动下，开始了对西方近代科学技术的认识的最初阶段。亲身的经历和外国传教士的零散介绍帮助他们迅速地认识到西方列强船坚炮利的优越性。林则徐在督粤期间就指出，英军“以其船坚炮利而称其强”，“乘风破浪，是其长技”①。徐继畲在《瀛寰志略》中极口称赞西方侵略者的火器、轮船之精妙，说“船之行也，轮击水如飞，瞬自不见，一昼夜千余里”，“可谓精能之致”②。而魏源史是以《海国图治》中的 12 卷篇幅专门介绍西洋火轮船、洋炮、炸弹、炮台及水雷的原理、制法和用法，并且明确指出：“夷之长技有三：一战舰，二火器，三养兵练兵之法。”据现有的资料统计，鸦片战争

① 《奏定学堂章程 · 学务纲要》，湖北学务处本，第 2 ~3 页。

② 《清德宗实录》卷五二三。

后近20年间，国内有66人谈到了西方的船坚炮利。由此可见，当时社会上对西方的“长技”已经有了一定程度的认识。

在阐明“夷之长技”的内容后，林则徐率先提出“师敌之长技以制敌”的口号，稍后的魏源明确主张“师外洋之长技”。他主张仿钦天监用西洋历官之制，聘用外人传习炮船技术，购买洋船、洋炮，只要这样，“不旋踵间，西洋之长技，尽成中国之长技”，“富国强兵不在一举乎！”在《海国图治》中，魏源进一步把自己的主张概括为“以夷制夷，以夷款夷，师夷长技以制夷”的方针，在他看来，“以夷制夷”是为了强兵御辱，科学技术是强兵御辱的有效武器，因此像战舰、火器、养兵练兵之法这些在“西洋诸国视为寻常”的绝技，我们都应该学习。为此，他建议设立造船厂、机器局，出资延请洋匠为师。更难能可贵的是，魏源在宣讲西学及西方军事技术的同时，还逐步提出了学习西方民用技术，建设中国民用工业的主张。他说：造船厂、机器局可以造各种工具仪器，如“量天尺、千里镜、龙尾车、风锯、水锯、火轮机、火轮舟、自来火、千斤秤之属，凡有益于民用者，皆可于此造之”[①]。魏源甚至开始触及中国传统科举取士制度，除一再主张延聘西方科技人员外，还强调要学习西洋“专以造舶、驾舶、造火器、奇器、取士抡官”的取士制度，改革中国武试专以“弓马技勇”取士的做法，并主张在广东、福建立水师科，选拔水师将官。

林则徐、魏源“师夷长技以制夷”的主张在当时引起了很大反响，在士大夫阶层和一般知识分子中很快出现了一股学习和钻研西洋舰炮技艺的热潮。广州十三行中的有识之士就有试验制作新式火炮的，潘仕成1843年仿造美国水雷成功，掌云南监察御史福珠隆阿主张仿造火药与“千里镜”、“西瓜炮”等。鸦片战争后，中国士人刊刻的有关枪炮火药制造和火器攻防技术等方面的书籍就有22种之多[②]。

二、洋务运动时期引进西方科学技术

洋务运动继承和发展了“师夷长技以制夷”的思想，并把这一主张付诸实践，从而在较大规模和程度上形成了一场学习和引进西方科学技术的思潮及运动。

落后民族对外来文明的认识往往是从侵略者的武器开始的，中国人对西方的认识也是如此。第二次鸦片战争后，朝廷中开始出现洋务派，他们呼吁学习

① 《奏定学堂章程·各学堂奖励章程》，台北：文海出版社1966年版，第11页。

② 学部总务司案牍科编：《学部奏咨辑要》（卷三），1909年铅印本。

西方先进的枪炮技术以抵御强敌。1860 年 12 月，曾国藩上书上奏朝廷，明确主张引进西方科技对付强敌，他说："目前资夷力以助剿、济运，得纾一时之忧，将来师夷智以造炮制舰，尤可期永远之力。"① 1861 年曾国藩开办了洋务运动的第一家军事工业——安庆军械所。李鸿章更加崇尚西方的科技，1862 年他在上海接触到西方军械时感叹道："其大炮之精纯，子药之细巧，器械之鲜明，队伍之雄整，实非中国之所能及。"他认为清军作战往往数倍于外敌仍不能胜的原因是武器的落后，于是在上海设立了洋炮局。在洋务派的推动下，"科学救国"成为当时中国的主流思想，直接指导着洋务运动的发展。

19 世纪 60 年代至 90 年代的 30 多年间，在"科学救国"思想的驱动下，洋务派创办了大批工业，奠定了中国近代工业的基础。1860 年后，洋务派在全国各地共创办了江南制造总局、金陵机器局、福州船政局、天津机器局、湖北枪炮厂、广州火药局等 21 家军事工业，生产了大批武器弹药，在中法战争、甲午中日战争等反侵略战争中发挥了重要作用。后来又创办了轮船招商局、开平煤矿、基隆煤矿、天津电报总局、汉阳铁厂、兰州织呢局、上海机器织布局、漠河金矿等十几家民用工业。翻译了大量西方科技著作，为后来中国科技的发展奠定了知识基础。要学习西方先进科技，就必须翻译科技著作。李鸿章主张设立翻译机构，"彼西人所擅长者，推算之学，格物之理，制器尚象之法，无不专精务实，泐有成书。经译者十才一二，必能尽阅其未译之书，方可探赜索隐，由粗显而入精微。我中华智巧聪明，岂出西人之下！果有精熟西文者转向传习，一切轮船火器等巧技，当可由渐通晓，与中国自强之道似有裨助。"曾国藩也说："盖翻译一事，系制造之本根。洋人制器出于算学，其中奥妙皆有图说可寻，特以彼此文字杆格不通，故虽日习其器，究不明夫用器与制器之所以然。"他提议在江南制造总局"另立学馆，以习翻译"，选聪颖弟子，一方面学外文，另一方面学科技知识。为此，洋务派组织李善兰、华蘅芳、徐寿、徐建寅等近代知识分子翻译了大量的科技著作，如《汽机问答》、《化学鉴原》、《化学求数》、《化学考质》。华蘅芳认为"五金矿床往往与强国富兵之事大有相关"，翻译了《代数学》、《微机溯源》、《金石识别》、《地学浅谈》、《三角数理》、《代数难题解法》、《决疑数学》；徐建寅翻译了《汽机尺寸》、《化学分原》。至 19 世纪 80 年代，仅江南制造总局和京师同文馆翻译出版的西方科技著作就达到 130 种之多。从内容上看，所引进的科学几乎覆盖了近代自然科学的所有领域。另外，蒸汽机、纺纱机、各种机床、造船、新式平炉、转炉冶炼、火车、电话、电报等先进的科技也被引入，为后来中国科技

① 《奏定学堂章程·初级师范学堂章程》，台北：文海出版社 1966 年版，第 25 页。

的发展奠定了基础。

洋务派派遣留学生出国学习，培养了一批初步掌握近代科技的知识分子，中国近代第一批人才群体开始形成。例如，北洋水师学堂校长严复，铁路工程师詹天佑、黄仲良，矿业专家池贞铨、林日章，电报专家朱宝奎、周万鹏等。早期派出的120名幼童留学生中，在实业界铁路、电报等企业任工程师、经理等技术和管理者有44人，外交官和翻译官有16人，海军、海关官员、学校教员、医生等方面的工作者有20余人。1853—1910年前后共译成中文的西方科技著作达468部。其中总涉及杂著有44部，天文、气象12部，数学164部，理化98部，博物92部，地理58部。这些著作的译介，标志着近代科技在中国的确立。

从林则徐、魏源到洋务派，先进中国人始终宣传并实践着“师夷长技”的主张，并对“夷之长技”认识不断深化。但总的来说，这一时期国人对于近代科学技术的认识还局限在很初级的表层阶段，把西方的近代科学文化理解成单纯的技术，又把技术与具体的载体混为一谈，因而此时的科学观只是一种器物科学观。

三、清末到民国初期科学技术的进一步发展

自戊戌变法到辛亥革命，在近代科技发展的同时，政治上也完成了一系列变革，从而进一步促进了科技及产业革命的发展。政治上的变动首先表现在一系列重视科学技术、鼓励发明创造的政策法令的制定。早在甲午战败后，清政府就在维新思想的推动下，宣布要“造机器”，并着手制定鼓励发明创造的政策。1896年7月，颁布了《振兴工业给奖章程》，首次以专利的方式鼓励发明创造。1903年提出鼓励商人参加博览会，引进技术，倡设实验工厂。1906年又颁布了《奖给商勋章程》，更明确规定对于“凡制造轮船能与外洋新式相者”，“凡能与西人旧式之外另出新法制造各种汽机器具畅销外洋者”，“凡能作新式机器制造土货于工艺农务著有成效者”等，分别奖给一至五等商勋，同时赏加二至六品顶戴①。

1912年6月13日，中华民国北京政府工商部正式制定了第一个专利法令《暂行工艺品奖励章程》，共13条，12月正式公布实施。章程规定对经考验合格的新产品，属于发明的，授予5年以内的专利权利，属于改良的，授予褒奖状。清末民初工商机构也有重大的改革：中央专门设立农工商部，并于1911年初设工业实验所，1914年设立地质调查所，1915年再设立黑龙江金矿实验

① 《奏定学堂章程·优级师范学堂章程》，台北：文海出版社1966年版，第21页。

场等，推动了工业化的发展。

由于政治的变革，集会结社自由进一步扩大，各种旨在技术交流、谋求工业发展的实业团体相继出现。最早成立的实业团体是1912年初的“中华民国工业建设会”，其成员包括有工业学识者、有专业技术之实业者、有东西洋专业学校的毕业生、有理化学识可应用于手工业者等。同年10月，“中华实业团”、“民生团”、“经济协会”等也相继成立。1913年，“中华民国矿业联合会”在上海成立，以“谋求全国矿业的共同发展”①。他们研究矿业学术，联络地质调查及地质矿冶工程等学术机关进行调查和学术交流。此外，各地方性团体也纷纷成立。各地还办起了《经济杂志》、《中国实业杂志》等刊物，更推动了学术研究和技术交流，逐步形成了倡导产业革命的思潮。

民国以后经过政府倡导发展科技和工业，近代科技的引进和运用达到了一个较高的程度，使工业化运动从原来仅局限于少数企业家范围，扩展到成为政府和全社会的行为，从而成为近代产业革命发展的重要标志。据统计，从1895年到1913年设立的工矿企业达到549家，包括燃料、采掘、金属开采冶炼、金属加工、水电、水泥、砖瓦、陶瓷、玻璃、火柴、烛皂、扎花、纺纱、织染、缫丝、呢绒、织麻、碾米、面粉、炸油、卷烟、饮食、造纸、印刷、胶革等各个行业。1913年后发展更快，北洋政府时期工业企业达706家，矿业企业达186家②。工业体系更为完备，形成了轻工业发展和重工业发展兼备的局面。特别是重工业中，采煤业、钢铁工业、机械工业都已相当正规，尤其是以往没有的化学工业也得以发展。著名实业家范旭东创办的永利制碱公司，成为中国最早的化工基础企业。

随着民国时期教育事业的发展，大批留学生学成回国，对国家科技事业的发展起了极大的促进作用。1915年10月，由留美学生任鸿隽、胡适、赵元任等发起的“中国科学社”在美国正式成立，任鸿隽为社长，其宗旨是“联系同志，研究学术，以共图中国科学之发达”。1918年中国科学社由国外迁回国内。

之后各个现代科学学科的专业学会也相继成立。1922年1月27日，章鸿钊积极倡导，丁文江、翁文灏、李四光等多位地质学家在北京成立“中国地质学会”，章鸿钊被推选为首任会长。这一学术团体对中国地质事业的发展起了十分重要的作用。1924年10月10日“中国气象学会”在青岛成立，由高鲁、蒋丙然、竺可桢等人共同发起，以谋求“气象学术之进步与测候事业之

① （清）朱寿朋编：《光绪朝东华录》（第4册），北京：中华书局1958年版，第4719页。
② 《奏定学堂章程·学务纲要》，台北：文海出版社1966年版，第12页。

发展”为宗旨，是我国最早成立的全国性自然科学学会之一。学会成立后开展气象学术交流，出版《气象学报》，培养气象人才，普及气象知识等，对中国气象事业的发展和现代气象科学的建立具有重要的推动作用。与此同时，国内许多大学也相继建立起自然科学的系科或者研究机构，完善学科体系。科学救国的梦想激励着中国第一代科学家，也激励着以追求近代科学改变中国发展的新一代青年学子。

四、南京国民政府时期科学技术的发展

南京国民政府成立后，建立正式官方的科研机构，高等学校设立科研院所，奖励各种技术发明。同时晚清以来的归国留学生及国内培养的高校学生也已经成才，中国的科技人才队伍初步形成并得到不断发展壮大，在日本发动全面侵华战争之前的10年里，中国的科学技术得到很大的发展。

首先是高级科研机构相继成立。1927年4月17日，中国国民党中央政治会议第七十四次会议在南京举行，李石曾提出设立中央研究院案，决议推李石曾、蔡元培、张静江共同起草中研院组织法。1927年5月9日，中央政治会议第九十次会议议决设立中研院筹备处，并推定蔡元培、李煜瀛、张人杰、褚民谊、许崇清、金湘帆为筹备委员。7月4日颁布的《中华民国大学院组织条例》，改列筹设中的中央研究院为中华民国大学院的附属机关之一。11月9日颁布的《中央研究院组织法》，明定“中央研究院直隶于中华民国国民政府，为中华民国最高学术研究机关”，设立物理、化学、工程、地质、天文、气象、历史语言、国文学、考古学、心理学、教育、社会科学、动物、植物等14个研究所。11月20日，大学院院长蔡元培聘请学界人士30人在大学院召开“中研院筹备会暨各专门委员会联合成立大会”，讨论中研院组织大纲及筹备会进行方法。1928年4月10日，颁布《修正国立中央研究院组织条例》，规定国立中央研究院“为中华民国最高科学研究机关”。宗旨为“实行科学研究，并指导、联络、奖励全国研究事业，以谋科学之进步，人类之光明”。研究范围包括数学、天文学与气象学、物理学、化学、地质与地理学、生物科学、人类学与考古学、社会科学、工程学、农林学、医学等11组科学。条例还对组织、基金、名誉会员等作了规定。中研院改为不属于大学院的独立机关，特任蔡元培为院长。6月9日第一次院务会议在上海东亚酒楼举行，宣告中央研究院正式成立。在首任院长蔡元培任内，中央研究院陆续在南京、上海等地设立数十个研究所，系由理化实业、社会科学、历史语言三个研究所，以及地质调查所、观象台与自然历史博物馆演展而来。抗战期间中央研究院曾西迁昆明、桂林、四川李庄等地，抗战胜利后迁还北京、上海。1948年3月中

央研究院选出院士共81人。

其次是这十年间在第一代科技研究者的刻苦努力下，科研成果显著，在某些科技领域中甚至可以达到世界领先水平。如数学方面，华罗庚、陈建功对三角级数，许宝禄对数理统计的研究，都达到世界领先水平。熊庆来在无穷极整函数方面的研究被国际数学界命名"熊氏无穷极"。物理学方面，吴有训与美国物理学家康普顿创立了著名的"康普顿—吴有训效应"。青年学者赵忠尧在与英、德科学家的合作中，最先观测到正负电子对湮灭辐射现象。化学方面，侯得榜在1933年写成《纯碱制造》一书并在美国纽约出版，为世界制碱工业解决了存在70多年的难题，被国际化学界命名为"侯氏制碱法"。天文学方面，在美国学习的张钰哲1928年发现一颗小行星；1936年，涂长望的中国气候区域研究取得重大新成果。地质学方面，李四光对华北的太行山麓和长江中下游的庐山、九华山、天目山、黄山等地进行了实地考察研究，在此基础上撰写《地质力学概论》，创立了地质力学理论，提出中国也有第四纪冰川的确证，并预测在中国的东、中、西三大地带都可能蕴藏丰富的石油和天然气。他的研究推翻了西方地质学界关于"中国贫油"的论点，在国际上产生了巨大影响。黄秉维在中国海岸地质构造研究上取得突破性进展，地图学家曾世英在1934年也绘出《中华民国新地图》。考古学方面取得的成就也是世界瞩目的，旧石器时代的考古发掘，"北京猿人"、"河套人"、"山顶洞人"和新石器时代的"仰韶文化"及殷墟遗址的发掘工作取得重大突破。其中"北京猿人"的发现震动了世界学界，是1921年8月由瑞典的地质学家安特生和美国、奥地利的古生物学家师丹斯基最先发现的，1927年起进行发掘。1929年在中国考古学家裴文中的独自主持下，于12月2日下午发现了一个完整的北京人头盖骨。自从北京人头盖骨发现以后，特别是随后又发现了石器和用火遗迹，直立人的存在才得到肯定，从而基本上明确了人类进化的序列，为"从猿到人"的伟大学说提供了有力的证据。

1937年全面抗战爆发后，国民政府积极组织科研机构内迁。为适应战时及后方经济发展需要，政府还实施"建教结合"计划，鼓励研究院所和生产相结合，一批新的科研机构顺应而生，如清华大学与中央研究院化学研究所、实业部地质调查所及政府有关部委合作设立农业、航空、无线电、金属、国情普查等特种研究所。到抗日战争结束，设有研究所的高校由战前的12所增加到25所86个学部。科研成果取得了一定成就，特别是在工业生产技术如冶金、机械制造、精密仪器等方面有较大突破。整个后方国统区在1937—1942年共发明4 431件，比战前24年的总和还多156%。中国工业制造"渐由仿造阶段，步入创造之领域”[①]。同时，中国对外科学技术的交流合作也不断加强。抗战八年中，国民政府各部委共向美英等科技发达国家派出自然科学方面的留学生 2 000 多人，科技骨干出国实习生 3 000 多人，高级技术与管理人员出国考察团数十个，有数百人参加。政府积极从国外引进有关国民生产与生活的各类专家学者，与先进国家洽商技术合作，仅资源委员会在 1945 年初一次就与美国 18 家大公司签订技术合作合同，合作对象主要分布在能源、机械、冶金、化工等重工业部门。由于处在战争时期，国统区的科学技术发展还很难达到和平时期的正常发展水平。

参考书目：

1. 李楚材编：《帝国主义侵华教育史资料：教会教育》，北京：教育科学出版社 1987 年版。

2. 耿云志：《近代中国文化转型研究导论》，成都：四川人民出版社 2008 年版。

3. 史全生：《中华民国文化史》（上），长春：吉林文史出版社 1990 年版。

4. 郭卫东主编：《近代外国在华文化机构综录》，上海：上海人民出版社 1993 年版。

5. 胡焕庸：《中国人口地理》（上册），上海：华东师范大学出版社 1984 年版。

6. 陈国庆：《中国近代社会转型研究》，北京：社会科学文献出版社 2005 年版。

7. 王文泉、刘天璐：《中国近代史》，北京：高等教育出版社 2001 年版。

8. 张仲礼：《近代上海城市研究》，上海：上海人民出版社 1990 年版。

9. 吴承明：《中国的现代化：市场与社会》，北京：生活·读书·新知三联书店 2001 年版。

10. 汪敬虞编：《中国近代工业史资料》（第 2 辑），北京：中华书局 1962 年版。

11. 黄逸峰、姜铎等：《旧中国的买办阶级》，上海：上海人民出版社 1982 年版。

12. 汪敬虞：《十九世纪西方资本主义对中国的经济侵略》，北京：人民出版社 1983 年版。

① （清）朱寿朋编：《光绪朝东华录》（第 5 册），北京：中华书局 1958 年版，第 5411 页。

13. 姚贤镐：《中国近代对外贸易史资料》，北京：中华书局1957年版。

思考题：

1. 简要概述近代中国学术文化观的主要变化进程。

2. 如何正确认识教会教育在近代中国社会发展中的地位和作用？

3. 试析洋务运动时期引进西方式教育和科学技术对近代中国社会发展的影响。

4. 试述清末教育改革的主要内容及其影响。

第六章 近代中国外交关系与中西文化交流

鸦片战争改变的不仅仅是中国社会的性质，也改变了中国人对外交往的格局，中国已无法孤立于世界而存在，锁国体制、朝贡体制先后瓦解。以条约体制的建立为起点，中国人逐步转变外交观念，建立外交机构，派遣驻外使臣，中国外交以西方外交为模板进入了近代化的阶段。然而，这种带有明显耻辱烙印的条约外交从一开始就受到国人的诟病，自晚清以来特别是民国成立之后，先进的中国人开始主张废除不平等条约，使中国外交建立在独立自主的基础之上，但在落后的社会制度条件下进展有限。与官方主导的条约外交不同，由中西民间进行的文化交流则呈现了由碰撞到交融的局面，它改变了中西方彼此的认识，拉近了中西方之间的距离，为中西外交最终走向正常化打下了民意基础。

第一节 近代中外关系新格局的形成

一、鸦片战争前中国对外关系的基本状况和格局

鸦片战争前中国是一个完全独立的国家，与世界上许多国家已有交往或接触。按照具体内容的不同，大体有以下三种情况：

其一，邻近诸国。主要有朝鲜、琉球、越南、南掌（老挝）、暹罗（泰国）、苏禄、缅甸等，都是向中国入贡的国家。这些国家大多位于中国周边（只有苏禄距离稍远），在清朝前期都或先或后同中国正式建立了关系，其基本形式是入贡和册封：一方面这些国家的统治者按照一定的期限（贡期），派遣一定职位的官员（贡使），沿一定的路线（贡道）到中国京城，按一定的仪式将所带土特产品（贡物）献给清朝统治者，是为入贡；另一方面，在它们的新统治者即位时，清朝皇帝颁发一定格式的表文（诏敕）以确认其地位，是为册封。入贡和册封直接体现的是清朝最高统治者与有关各国最高统治者之间地位尊卑之别，实质上所反映的则是封建等级制的国家关系。这种关系表现在相互间的称谓上就是以中国为“上邦”、“上国”，以有关各国为“属国”、“藩邦”。这些国家分别与中国发生双边关系，集所有这类双边关系之和而构

成一个亚洲东部特有的带封建性的国际关系体系。中国是这个国际关系体系的中心。与中国关系最密切的朝鲜、琉球、越南等是其主要支柱，中朝、中琉、中越关系是它的基础。

其二，西欧、北欧诸国。自15世纪末欧洲人绕过非洲南端的好望角，发现通往东方的航线以来，西方各国为寻求财富、发展贸易而相继由海上东来。陆续来到中国的国家，16世纪有葡萄牙、西班牙，17世纪有荷兰、英国、法国，18世纪有奥地利、普鲁士、丹麦、瑞典、美国，19世纪前期有比利时等。早期殖民主义者曾力图在中国建立据点，夺取中国领土，因而有1557年葡萄牙人入居澳门，1624—1641年西班牙人占据台湾北部一带，1604年及1622—1624年荷兰人两次侵占澎湖，然后又于1624—1661年占领台湾。这些西方国家向海外扩张，还怀有宗教目的，正是在此期间，西方天主教传教士纷纷进入中国。随着资本主义在这些国家的发展，到18世纪末19世纪初，对华贸易日益重要。中国的广州、厦门、宁波本来都是对外交易的口岸，但自1759年起，清政府限定只留广州一口对外通商，此后的80多年间，广州便成了澳门（这时是葡萄牙人居留之地，其他外国人也可居住）以外由海上来华的外国人居住的唯一地点。西方国家来华活动最积极的，起初是葡萄牙，接着是荷兰，最后是英国，它们多次派遣使节来中国，有的使节曾到过北京，有的还受到清朝皇帝的接见。这些来华使节大多提出发展在华商业贸易等要求，其中有的侵犯到中国主权，不过他们的要求都未能实现。英国是对华贸易最主要的国家，英商还越来越多地向中国非法输入鸦片，由此导致了鸦片战争的发生。

其三，俄国。这是从北面内陆与中国发生接触的唯一欧洲国家，而接触的原因主要是由俄国在西伯利亚的扩张引起的。早在明末（1618年），俄国政府基于从科布多地区得到的有关中国情况的一些传闻，第一次派遣了使团来到北京，取得万历皇帝的国书，先后搜集了许多情报。这就是俄国向中国北部地区扩张的先行步骤。后清军入关在北京建立新王朝，俄国人来到了中国东北的黑龙江地区，他们以开疆拓土的探险“远征队”名义，侵犯并企图强占中国领土，肆意压迫、抢劫、杀害当地中国居民。从17世纪50年代起就遭到中国人的有力反击。与此同时，俄国又不断派遣使团到北京，向中国表示友好并谋求发展商务。1685—1687年，中国接连对窃踞在自己领土雅克萨城堡的俄军发动攻击，给予重创。1669年中俄签订《尼布楚条约》，正式划定了两国的东段边界。不久，中国又准许俄国人遵照一定的人数及时间限制到北京进行贸易。后来位于中俄北部边境的恰克图成为双方贸易的主要地点。清政府还准许俄国东正教教士在北京建立教堂，进行传教活动。1728年中俄又订立《恰克图条约》，正式确定了两国的中段边界。在此期间，俄国又开始觊觎中国西北边疆。由于俄国不断地向中国东北、北部及西北边疆进逼，边境及边界问题成为中俄关系中的主要问题。

综合以上三种情况，可以看到鸦片战争前中国对外关系的格局是两个系统并立，一个是亚洲诸国，一个是欧美诸国，两者互不相关，区别不仅是地理上的，而且各自与中国的关系的实质也不同。中国与亚洲入贡各国间的关系是一种国家关系，彼此按定制、定式进行官方交往，真正有来有往，这是中国对外关系的一种传统体制，在历史上早已定型，在运行中很少有什么波澜或变动，双方的交往基本上局限在高层封建统治者之间，很少与民间有关联，一般只在于维持已有的联系（乾隆中期即18世纪60年代以后苏禄与中国的关系中断，其他各国都维系到鸦片战争以后），而没有发展新的关系。这种对外关系体制，使中国封建统治者往往把世界一切国家都视为属国。明末以来葡、荷、俄、英等国派使来华，都被当作贡使，就是这个原因。但无论是从海疆来的西欧、北欧、北美诸国，还是从陆路来的俄国，都完全在入贡国系统之外，另成为一个系统。它们到中国来，都出于对外扩张的需要，中国成为它们扩张的对象。它们极力想进入中国，其来华使节有的不惜按照贡使的礼制行事。但终因它们自有一套国际交往体制和准则，而同中国的龃龉、摩擦越来越多。在与中国的关系中，它们居于主动地位，有的带有侵略性。这是一种有来无往的关系，没有中国人到它们那里去，中国所做的，一般只是对它们各方面的冲击作出反应。当时中国的国力还强盛，能够有效地抗阻它们的武力侵犯，打退它们的侵略，维护自己的领土完整。自18世纪中叶起，清政府实行闭关政策，有限制地允许它们的人民（主要是商人、教士等）入境，严格加以管理，但不与它们发展官方关系，不承认他们派驻广州的代表（领事、商务监督等）的官方身份，不与这些人打交道，不与它们建立国交。这个政策抑制了欧美各国在华的扩张势力，使中国保持了自己的完全独立但同时又导致了与世隔绝。

二、近代中外关系的开端

鸦片战争在中国引起的变化，首先并直接表现在中外关系上：一是中国对外关系开始形成一种新的格局；二是中外关系开始具有一种新的性质。这两点合在一起使中外关系进入一个新时期，即近代。鸦片战争首先成为近代中外关系史的开端。

（一）中国对外关系的新格局

中国对外关系格局的改变，是从中国与欧美诸国关系的改变开始的。鸦片战争后，根据不平等条约，英国的势力进入了中国的五处通商口岸，并在那些地方生根、蔓延开来。条约还使中英之间正式建立了国家关系。这种关系巩固了英国在华的侵略地位，并为它运用国家的各种手段和一切力量扩大在华活动开辟了道路。这是英国对华关系的历史性突破。就中国来说，从此不但不能拒绝同英国（它的政府、官方代表）建立外交，反而不得不以它为最重要的对象。中英关系的这个变化成为中国与其他欧美国家、与资本主义世界的关系发生变化的触媒，因为英国打开中国的大门也为其他资本主义国家向中国扩张清除了障碍，所以紧接着英国之后，美、法、瑞典、挪威各国不必再用战争，而只用外交手段就得到了英国在中国可得到的各种权利。随后又有俄国、普鲁士（德国）、丹麦、荷兰、西班牙、比利时、意大利、奥地利以及亚洲的日本、南美洲的秘鲁等国纷纷与中国立约建交。这样，到19世纪70年代，可以说以欧洲为中心的资本主义世界已经进入了中国，中国对外关系基本上成了对资本主义世界的关系。已经开始半殖民地化的中国被卷入了世界资本主义国际关系体系，这是中国对外关系格局的一个重大变化。

在中国与亚洲入贡各国的关系上，鸦片战争的发生也很快地产生了间接影响。这主要是：对外战争的失败使清朝的统治威信受到损害，战后因社会动荡而触发的广泛的反清运动（以太平天国运动为中心）又打击了清朝的统治力量，这就削弱了它对入贡国的吸引力和同它们的传统关系的维系力。与此同时，一些入贡国也遭到西方国家的侵略而改变其对外关系的格局，从而影响了它们的对华关系。在此情况下，19世纪50年代初，南掌最后一次向清朝入贡，此后相互间的传统关系就断绝了。19世纪60年代末，已陷入西方资本主义侵略者不平等条约罗网中的暹罗也割断了同清朝的固有关系。这样，在以中国为中心的东亚国际关系体系中就有两个环节破裂了。这就是说，当西方资本主义国际关系体系对华侵略的阵容不断扩大时，东亚国际关系体系开始缩小。这一涨一消之间，不但反映了中国对外关系形势的变化，也表明了东亚国际关系的新动向。到了70年代，随着日本对琉球的加紧侵略，琉球向中国求援以及中国介入其中，中琉关系直接同中日关系联结了起来。然后，由于法国侵略越南北部，资本主义各国特别是日本侵略朝鲜，导致中越关系直接同中法关系联结了起来，中朝关系直接同中国与列强的关系，特别是与中日关系联结了起来。法国侵略越南、日本侵略朝鲜都分别向中越、中朝的传统关系提出挑战，资本主义侵略者成为东亚国际关系体系的破坏力量。这种情况影响了中越特别是中朝的传统关系，使其在危机中不得不有所改变以求适应新局面，但是对付侵略者的行动未能产生效果。中法战争后法国割断了中越间的传统关系，甲午战争后日本割断了中朝间的传统关系，原来的东亚国际关系体系至此基本解体。这样，中国对外关系在鸦片战争前已有的两个系统，即亚洲入贡国系统与欧美诸国系统，鸦片战争后逐渐形成的两个国际关系体系，即东亚国际关系体系与世界资本主义国际关系体系并存的局面，以后者瓦解前者、归并前者而结束，原来向中国朝贡的国家大多沦为资本主义侵略者的附庸、殖民地，甚至其领土的一部分，成了外国资本主义、帝国主义包围中国并进一步侵略中国的基地。至此，中国对外关系的格局同鸦片战争前相比彻底改变了。

（二）中外关系性质的新变化

中外关系性质的改变从中英关系开始，迅速扩大到中国同其他资本主义国家的关系。鸦片战争爆发的直接原因是鸦片问题，是英国向中国非法输入鸦片和中国依法查禁鸦片这一矛盾的大爆发，其深层原因则是英国资本主义渴望开拓中国市场，用和平的手段行不通，就发动战争。英舰万里迢迢来到中国，就是为了迫使中国开放。这是一场典型的资本主义侵略战争，由此逼签的城下之盟则是一个十足的不平等条约。这个条约对中国来说，不但关于结束战争的条件是屈辱的，而且关于建立和平和相互交往关系的条件也是屈辱的。这是一个确定英国与中国间长久的侵略与被侵略关系的条约。这样，首先在对英关系上中国开始成为一个主权受损害、失去完全独立的国家。这标志着中国对外关系开始进入一个其性质及内容与以前大不相同的时期，这就是近代中外关系。

由鸦片战争开始的中英关系实际上为此后中外关系的发展确定了方向，继英国之后而来的各国基本上都是按英国的模式与中国订约建交的。从1844年的中美《望厦条约》、中法《黄埔条约》到1874年的中秘（鲁）《通商条约》，再到1881年的中巴（西）《和好通商条约》、1887年的中葡《和好通商条约》、1899年的中墨（西哥）《通商条约》，所有这些条约，几乎是这期间所有外国与中国签订的第一个条约，都是不平等的。在不平等条约基础上，所有这些国家与中国的关系当然也就是侵略与被侵略的关系。中国成了几乎整个资本主义世界共同侵略的对象，这在中国以往的历史上是从来没有过的。侵略必然引起反侵略。这就表明，外国资本主义侵略和中国的反侵略成了中外关系的主题。这个主题是由鸦片战争确定并由此开始的，此后很长时间的中外关系基本上就是此一主题的展开，侵略与反侵略这样一条主线贯穿了整个中国近代。

在此一主线中，资本主义侵华的许多重要内涵也是以鸦片战争为开端的，这包括：武力侵略，对中国发动战争；强迫中国签订不平等条约，以此种条约巩固其侵略成果并创造新的侵略条件；割占中国土地；向中国勒索赔款；开辟通商口岸；夺取领事裁判权；分享协定关税权；确立片面最惠国待遇等。所谓中外关系主题的展开，很大程度上就是这些侵略方式、手段及特权的不断运用、推广以及扩大、深化。其中的每一项在近代中外关系史上都成为重大课题。总之，鸦片战争为外国资本主义侵华打下了第一块基石，后来的侵略大厦就是由此逐渐构筑起来的；它是外国资本主义侵华的第一株幼苗，由此逐渐长成了一棵枝叶茂密的侵略之树。

随着鸦片战争把中国对外关系推入近代，新的中外关系又把整个中国历史推入近代。以鸦片战争为开端的近代中外关系含有复杂的成分，基本的是如前所说的被侵略、反侵略与侵略的关系，同时也是弱者与强者、落后的封建统治与先进的资本主义在华扩张的关系。以英国为主导的西方资本主义既打开了中国的大门，也把势力伸进中国内部，依靠对华不平等条约所取得的各种特权展开活动，其影响逐渐深入到中国社会生活的各个方面，从而促使中国发生了前所未有的变化，由独立的封建社会一步步变成半殖民地半封建社会，中国的历史也随之由古代转入近代。可见鸦片战争后中国社会的变化是以中外关系的变化为先导，由中外关系的变化所引起的。换言之，鸦片战争作为中国近代史的开端，实际上导源于它是近代中外关系史的开端。

中国社会由绵长的封建主义社会进入半殖民地半封建社会，从而中国历史由漫长的古代进入近代，都以中外关系的重大变化为转折，这个事实说明，中国的发展不再只是本身的事，中国的命运不再完全由内部决定，外来因素、外国的影响开始具有很大的作用。实际上，在中国，对外关系的重大事件不仅成为古代和近代两个历史时期的分界线，而且在整个近代时期，又往往成为区别不同历史阶段的标志，第二次鸦片战争、甲午中日战争、八国联军侵华战争及《辛丑条约》等都具有这样的意义。中国近代从开端到结尾，对外关系一直具有极大的重要性，这是它的一大特点。

三、近代中国外交的近代化

鸦片战争打开了中国的大门，把中国拉进了世界潮流之中，它给独立的中国带来屈辱，也为停滞的中国实行变革提供了历史的机遇。变革的总题目是国家近代化，具体到对外关系上，其中一个重要课题就是外交近代化。鉴于主要外交对象已成为资本主义国家，对外关系日益成为国家前途、民族命运攸关的一个重要领域，而原来由礼部及理藩院分别掌管外交，以“天朝上国”的地位看待和处理对外事务的办法已行不通，所以面对新情况中国外交亟须进行革新。但清统治者昧于大势，为封建的惰性所支配，在被战争的失败震惊了一段时间之后，又回到常态，仍固守着旧有的思想、观念、体制而不图变计，一切都着眼于临事应付，浪费了近20年时间。

（一）对外关系专职机构的设立

外交权应由中央政府行使，这是近代国家的通则，而此时的清政府则是由地方政府先行。它的出发点是：坚决拒绝西方国家的使节进入京城，避免中央政府与这些国家打交道，有关这方面的事务交由地方官员去处理。所以，《南京条约》的交换批准和《虎门条约》的签订都是由两江总督耆英以钦差大臣身份到香港、广州完成的。其后（1844 年）耆英调任两广总督，仍为钦差大臣，并加"总理五口通商善后事宜办理外国事务"衔（通称"五口通商大臣"或"五口钦差大臣"），实际上他对五口通商很少过问，主要办理与新来的美国等谈判条约等事。1859 年起，此职改由两江总督兼任。在北方，主持对俄交涉的是驻守当地的将军，如 1851 年的《伊犁、塔尔巴哈台通商章程》由伊犁将军与俄使签订，1858 年的《瑷珲条约》由黑龙江将军与俄官签订。总之，19 世纪四五十年代清政府在处理与欧美各国的关系上，实行的是将各事务化解于各有关地方，"由外省督抚奏报，汇总于军机处"。

这种状况经第二次鸦片战争而发生重大变化。一方面，外国侵略的扩大和深入，使得清政府不能再回避与它们的代表直接接触，条约中有此类明文规定；另一方面，经过战争，首都沦陷、订约、侵略军撤出等一连串惊心动魄的事态演变，使清统治者切身体会到西方资本主义不是为推翻他们的社稷、改朝换代而来的，对他们的统治并不构成根本威胁，所以与之发生直接往来是没有什么危险的。加之国内各地军报络绎，军机处已应接不暇，而对外事务纷繁，需专设机构办理。在此情况下，1861 年初遂有总理各国事务衙门的设立。此机构的创设，很大程度上是为应付外国公使驻京，将引起的新局面做准备，原计划只作为一个临时性机关，一旦国内"军务肃清，外国事务较简，即行裁撤"，恢复由军机处办理的旧制。但实际上它一成立，就正好适应了当时对外关系的需要，所以不但不能撤销，反而日益加强，一直存在了整整 40 年。

在中央设立总理衙门的同时，又在地方上设置了两个管理通商事务的大臣：一个驻天津，办理三口（牛庄、天津、登州）通商；一个驻上海，办理南方各口（原来的五口加新开的沿海及长江各口）通商事务。前者为新设，以后演变为由直隶总督兼任，是为北洋通商大臣；后者实际上由原来的五口通商大臣接任，以后演变为由两江总督兼任，是为南洋通商大臣。当时通商被认为是外交的核心，南、北洋大臣名为办理通商事务，实际上成为两个地方的外交机构。

随着总理衙门的设置，清朝中央政府终于有了一个行使外交权、处理对外关系的专职机构。这还不能说实现了外交近代化，但由此的确初步创造了外交近代化的一个必不可少的条件。总理衙门是仿照军机处创立起来的，在一定意义上也像是主管对外事务的另一个军机处。它不与六部并列，在政府系统中没有地位，只是由于由亲王（很长时间里由恭亲王奕訢）主持，所以具有一定的实权和影响。它成立后不久，又参照六部成法，在内部设立了俄、英、法、美各股（1883 年又增设海防股，甲午战争后改为日本股），专办有关各国交涉等事务，从而加强了自身的专业性。

总理衙门的建立，为新的外交体制打下了第一块基石。不过，它虽是中央政府的专职外交机构，但职权却并不专一：一方面，它自身的职权不断扩大，凡当时被认为是洋务的（包括机器、电报、铁路、矿务、海防等）都归其掌握，这使它不能专注于外交事务；另一方面，它的外交权相当一部分被地方官员，主要是南、北洋大臣，特别是北洋大臣分占了去。

总理衙门与南、北洋大臣都直接向皇帝负责，相互间没有领导与被领导的关系，后者不隶属于前者，前者不能直接指挥后者。南、北洋大臣在对外交涉及办理通商事务上可以而且应当“咨商”总理衙门，大事则直接奏陈请旨，急事用电奏，由总理衙门代陈，所以总理衙门对他们只起备顾问、代传达的作用。南、北洋大臣往往直接受朝廷之命办理某些对外交涉，所涉及的问题往往并非地方性的而是全国性的，特别是从 19 世纪 70 年代起李鸿章任直隶总督兼北洋大臣，外交更成为他经常涉足的一个领域：他签订过中秘（鲁）、中英、中巴（西）、中法各种条约，对朝鲜的关系由他主管（只有朝贡事宜仍归礼部），他又几乎包办了对日交涉。总之，李鸿章担当了中国外交极重要的角色，以至一位英国驻华外交官在 1883 年指出：“他（李鸿章）甚至不想掩盖他实际上是中国的外交大臣这一事实”，“像现在这样组成，这样管理的总理衙门只不过是李鸿章大学士在天津的衙门的一个分支机关”。这里有李鸿章个人的作用问题，但根本上是一个体制问题——当时的体制规定了总理衙门不能集中统一地行使外交权，这说明新体制在这个环节上还很不健全。

（二）清政府使领制度的建立

外交近代化的另一个必要条件是应有一套贯彻国家对外政策而经常运行的机制，其中最基本的是使领制度。这个问题在总理衙门成立十多年之后才开始得到解决。向关系国派遣常驻使节，这本是近代国际交往中的一种常规，但清朝统治者对此长期没有认识或举棋不定，甚至在西方各国向中国派驻领事、公使已成惯例，这种做法对派出国的好处已为事实所充分证明，当总理衙门已有派使的想法时，清政府内却仍有重重疑虑和阻力，因而不能采取相应行动。最后还是因被迫遣使赴英就马嘉理案件致歉而顺便迈出了在国外设立使馆的第一步（1875 年）。接着又相继任命常驻美国、西班牙、秘鲁、日本、德国、法国、俄国各国公使。到了 19 世纪 80 年代又设置驻意大利、荷兰、奥地利、比利时等国公使。这期间还在一些国家或其属地的一些地方设立了领事。这才基本建立了使领制度。

同总理衙门一样，使领制度虽在草创之初，其内部组织及外部关系上都有不健全之处，但在中国对外关系史上的意义却颇为重大：中外关系终于在一个方面实现了对等化，即打破了多年来只有外国使领常驻中国而中国没有代表常驻外国的局面，中外交往从单向变为双向，相互间完全的国家关系至此建立。中国近代外交体制的建设至此基本完成。

1901 年，总理衙门改建为外务部。这是八国联军侵华期间列强提出、清政府照办的。外国资本主义从侵入中国之日起就力图按照自己的面貌及利益需求去改造清朝统治，总理衙门和使领制度的建立都或多或少受到它们的影响。但它们对总理衙门越来越不满，终于利用谈判《辛丑和约》之机正式提出要清政府予以改革。列强的代表们指出，总理衙门这个名称不足以充分体现该机构的重要性和权威性；总理衙门大臣人数过多、权力分散，不能适应需要。他们要求用一个与其他国家的外交部相似的机构来代替总理衙门，其名称应为“外务部”，其地位应列于六部之上。他们还提出有关外务部设官的若干原则及办法。清政府完全接受了他们的主张，于1901 年 7 月发布上谕，正式改总理衙门为外务部。外务部一建立，就在清政府中占有突出的地位，其内部组织较总理衙门也有改进。后来在清政府中央官制的全面改革中，它的职权有所调整而趋于专一化。总起来说，外务部取代总理衙门，在中国外交体制的近代化上是一个进步。

（三）外交人才的近代化

外务部推进了中国外交近代化的进程，主要是：第一，解决了外交权分散的问题。外务部成立后，就开始注意把对外交涉置于自己的掌管之下，几年间，通过实践，逐渐削弱了南、北洋大臣等地方官员的外交权，基本上确立了外交权统一于中央而不再分散于地方的体制，外务部本身成为名副其实的外交中枢。第二，扩大驻外使领的派遣，改进出使人员任命办法，厘定驻外使馆规制，使使领制度走向规范化。第三，加强外交队伍建设，广开才路，提拔了一批新知识分子担任外交部门的重要职务，在外交人才近代化方面迈出了重要一步。

所谓外交人才近代化，主要指担任外交职务的人员除具备一切国家公职人员都应具备的一般品质、基本知识等之外，还应掌握办理近代外交所需的专业知识、技能等，例如精通国际知识、了解世界大势、通晓外交礼制等，否则必定不能办好外交。鸦片战争后相当一段时间内，清政府在处理对外关系中吃了许多亏，原因之一就是当时主持对外交涉的人缺乏这些条件。他们甚至对于在同外国资本主义相处中哪些事于国家有利、哪些有害都分辨不清，以致往往轻其所应重而重其所当轻。那时中国的外交体制是旧的，主持外交的人也是旧的。要实现外交近代化，革新体制固然重要，改造旧人和造就新人也同样重要，两者相辅相成，后者更为复杂、艰巨。总理衙门成立，从大臣到章京都是读孔孟之书、由科举出身的旧官僚，但他们从实际工作中，从不断与外国人（包括中国政府机构中的洋员如赫德等）接触中还是渐渐或多或少地学到了有关外交的知识。总理衙门还管理同文馆以培训外语外文人才，而同文馆学员既然学习外国语言文字，自然就要接触到资本主义的新思想、新事物，由此也就有条件成长为与旧士人不同的新知识分子。使领制度建立，奉派出国的官员更有条件通过其工作、生活、见闻而开阔眼界，增加对外国及世界的认识，有的（如曾纪泽）还掌握了一门外语。另外，随着留学生学成回国，这些在资本主义国家受过教育的新知识分子开始进入外交部门（如梁诚任总理衙门章京，容闳、伍廷芳为驻外国代表）。在总理衙门时期，这还是个别现象。外务部一成立，就在选拔任用新知识分子方面迈开较大的步子，他们有的被任命为外务部侍郎，被任命为驻外公使的人也明显增多。1906年，外务部鉴于其"现有司员选取皆凭考试，于汉文案牍似能胜任，即研究中外政法条约者亦尚不乏其人，唯于外国语言文字讲求甚鲜"，提出了新的用人原则"嗣后需用人员，应先就兼习各国语言文字、曾经出洋或曾在各省办理洋务者，择尤调取。至卒业学生，亦宜先尽曾经留学欧美各国及日本者，而专在本国学堂肄业者次之"，并得到了批准。以后归国留学生被调入外务部任事者大量增加，而且部内从参、丞到侍郎尚书各职渐渐以新知识分子出身者占多数。这表明外交人员的近代化进程不断在发展。

总之，自总理衙门成立，清政府的外交近代化便开始起步，不论在体制上还是在人员上，都缓慢地有所前进。经过40年的发展，外务部的成立加快了近代化进程。到清王朝覆灭时，中国的国际地位比鸦片战争时低了很多，但在处理对外关系上已能从多方面适应世界潮流，大体走上了正常轨道。

第二节　近代中国的废约外交

近代中国外交从一开始就与不平等条约联系在一起，因此，中国要走上独立自主的外交道路，必须首先废除一系列不平等条约。

一、南京临时政府时期

1911年，辛亥革命爆发，革命党人登上权力舞台。这本应为不平等条约的废除带来曙光，然而，民初政局的特殊性及不稳定性并未给废约带来转机。革命党人建立的地方军政府采取了尽量避免与列强发生冲突的方针。首义之地的湖北军政府在其外交照会中宣示："所有清国前此与各国缔造之条约，皆继续有效。"稍后建立的革命党人的中央政府——中华民国临时政府也持同样方针。孙中山在1912年1月5日发表的《临时大总统宣告各友邦书》中宣布："凡革命以前所有满政府与各国缔结之条约，民国均认为有效，至于条约期满而止。"当然，革命党人对既有不平等条约的承认，具有明显的策略意义。消极目标为避免列强对中国革命的干涉，积极目标则为促成列强对新政权的承认。正如临时政府外交总长伍廷芳所说："惟现值军书旁午，不宜多起交涉，重大事件虽断不可退让，其余自应暂仍旧贯，留待后图，此亦不得不然之势也。"

南京临时政府虽曾在一些场合提出过要从列强手中收回一部分国家主权的主张，但为了避免引起列强的敌意，新政府并没有在收复主权方面采取积极行动，而是恪守了承认旧约的承诺。然而，南京政府的这种克制态度并未赢来列强对新政府的承认。

二、北洋政府时期

辛亥革命的成果不久即为袁世凯窃取。袁世凯政府为获得列强的承认，自然更不愿意对不平等条约作出修废的表示。而以日英俄为首的列强则提出，在正式宣布承认袁政府之前，必须首先取得该政府对外国在华权利的确实保证。1913年10月6日，袁世凯正式当选中华民国总统。10月10日，袁世凯在就职演说中声明："所有前清政府及中华民国临时政府与各外国政府所订条约、协约、公约必应恪守，……各外国人民在中国按国际契约及国内法律并各项成案、成例已享之权利并特权、豁免各事，亦切实承认。"这一声明是完全按照日本方面的建议并与日本公使商定的。在袁世凯当权之期，北京政府不仅在外交上无所作为，未收回任何权利，还签订了新的不平等条约，如《满蒙五路秘密换文》、以日本提出的"二十一条"为基础的一系列"民四条约"等。这在历届民国政府中是绝无仅有的。

第一次世界大战的爆发，给中国外交带来了一些活动的余地，为中国挣脱不平等条约的密网提供了一个最初的突破口，这就是中国对德奥不平等条约的废除。对于是否要介入欧战，北京政府经历了若干内争。最后认定，加入协约国于中国有利。1917年3月14日，总统黎元洪发布布告，宣布自即日起断绝与德国的外交关系。对德断交后，中国政府随即取消了德国根据不平等条约所获取的部分特权，如在华驻兵权、租界及赔款等。北京政府命令将所有德国在华驻军一律解除武装，所有可作军事用途的德国公私产业，一律查封，或予充公。北京政府又令有关地方政府派警进入天津和汉口的德租界，收回租界，改设特别区。但是，德国侨民所享有的领事裁判权并未取消。北京政府担心取消领事裁判权的举动会引起其他各国的反对，遂与荷兰驻华公使作出安排，同意由荷兰驻华使节受理有关德国人的各种案件。

8月14日，北京政府进而对德奥宣战，并宣布在此之前中国与德奥两国订立的所有条约，以及国际协议中与中德、中奥有关系者，依据国际公法及惯例，一律废止。中国方面并通知荷兰驻华公使：原由荷兰领事代行受理的涉及德国人的各类案件，此后应由中国法院行使其完全法权。于是，通过宣战，中国彻底取消了德奥两国在中国的领事裁判权。战后，中国与德国及奥国政府分别订立了《中德协约》和《中奥通商条约》，从双边法上确认了中国在战时的举措。

中德、中奥新约完全取消了德奥根据不平等条约在中国所获得的特权，是中国与曾经侵略过中国的西方大国所订立的第一批平等条约。中国的要求之所以得以实现，是因为第一次世界大战为中国提供了一个有利的契机。日益觉醒但力量尚弱的中国抓住了这一机会，废除了与德奥的不平等条约，从而在不平等条约的链条上打开了一个缺口。当然，需要注意的是，中国此举依据的是国际惯例，是在战争状态下采取并在战后予以确认的非常措施。

中国的目标不仅是废除与战败国的不平等条约，还希望向同是战胜国的其他国家收回中国过去丧失的一部分主权。1919年1月，巴黎和会召开。中国政府及各界对和会都抱有较大期望。北京政府为代表团规定了四个方面的任务，其中即包括取消外国人在中国的特殊权益，如领事裁判权、协定关税等内容。4月，中国代表团向和会提交了《中国希望条件说贴》，正式提出了中国希望废除的外国人在华特权，内分七大方面：①废弃势力范围；②撤退外国军队、巡警；③裁撤外国邮局及有线无线电报机关；④撤销领事裁判权；⑤归还租借地；⑥归还外国租界；⑦关税自由权。

然而，中国对和会所寄予的希望显然是有些过于乐观了。对于中国的要求，美国总统威尔逊只是从道德上予以支持，表示各国应放弃他们在中国现行的特殊地位，但他认为和会不是讨论这些问题的合适场所。法英首脑的态度则更为消极。1919年5月14日，和会最高会议复函中国代表团，表示其"充量承认此项问题之重要，但不能认为在和平会议权限以内，拟请俟国际联合会行政部能行使职权时，请其注意"。

巴黎和会虽然未能实现中国的修约目的，但中国毕竟第一次把修约的愿望昭告于全世界。这是自不平等条约产生以来，中国政府第一次系统地提出取消列强在华特权的要求，它涉及列强特权的各个主要方面，实际上是要全面否定中外之间所订立的不平等条约的主要内容。此后，中国便开始了具有连续性的漫长的争取修约历程。

在两年后召开的华盛顿会议上，中国再次全面提出修改不平等条约的要求。中国代表团在会上分别提出了要求关税自主、撤废领事裁判权、撤退没有条约依据的驻华军警、退还租借地、取消外国在华邮局等提案。列强对中国的这些要求再也无法回避，不得不花相当时间进行讨论。会议通过了一系列有关中国问题的条约。作为核心条约的《九国公约》的第一条即明确宣示，各国须“尊重中国之主权与独立暨领土与行政之完整”。

但在涉及具体特权的问题上，会议取得的进展是很有限的。会议通过的《关于中国关税税则之条约》并未提及关税自主问题，只是允许中国将入口关税增至5%，并决定在三个月内另行召开一个关税特别会议，讨论废除厘金和征收附加税问题。会议还通过了《关于中国领事裁判权议决案》。各国表示同情中国的自主愿望，但认为需对中国法律和司法情况详加考察后才能采取有关行动。会议决议组织委员会对此进行考察。关于租借地问题，英国允诺交还威海卫，法国允诺交还广州湾，然而事后都未能兑现。

中国唯一在华盛顿会议上取得实质性成果的是取消外国在华邮局。大会通过的《关于在中国之外国邮局议决案》认定：“关于中国政府表示在中国境内之外国邮局除在租借地或为约章特别规定者外，期得撤销之志愿，认为公平。”因此，在中国设有这类邮局的四国同意在1923年1月1日以前将其撤销。当西方列强在修约问题上不情愿地迈出微小的一步之时，“一战”中新生的苏俄却大踏步地在废约道路上前进。从1919年7月至1923年9月，苏联政府先后三次发表对华宣言，宣布“苏维埃政府废弃一切特权”，“以前俄国历次政府同中国订立的一切条约全部无效，放弃以前夺取中国的一切领土和中国境内的一切俄国租界，并将沙皇政府和俄国资产阶级从中国夺得的一切，都无偿地永久归还中国”。

根据这一精神，1924年5月31日，中苏达成《中俄解决悬案大纲协定及声明书》，宣布将在协定签订后一个月内举行会议，商定解决悬案的详细办法，该会议的目标是，“将中国政府与前俄帝国政府所订立之一切公约、条约、协定、议定书及合同等项概行废止”，另本平等公平之原则，重订新约。苏联政府并宣布，前俄帝国政府与第三者所订立的一切条约、协定等，有妨碍中国主权及利益者，概为无效。需要注意的是，此后苏联政府并未完全履行其承诺。

当历史进入20世纪20年代之后，在北京政府与列强间的修约交涉举步维艰之时，在中国的政治舞台上又崛起了两股生气勃勃的政治力量，这就是刚刚诞生的中国共产党及通过改组而获得新生的中国国民党。这两股政治势力的结合，在中国形成了一支强大的反帝废约力量。

中国共产党坚持彻底的反帝立场。1923 年召开的中国共产党第三次全国代表大会，明确地提出了取消列强与中国所订一切不平等条约的纲领。屡经挫折的中国国民党对列强的认识也有所变化，决心摆脱受列强操纵的命运，采取联俄联共政策。1924 年 1 月，国共两党合作，确立了废除不平等条约的政纲。同月召开的中国国民党第一次全国代表大会宣布：“一切不平等条约，如外人租借地、领事裁判权、外人管理关税权以及外人在中国境内行使一切政治的权力侵害中国主权者，皆当取消，重订双方平等互尊主权之条约。”国共两党认为，北京政府是帝国主义的附庸，只有推翻北京政府，中国才能摆脱外人的控制，走上独立和富强之路。因此，国共两党决定合力北伐。

1925 年 5 月，五卅惨案发生，并由此而引发了全国性的反帝爱国运动。这一运动对北京政府的外交也形成了强大的冲击。在全国人民要求废除不平等条约的压力下，北京政府决定顺应形势，利用民气，发起“修约”运动，希望通过修改不平等条约来提高其国际地位，并改善其在国内的处境。6 月 24 日，北京政府向各国驻华公使团提交了要求修改不平等条约的照会。

在此后两年多的时间中，北京政府的修约活动取得了一些进展。1925 年 10 月，前已叙述的中国与“一战”战败国奥地利之间的新约成立。1926 年 10 月，中国又与芬兰签订了《通好条约》。这两个条约均取消了领事裁判权和关税协定权。在对其他条约期满国家的修约交涉中，北京政府也显示了过去少有的强硬立场。如在与比利时和西班牙的交涉中，由于这两国拒绝在一些重要问题上让步，北京政府曾先后断然宣布废止中比条约和中西条约。尽管由于对方的顽强抵制及其他列强（包括海牙国际常设法庭）的联合反对，北京政府的这一废约举动最终未取得成功，但中国敢于不顾列强反对而单方面宣布废约，这在近代以来是破天荒的，它显示了中国正日益觉醒，显示了中国终将废除不平等条约的决心。

由华盛顿会议所议决的有关领事裁判权及关税问题的调查和讨论也分别开始进行。不幸的是，由 12 国代表组成的法权调查团所提出的报告书得出了这样的结论：领事裁判权仍应暂时维持，待中国的司法建设达到相当程度时，再商议渐进撤废领事裁判权之办法。关税特别会议则多少取得了一点进展。列强起初坚持把中国裁撤厘金作为实现关税自主的先决条件（其时中国各地军阀割据，裁厘并非易事）。但北京政府认为，关税自主涉及国家主权，而裁厘乃中国内政，不能相提并论。同时，北京政府也表示愿自动声明裁厘。后列强稍作让步，关税会议遂于 1925 年 11 月 19 日通过决议，各国表示承认中国享有关税自主的权利，允许中国国定关税条例于 1929 年 1 月 1 日生效。中国声明同时裁厘。这一决议案为以后国民政府最终实现关税自主打下了基础。

在北京政府进行修约外交的同时，随着北伐战争的进行，中国南方出现了群众性的反帝运动高潮。在这一高潮中，列强在中国所获得的特权受到了前所未有的冲击，不得不作出近代以来最大的退让。在这一方面表现得最突出的是列强部分在华租界的丧失。1927年1月初，武汉民众举行庆祝国民政府迁都武汉的活动。英国水兵与民众发生冲突，造成民众死伤。激愤的人群大批拥入租界，英工部局无法维持租界秩序，不得不向国民政府外交部请求派军队进入租界保护。4日晚，中方派兵进驻英租界。5日，由于英租界的巡捕及其公务人员逃避一空，租界管理机关已告瘫痪，武汉政府决定建立“英租界临时管理委员会”，接管租界内一切行政事宜。在九江，中国民众和英国水兵也发生了冲突。1月6日，英水兵退回军舰，英领事和其他官吏也纷纷逃避而去。7日，武汉政府派员至九江，成立“九江市民对英行动委员会”，接管了英租界。此后，国民政府又组织了“九江英租界临时管理委员会”，负责管理租界事务。

北伐军所到之处，对租界当局形成了强大压力。在江苏镇江，当北伐军于3月23日占领该城后，中方即于次日应英驻镇江领事要求接管了英租界的巡捕岗位。6月，镇江市公安局在租界设立特别区署，租界事实上由中国收回。在江西牯岭，有一外人避暑地，原系私人租借，但外国人自行在这里组织起行政机构——牯岭公事房，并设立巡捕。长期以来，这一避暑地俨然成为一个租界。1927年3月，牯岭公事房致函庐山警署，请其接管该地。7月间，中方接管该区，设立了管理牯岭特别区临时办事处。厦门英租界在北伐军的压力之下，也于6月将租界的行政权交还中国。

1927年4月，中国国内政治发生剧烈变动，国民党实行“清共”政策，革命进程一时受阻。国民党的对外政策不可避免地随之发生了变化，其反帝的激烈和坚定程度大为减弱，但废除不平等条约的事业仍得以继续进行。5月11日，南京政府外交部长伍朝枢发表了《国民政府将采取正当手续废除一切不平等条约之宣言》。

南京政府决定先从废除协定关税入手，自行宣告中国关税自主。1927年7月20日，南京政府发布关税自主布告，宣布自本年9月1日起，将江苏、安徽、浙江、福建、广东、广西6省境内的各种通过税，全部裁撤，同时宣告关税自主，将进口货物改照国定税率征收。同日，南京政府公布了与此相关的法规，如《裁撤国内通过税条例》、《国定进口关税暂行条例》等。

南京政府的立场受到列强的抵制。各国驻华公使团决定，不对南京政府的布告作正式表示。同时，有关国家调集军舰分驻中国各海关，以示威吓。而此时，南军在与北军的作战中也遭到挫折。在内外均遭不利的情况下，国民政府于8月29日发布布告，决定暂缓实行《裁撤国内通过税条例》、《国定进口关税暂行条例》等，同时宣布"关税自主为独立国家主权之行使"，因此，关税自主的政策仍然不变，自本年9月1日起，全国陆海关税一律自主。

三、南京国民政府时期

1928年6月，国民政府统一全国。南北政权互相对立状态的消失和统一局面的形成，使国民政府在对外交涉中比此前历届政府拥有了更大的权威性。修约进程由此而进入了一个全面展开的高潮时期。这一时期，主要集中在实现关税自主和废除领事裁判权方面。

7月7日，南京外交部就重订条约事发表宣言，宣布了三条原则："一、中华民国与各国间条约之已届满期者当然废除，另订新约。二、其尚未满期者，国民政府应即以相当之手续解除而重订之。三、其旧约业已期满而新约尚未订定者，应由国民政府另订适当临时办法，处理一切。"9日，国民政府颁布了《中华民国与各外国旧约已废新约未订前适用之临时管理办法》，其中规定"在华外人之身体及财产应受中国法律之保护"，"在华外人应受中国法律之支配及中国法院之管辖"。

至于废除不平等条约从何着手，外交部认为：中外间所订条约，内容繁复，综其不平等之要点，主要为协定关税、领事裁判权、租界租借地、内河航行权、陆海军驻屯权五种，其中至关重要而足制中国命脉者，为协定关税和领事裁判权。因此，国民政府首先就关税自主展开了交涉。

其时，中国与比利时、西班牙、意大利、葡萄牙、丹麦、日本等国的商约先后期满。中国外交部乃于1928年7月中下旬分别照会上述各国驻华使节，通知其与中国订立的商约已告期满，中国现声明废止，并提议其即派全权代表与中国另行商定平等互惠的新约。对此，比、西、意、葡、丹5国在复照中均表示愿与中国早日议订新约。外交部长王正廷遂代表国民政府分别与这五国驻华公使进行谈判，经过数月的磋商，终于在年内与这五国完成了新约的签订。

五个新约的内容基本相同，只是个别条文略有差异。条约都包含了关税自主的内容。以中比条约为例，该约规定："对于关税及一切关系事项，彼此根据完全平等之原则，并根据此项原则约定，关于此类事项彼此完全以各本国之国内法规规定之。"但是，新约所获得的关税自主权又是不完全的。如中比条约规定，两国在对方领土内享受之关税待遇，不得次于任何他国享受之待遇。这是一互惠待遇条款，与从前的片面最惠国待遇比起来，就形式而言，应该说它是平等的。但是，由于其他一些国家尚未放弃关税协定权，根据这一条款，这5国实际上仍可获享低关税的好处。

对于条约期限未满的国家，中国也积极进行交涉。在这些国家中，美国走在了前面。7月25日，《整理中美两国关税关系之条约》即告成立。该约第一条规定：从前中美两国所订条约内有关关税事项的各条款，“应即撤销作废，而应适用国家关税完全自主之原则”。但该约同样保留了应与他国人民所享待遇毫无区别的规定。随后，中国陆续与德国、挪威、荷兰、英国、瑞典、法国等国驻华公使或代办签订了新的关税条约。到1928年年底，与中国有商贸关系的主要国家，除日本外均与中国签订了关税条约，承认了中国的关税自主权。

然而，根据无差别待遇条款，只要日本不放弃协定关税权，其他国家实际上仍可获享这一利益。因此，与日本的交涉便成为中国争取关税自主运动中最关键的最后一仗。日本政府对中国的修约要求持强烈的敌对态度，曾指责前述国民政府颁布的临时办法为“蔑视国际信义之暴举，帝国政府万难容认”。迟至1929年6月，日本才开始与中方谈判修约。经过近一年的漫长谈判，到1930年5月，中日双方终于签订了关税协定，日本宣布放弃协定关税权。至此，中国的关税自主终于实现。不久，南京政府便首次自主地修订颁布了《海关进口新税则》。

废除领事裁判权是中国希望达到的另一主要目标。中国与条约期满国家之间的交涉首先取得了进展。中国在与前述比利时等5国的商约中规定，“此缔约国人民在彼缔约国领土内，应受彼缔约国法律及法院之管辖”。然而，这种放弃也是有条件的。如中比两国外长的换文约定，“比国人民应于现有领事裁判权之国半数以上承认放弃是项特权时，受中国法律及法院之管辖”。而意、丹、葡、西等国的承诺是，当华盛顿条约的各签字国取消领事裁判权后，这些国家的在华人民将与各签字国人民一同受中国法律和法院的管辖。

中国外交部认为，欲废除领事裁判权，最为关键的是那些条约期未满但有着重大影响的国家。1929年4月，中国外交部向英、美、法等国驻华公使发出同文照会，提出了废除领事裁判权的要求。8月，外交部再次照会有关国家，要求其立即派出代表与中国磋商废除领事裁判权问题。有关国家中，只有墨西哥明确宣布放弃在华领事裁判权。英美等国均采取了拖延的态度。对此，中国政府于11月25日分别致电驻美、英公使，令其促请英美政府尽速派人来华讨论撤废领事裁判权的办法，并表示英美如再延宕商讨，中国将于1930年1月1日起，自行宣布废除列强在华特权。

但英美等国仍未采取积极合作的态度。1929年12月28日，国民政府遂公布撤废领事裁判权特令。特令指出，“领事裁判权一日不除，即中国统治权一日不能完整”。为恢复中国的固有法权，自1930年1月1日起，“凡侨居中国之外国人民现时享有领事裁判权者，应一律遵守中国中央政府及地方政府依法颁布之法令、规章”。从内容看，国民政府的这一特令，显然是一个单方面宣布废除领事裁判权的重大举动，其中不存在需要与有关国家协商的意味。这一举措对美英法等国产生了很大的冲击，他们均表示了强烈的反对。在特令颁布的当天，美国国务院远东司司长亨贝克（S. K. Hornbeck）便对中国驻美公使伍朝枢表示，美方希望从1930年1月1日起，采取步骤来逐步废除领事裁判权，任何无视这一原则的行动，将会引起美国政府的“极端遗憾和强烈反对”。

于是，在国民政府的特令发布仅仅两天后，外交部又发表了一个关于废除领事裁判权的宣言，在这一问题上作了明显的退让。宣言在重述了特令的内容后表示，中国政府深信各国“对于现由政府准备之办法如有意见，亦愿于相当期内与之审议。固国民政府12月28日之命令，实系一种步骤”。

这一并不很明确的声明显然对两天前国民政府的命令作了修正性的解释，即并不是从次年元旦（即两天后）起立即无条件地废除领事裁判权，而是从此开始与列强会商来废除这一特权。

尽管国民政府作出试探之后又在各国的反对面前作了退让，但特令的公布毕竟促进了有关废除列强在华特权问题的交涉。进入1930年后，有关改组租界法院问题的交涉首先取得了进展。如前所述，租界临时法院虽较会审公廨有所进步，但仍保留了不少有损中国司法主权的内容。经过了艰难的28次谈判之后，1930年2月17日，中国代表徐谟与英美法等国驻华公使及代办终于签署了《关于上海公共租界内中国法院之协定》。

新协定与原暂行章程比较，在如下问题上有较大进步：①完全适用中国法律，原临时法院的特定的诉讼法就此取消；②取消外人的观审、会审权，而在临时法院中，列座法庭的外国官员，常常与中国法官抗衡；③废除外国书记官长制。以前书记官长权限很大，院务实际上由其把持。新协定取消了这一职位，由中国任命检察官、承发吏，负责办理具体事宜。但司法主权问题仍未获彻底解决。如关于司法警察问题，外国代表以法警问题事关租界的行政权力为由，坚持不肯让步。最后双方妥协的结果是：“各该法院之司法警察员警由高等法院分院院长于工部局推荐后委派之。”根据同样的精神，7月28日，中法代表签署了《关于法租界内设置中国法院之协定》，取消了法租界内的会审公廨。

在此前后，中国政府还正式收回了一些租界和租借地。1929年8月，国民政府收回天津比利时租界。1929年10月及次年9月，中国与英国互换照会，正式收回前已事实上收回的镇江和厦门的英租界。1930 年 4 月，中英签订《交收威海卫专约及协定》，收回威海卫租借地。

但在废除领事裁判权问题上，列强仍坚持渐进地分步放弃其特权的立场。英方在谈判中提出了放弃领事裁判权的四个条件：①保留移审权，即外人若对中国法庭的判决不服，可向本国法庭上诉；②民事诉讼可立即放弃领事裁判权，刑事诉讼的领判权待保留若干年后取消；③中方任用外国法官会同中国法官审理案件；④上海、广州、天津、汉口四处 50 里周围区域的领事裁判权保留若干年后再取消。英美两国在这一问题上采取了协调的立场，1930 年 3 月 20 日，两国驻华公使共同拟就了一份草案。

1930 年 4 月，中国国内爆发中原大战。中外关于领事裁判权的交涉一度处于停顿状态。9、10 月间，英美先后向中国外交部递交了各自的草案。美国方案仍旧保留了在区域和法权种类方面的限制：如在上海等地继续保留领事裁判权；其他地区的民事案和轻微违警案可由中方处理，但须在 12 个城市的法院中设立"特别法官议事室"，聘请外国法律顾问，他们有权使法官的判决无效；必要时美方可行使移审权。

国民政府不同意列强在华保留过多的特权。1930 年 12 月 7 日，中国外交部长在向美国国务院提出的对案中强调，所有在华美国公民无论在民事还是在刑事方面都应服从中国的管辖。中方同意成立特别法官议事室，聘用外国法律顾问，但这些法律顾问不得干预法官的判决。

废除领事裁判权的要求也遭到了日本的顽强抵制。日本驻华代办重光葵在谈判中表示，日本可以放弃对上海等五口岸的民事诉讼及轻微刑事诉讼的领事裁判权，但其条件是：对于中日混合案，中国应于各口岸设立特别法院，聘用日籍法官与中国法官会审；在上述五口岸，日本人民应与中国人民享有同等权利；对日本在东三省特别区域的利益，中国应予承认。显然，日本的这一方案，其所得并不少于所失。对此，中国政府表示完全拒绝。

1931 年初，英美陆续在一些问题上作了让步，如同意放弃移审权等，但仍未能满足中国方面的基本要求。5 月 4 日，国民政府自行公布了《管辖在华外国人实施条例》，规定自 1932 年 1 月 1 日起实行。其主要内容为：所有享有领事裁判权的外国人，均应受中国法院的管辖；在有关地区设立特别法院，受理涉及外人的民、刑案件，外人的逮捕及其房屋或办公室的搜查均应依中国刑法典规定执行。

《管辖在华外国人实施条例》取消了领事裁判权，使外人完全受中国法律的管辖。此后，有关领事裁判权问题的交涉步伐明显加快。数月之中，中国与英美之间先后达成了大致类似的妥协：中方同意将英美在上海的领事裁判权保留 10 年，将英国在天津的领事裁判权保留 5 年（美国在津领判权的放弃仍待协商），英美则将其他各地的领事裁判权立即取消。

不幸的是，正当中外交涉进入关键之时，日本在东北发动了“九一八事变”。形势的骤变，迫使中国外交的中心随之转变。如何对付日本的侵略成为当务之急，修约之事便降到了次要的位置上。1931 年 12 月 29 日，国民政府公布命令，宣布“兹因本年各地天灾变故，所有应行筹备事项，尚未就绪，该项管辖在华外国人实施条例，应暂缓施行。”有关领事裁判权的交涉，至此半途而废。此后相当长的时期内，修约进程处于停滞状态。

1937 年 7 月，抗日战争爆发。抗日战争不仅是一场伟大的反抗日本侵略的民族战争，它还极大地推动了中国摆脱在旧的国际体系中所处不平等地位的进程。产生这一变化的基本背景是，由于日本独霸东亚野心的日益显露，在远东有着重大利益的英美等国与中国逐渐走到一起，最终成为并肩作战的盟国，而中国军民的长期英勇抗战，亦显示出了中华民族争取民族解放的坚强意志及其蕴藏的巨大力量。

抗战前期，废约问题并未提上议事日程，但作为对中国的一种道义支持和精神声援，美英政府曾数次声明，将在远东战争结束后与中国讨论废约问题。1941 年 12 月，太平洋战争爆发，中国即正式对德、意、日宣战，同时宣布“所有一切条约协定合同，有涉及中德或中意间之关系者一律废止”，“所有一切条约协定合同，有涉及中日间之关系者一律废止”。这样，中国与德、日、意之间的不平等条约即随之取消。不久，中国与英美正式形成反法西斯的盟国关系，并成为领衔签署《联合国家宣言》的四大国之一。中国战场在军事上的重要性及中国在新的国际关系中的重要地位，使得中国与英美等盟国间不平等条约的继续存在成为一种荒谬的现象。从理论上说，旧约的存在无疑从法律上就已把中国在盟国中置于不平等的地位，这与中国当时的地位极不相称；从现实需要来说，中国战场牵制着百万日军，提高中国的国际地位有利于鼓舞中国军民的士气。因此，中国和美英等国都开始考虑提前废约的问题。

美国国务院远东司司长汉密尔顿（M. M. Hamilton）在 1942 年 3 月 27 日提出了一份备忘录，详细地分析了暂不废约与立即废约的利弊得失。他的结论是，立即废约具有“更重大更持久的意义”。汉密尔顿建议在国务院内成立一个小型委员会，进行废约的准备工作，并起草向中国政府提出的新约初稿。国务院接受了这一意见，并与英国政府就废约问题进行了磋商。

中国方面在 9 月下旬已决定提出废约问题。10 月 4 日，蒋介石对来访的美国共和党领袖威尔基（W. Willkie）表示，“中国今日尚未能取得国际上平等之地位，故深盼美国民众能了解中国，欲其援助被压迫民族争取平等，应先使其本身获得平等地位始”，明确地向美方提出了废除不平等条约问题。

1942 年 10 月 9 日，美英政府同时通知中国驻美英使节：美英准备立即与中国政府就废约问题进行谈判。次日，即在“双十”国庆节之际，美英公开宣布了这一决定。此后，中国与美英分别开始了新约的谈判。

中美之间的谈判相对来说比较顺利。以美方提出的新约草案为基础，中方就沿海贸易及内河航行等问题提出了修改意见。经过谈判，美方基本接受了中方的意见。但中英之间的谈判却在香港九龙租借地问题上陷入困境。中国政府要求废止 1898 年订立的《展拓香港界址专条》，“英方在九龙租借地之行政与管理权，连同其官有资产与官有债务，应移交中华民国政府”。但英方认为新界问题不在英国准备与中国谈判的范围之内。对此，中方指出，租借地与租界本属同一范畴，既然中英新约将取消在华租界，新界问题理所当然应在谈判之列。蒋介石甚至表示，如果中英新约内不包括收回新界，他就不同意签字。但英方仍拒绝讨论新界问题。僵持之下，还是中国政府作出让步，决定暂时搁置九龙问题，中英谈判才得以顺利进行。

1943 年 1 月 11 日，中国驻美大使魏道明与美国国务卿赫尔（C. Hull）分别代表两国政府在华盛顿签署了《关于取消美国在华治外法权及处理有关问题之条约》。同日，中国外交部长宋子文与英国驻华大使薛穆（H. J. Seymour）在重庆签署了《关于取消英国在华治外法权及处理有关问题之条约》。这两个条约规定废除的英美在华特权包括：在华领事裁判权、通商口岸特别法庭权、使馆区及一些铁路沿线的驻兵权、沿海贸易与内河航行权、外人引水权、英籍海关税务司权等。条约宣布废除《辛丑和约》，将上海、厦门的公共租界，天津、广州的英租界及北平使馆区的各种权益归还中国。九龙问题未列入中英条约，中国政府以照会形式提出保留。宋子文在致薛穆照会中声明：对于交还九龙租借地问题，中国政府“保留日后提出讨论之权”。以美英废约为先导，此后中国陆续与巴西、比利时、挪威、加拿大、瑞典、荷兰等国签署了类似条约，废止其在华享有的各种特权。法国、丹麦、瑞士、葡萄牙等国在战后宣布废约。

废约的实现与名列“四强”，并不标志着中国从此便真正地与英、美、苏等强国平起平坐了。中国是一个大国，但它仍然是一个弱国，在国际交往中它还未能完全摆脱受人支配的地位。第二次世界大战末期英、美、苏之间的雅尔塔协定与中苏协定的签订便是明显的一例。

在 1945 年 2 月的雅尔塔会议上，为了争取苏联出兵对日作战，美英在未征得中国同意的情况下，便在外蒙古独立、大连商港国际化、租借旅顺及东北铁路等问题上，对苏联作了有损中国主权的许诺。在 7 月开始的中苏谈判中，尽管中国方面作了努力，但实际上已无太大的回旋余地。8 月 14 日，中苏基本按照雅尔塔协定的框架达成了《友好同盟条约》及有关协定。中方不得不同意：如战后外蒙古公民投票希望独立，中国政府当予承认；长春铁路归中苏共同所有，苏方人员担任铁路局局长；大连港为自由港，所有港口工事及设备之一半无偿租于苏方 30 年；中苏共同使用旅顺口为海军基地。很明显，中国的领土和行政主权受到了公然侵犯。因此，把中苏《友好同盟条约》称为不平等条约并不过分。而且，它大抵还是一种旧形式的不平等条约。

战后，中美于 1946 年 11 月签订的《友好通商航海条约》则从另一方面说明中国所处的地位，有人把它称为新形式的不平等条约。中美商约在文字上从头到尾并没有不平等之处，双方所赋予对方的权益都是相等的。如果这一条约是在两个实力相当的国家之间签订的，自然无可厚非。然而，中美是两个经济实力悬殊的国家，商约所赋予对方的巨大的权益和便利，美国可以在中国享受，而中国实际上没有可能在美国享受。关于这种互予平等权利的结果，有人把它形象地比作是给予一辆汽车和一辆黄包车使用马路的同样权利，谁是实际受益者一目了然。中美商约是否是不平等条约，是一个可以讨论的问题。但在最低程度上，把它称为一个形式上平等而实质上并不对等的条约，应是毫无异议的。美国此后在中国各个领域的大举渗透，明白地向人们展现了这一条约的结果。因此，我们可以说，中国人民仍然处在一种不平等的地位。

中华人民共和国的建立彻底改变了这一状况。当以坚决反帝而著称的中国共产党成为中国的执政党后，它一反民国历届政府的软弱，决意彻底扫除不平等条约的残余。完全体现其意志的是作为新中国临时宪法的《共同纲领》宣布："中华人民共和国必须彻底取消帝国主义国家在中国的一切特权。"值得注意的是，新中国对于旧约的立场既是坚定的，处理方法又是灵活的。《共同纲领》规定，"对于国民党政府与外国政府所订立的各项条约和协定，中华人民共和国中央政府应加以审查，按其内容，分别予以承认，或废除，或修改，或重订"。一方面，新中国政府第一次站在自主的立场上，毫不隐讳地声明自己对旧约拥有承认或修废之权；另一方面，又没有断然宣布废除所有旧约，而保留了分别对待灵活处理的权利。

当时，在中国享有不平等性质的权益的国家主要是美、英、苏。在具体实践中，中国政府采取了不同的对策。美国是当时与新中国最为敌对的国家。中国政府对中美商约等一系列条约采取了不予承认的立场，美国此前在中国所享有的特权至此在大陆全部丧失。这种处理干脆利落。苏联是中国最重要的盟友。对于中苏友好条约，中国政府并没有断然宣布废除，而是积极地与苏联政府重新展开谈判。1950 年 2 月，中苏订立了新的友好同盟互助条约及有关协定。协定规定在不迟于1952年年底之前，苏联将中长路的一切权利及一切财产无偿移交中国，苏军从旅顺口撤出，大连行政完全由中国政府管辖，苏方临时代管或租用的财产，应由中国政府接收。至此，可以说中国已经完全挣脱了百年之久的不平等条约的束缚。

中国人民历经艰辛的废除不平等条约的斗争进程，具有如下三个鲜明的特点：①与其他的殖民地半殖民地国家不同，中国的废约并不是在革命胜利或宣布独立的一夕之间以一揽子废除的方式实现的，它是几代人和数届政府不断努力的结果，其中既包括最后毕其功的中华人民共和国政府，也包括一直以革命党自居的南京国民政府，还包括具有更大的妥协性的北京政府；②群众性的反帝运动与历届政府的废约外交构成了中国争取民族解放斗争的相辅相成的两个方面，人民群众的斗争为废约提供了坚实的基础，并形成了强大的推动力，政府外交则是国家意志的正式表达，它是实现废约的必不可少的关键一步（但以往的研究未予后者以足够的重视）；③由于中国受着各种类型国家的各种不同性质的不平等条约的束缚，而且废约外交在绝大部分时期内仍属弱国外交，因此，废约的过程是渐进的，呈现出明显的阶段性。中国不得不耐心地从废除某一国家或某一方面的特权开始，利用一切机会，一步步地艰难前进，逐渐收回丧失的国家主权。最终，在历史性的机遇面前，中国终于实现挣脱百年枷锁的目标。

第三节　近代中西文化交流

一、近代中西文化交流的分期

历经110年的近代中外文化交流史（1840—1949），大致可分为两个时期：晚清时期和民国时期。

晚清的中外文化交流史，大致可分为两个阶段：1840—1894年（第一次鸦片战争到甲午中日战争）为第一阶段；1895—1911年（甲午中日战争到辛亥革命）为第二阶段。

第一阶段传入的西方文化，除宗教文化外，主要是自然科学，如数学、天文学、物理学、化学、动植物学、地质学、地理学、西医学等基础学科。社会科学在这一时期的引进是附带的、零星的。因此，自然科学的大量引进，是这一时期文化交流的特征。之所以出现这样的特征，主要是由当时的中国人对西方文化的认识决定的。当时中国人认为向西方学习，主要是学习西方的“技艺”。

甲午战争中清政府的惨败，特别是北洋海军的全军覆灭，标志着号称“自强”的洋务运动的彻底失败。洋务运动的失败，使中国人对西方文化的认识发生了变化，认为西方文化之强不只强在“技艺”，更强在学术；此时的学术与文化的存在成为决定民族兴衰的重要因素。因为对中国而言，“国有学，则虽亡而复兴；国无学，则一亡而永亡”。

第二阶段传入的西方文化，除自然科学外，社会科学日益增多起来。这一阶段传入的社会科学，以政治和法学类为主，包括哲学、历史、文学、经济、社会学等学科。

进入民国时期，阻碍西方文化深入传播的壁垒被一个个扫除，使得西方文化如潮水般涌入中国，特别是自五四新文化时期开始，几乎所有的西学门类，如政治、经济、军事、法律、哲学、宗教、心理学、地理学、史学、文学、考古学、美学、语言、文字、艺术、科技、医学、教育，以及各种各样的思潮、学说、观念都先后传入中国。尤其是外国文学，据不完全统计，仅1918年至1923年的5年间，先后有30多个国家的170多位作家的文学作品被译介到中国，其中以俄国作家的作品最多，其次为法国、德国、英国、印度和日本的作家作品。大量西方文艺作品的翻译出版，不仅给闭塞的中国文坛吹进了新鲜的现代气息，推动了新文学运动的向前发展，而且有利于人们的思想解放，对中国社会产生了相当积极的影响。这一时期，马克思列宁主义和苏俄无产阶级文化成了西学东渐的重要组成部分。

近代中国文化初步完成了从传统文化到现代科学文化的过渡，而这一过渡主要是在民国时期完成的。这一时期，中西文化进行了大冲突、大斗争、大交汇后，西方文化在量的方面得到进一步广泛的传播，在质的方面比晚清提高不少，从而给中国文化注入许多新内容，使中国文化获得较快发展。诚如毛泽东所说，在民国时代，无论是自然科学还是“在社会科学领域和文学艺术领域中，不论在哲学方面，在经济学方面，在政治学方面，在军事学方面，在历史学方面，在文学方面，在艺术方面（又不论是戏剧，是电影，是音乐，是雕塑，是绘画），都有了极大的发展”，“其声势之浩大，威力之猛烈，简直是所向无敌的”。可以说，民国文化实际就是中西文化大融合的产物。

二、近代中西文化交流的趋势

19世纪40年代的中国，尚处于与西方世界接触交流的始端。由于历史的缘故，这种交流是以一种被动的形式拉开序幕的。鸦片战争后，随着西方文化的逐步输入，中西两种文化的碰撞就按照历史的和逻辑的必然，由片面到全面地展开了：一是传统的农业、手工业与近代科学技术的冲突；二是封建君主专制与近代君主立宪政体和民主政体的冲突；三是纲常名教与自由、平等、博爱的冲突。冲突的性质是封建文化与资本主义文化的冲突，是落后的农业文明与先进的工业文明的冲突，也是蒙昧、专制与科学、民主的冲突。这种文化碰撞，有时以非常激烈的形式表现出来。

造成这种冲突的原因是复杂的。主要原因有：第一，鸦片战争以后的数十年间，西方列强对中国进行了野蛮的武装侵略，大肆掠夺中国财富，压迫、剥削、杀害中国人民，激起了中国人对西方侵略势力和外来事物的仇恨。而西方文化正是与西方列强的鸦片、炮舰等一起涌入中国的，其中的某些方面又是用来侵略的组成部分，因而饱受西方列强欺凌的中国人在谴责外来侵略的同时，也排拒西方文化。第二，冲突的双方是不同时代、不同性质的文化——近代先进的资本主义文化和落后的封建主义文化。两种文化属于两种范式，各有其独特的价值系统，且有新与旧的本质区别，在价值标准、思维方式、行为方式、生活习俗乃至心理感情等方面都存在着巨大的差异。长期生活在封闭的社会环境中，并深受封建伦理纲常熏陶的中国人，对西方文化是难以接受的。中国传统文化与西方文化发生矛盾和冲突，是很自然的事。第三，近代输入中国的西方文化并不都是精华，而是鱼龙混杂，夹杂着大量腐朽性的糟粕。诸如弱肉强食的侵略理论、白种人至上的种族论、欧洲中心论，以及西方腐朽没落的生活方式等。这些糟粕的传入，遭到中国人的抵拒是理所当然的事。

近代中西文化的碰撞，从本质上讲，是时代性的文化冲突，即不同时代的文化：中世纪的中国传统文化与西方近代文化之间的冲突。这种时代性的文化冲突导致两种文化的整合、交融，使渊源不同、性质不同、目标取向不同的异质西方文化为适应中国社会的需要相互融合，而形成一种全新的文化体系。换言之，在中西文化的冲突中，强势的西方文化始终居于主导地位，而弱势的中国文化则处于迫不得已的被动地位，最终出现中国文化渐次地被西化，达到两者融合的结果。就近代中外文化交流的总体而言，弱势的中国文化是处于被动的，受强势的西方文化的冲击、影响的地位，但相对来说，中国文化并非一直处于被动地位。鸦片战争失败后的20年中，经“开眼看世界”、主张向西方寻找真理的林则徐、魏源、徐继畬等仁人志士的呐喊和宣传，经洪秀全、洪仁玕等先进人物学习西方的尝试和实践，中国人被动地吸纳了一些西方文化，逐步了解外部世界的历史和现状后，则一改被动接纳的态度，转为主动吸纳西方文化，迈出积极融入世界的步伐。如果说洋务运动是主动吸纳西方文化的开始，那么，到1901年清政府实行“新政”、中国社会出现“留日潮”的时候，中国则完全采取了主动学习和吸纳西方文化的进取态度。异质文化之间交流、碰撞、融合所产生的历史进步作用是任何人都无法阻挡的。两者融合后形成的中国近代新文化，推动了中国政治、经济和文化的发展，也推动了世界文化的发展。

中国走出中世纪走向近代，是外力冲突的结果，这个外力就是西方文化。正因为原动力在外不在内，所以中国文化的近代化就十分被动，属于一种“应付”型模式。文化从冲突到融合是文化交流的主要趋势。中国传统文化在中西文化的剧烈冲突与激烈碰撞中解体与重建，构成了中外文化交流的主旋律。

三、近代中西文化交流的主力

近代中外文化交流的主力，是来华的西方传教士、出洋的中国留学生和移民海外的华侨华人。大致以1900年为界，1840年至1900年的60年间，来华的西方传教士承担着中外文化交流的主力角色；1900年至1949年的50年间，出洋中国留学生承担着中外文化交流的主力角色。当然，传教士和留学生两种角色的转换，不会那么绝对，而是必有一个从量变到质变的演变过程。1900年至1919年，便是此消彼长的演变期。

近代西方传教士凭借不平等条约的庇护，一厢情愿地涌入中国传播基督教文化。根据《剑桥中国史》的粗略统计，1864年中国有189名传教士，1874年有436名，1889年达此数字的3倍。到1905年上升到3 445名。1919年，在中国的基督教传教士多达6 600多名。在近代来华的众多外国人中，基督教传教士是人数最多、分布最广、在中国活动时间最久的西方人。他们在中国人屡遭列强侵略、蒙受巨大国耻的背景下，来华传播基督教，自然激起中国人的排斥和反对。因为对于近代中国来说，与其说迫切需要基督教，还不如说更需要西方科学文化。这就迫使西方传教士不得不采取适应中国国情的手段，将主要精力转向西方科学文化的传播，以达寓宗教于科学文化、借科学文化来渡宗教的目的。

近代传教士来华绝不是中国人的光荣，但对传教士在中外文化交流中所起的作用，则应该予以客观公正的评价。当时中国近代文化领域尚是一块待垦的处女地。传教士顺应近代中国向西方学习的时代潮流，在这块处女地上显露才华，致力于翻译、教育、西医、新闻、出版等文化事业，作出了令诸方瞩目的成绩。这些成绩对处于封闭状态的中国人来说，无异于呼吸到了一股清新的空气；对近代中国的文化发展来说，犹如注入了一股新的活力。他们一方面在中国传播欧风美雨，另一方面向世界译介中国文化，推动西学东渐和东学西传，自觉不自觉地充当了近代中外交流的主力。继而替代来华西方传教士起中外文化交流主力作用的，是中国留学生。

19 世纪 70 年代，中国人民由彷徨到求索，经历了一个十分痛苦、十分曲折也十分复杂的历程。“以谁为师” 这一时代课题，极其迫切地摆到了中国人民的面前。经过思考，一部分年轻的中国人负笈离乡，走出国门，来到吹沐着欧风美雨的国度，学习外国先进的人文思想和科学技术知识，以探索国家富强之路。

近代中国留学生大致有四代：

第一代，留学时间为 1872—1900 年。主要包括早期留美幼童和海军留欧生，总数约 200 余人。这一代留学生归国后，成为近代中国最早一批优秀的铁路、煤矿、电讯、海关、新闻等专业人才，成为中国最早的一批海军将领。

第二代，留学时间为 1900—1909 年。人数约 2 万，其中 90% 以上留学日本。留学专业以政治、法律和师范教育为主。这一代留学生的贡献主要在政治领域，无论是晚清实行的“新政”，还是孙中山的辛亥革命，他们都是其骨干力量。

第三代，留学时间为 1909—1927 年。这一代留学生可分为前后两批。

前批，是著名的留美留英“庚款生”。在其后整整半个世纪中，他们学成归国后成为中国科技界各个学科的带头人。

后批，是留学法国、俄国、日本的留学生。他们留学归国后，为马克思主义在中国的传播和新型政党在中国的建立发挥了重要作用。

第四代，留学时间为 1928—1949 年。这一时期，中国的留学教育进入较为成熟的阶段。他们学成归国后，60% 以上进入国内高等院校或科研机构。

上述四代留学生，基本包含 20 世纪初的留日热潮、1919 年前后的留法热潮、20 世纪 20 年代留苏热潮和 20 世纪 40 年代的留美热潮中出洋的留学生。

1900 年后，一方面由于清政府实行“新政”，学习西方成为中国社会的一种潮流；另一方面由于洋务运动中派遣的留学生陆续学成归国，为了向西方寻找救国救民的真理，归国留学生积极传播西学，逐渐取代传教士成了西学东渐的主体，成了中外文化交流的主力。

移民海外的华侨华人，也是中外文化交流的主力。

近代千百万炎黄子孙移民海外，奋斗的足迹遍及天涯，把中华民族的灿烂文化传播到世界各地，既丰富了侨居国的多元文化，又推动了人类文明的发展；与此同时，他们把接触到的域外文化精华，用各种方法输入祖国，丰富了中华文化，为振兴中华作出了巨大的贡献。海外华侨华人堪称中华民族走向世界的先驱。

许多中国驻外使节也起到了促进中外文化交流的作用，如郭嵩焘、薛福成、黄遵宪、曾纪泽、张德彝、容闳等。

文化交流从来是一种双向的运动过程，没有也不可能存在单纯的输入或输出。西学东渐、东学西传是近代中外文化交流的基本格局。不过，相对而言，代表近现代资本主义文明的西学较之中学的发展水平高，因而，近代的中外文化交流，西学东渐始终是主流。

四、近代中西文化交流的特征

近代中外文化交流，经历了器物层面、制度层面、精神层面三个文化层面的文化嬗变。

鸦片战争后，面对帝国主义列强的“坚船利炮”，引起“道”、“器”、“体”、“用”之争，形成了“中体西用”的折中思想，从器物层面上学习西方，目标是“师夷长技以制夷”，其具体实施则是自 1860 年至 1895 年为期 35 年的洋务运动。在维护封建社会体制的目标下，中国传统文化开始吸纳西方近代的器物文化。这是文化表层、器物层面的文化嬗变。1895 年甲午战争失败后，文化论争转到制度层面。中国的思想先行者已经认识到应当用“变法”乃至“革命”的手段来改变国家体制与社会制度。这是制度层面的文化嬗变，其结果导致 1898 年的戊戌变法与 1911 年的辛亥革命。辛亥革命后，自 1915 年开始在思想文化领域展开了一场有关中西文化的论争，实际上也是中国何去何从的论争，从而引起对中华传统文化的全面反省。这场史称“新文化运动”的论争，标志着近代中外文化交流已经步入内层文化的嬗变阶段，即精神层面的中西文化冲突和文化融合的阶段。精神层面是文化的灵魂，一种文化区别于其他文化，关键在于精神层面的特征。从这场没有结论的“新文化运动”的论争开始，这种精神层面的文化导向之争不但延续到 1949 年，也一直延续到今天。

近代中国文化转型过程中经历的上述三个文化层面上的渐次嬗变并非截然分开、互不相干，而是相互影响、交错进行的。这一文化嬗变的进程，从表象上看，是中国传统文化的步步后撤：承认中国的器物不如西方，承认中国的制度不如西方，最后承认中国的思想不如西方。但是，这仅仅是一种表象，正是这种对中国传统文化的反省，使“中国中心论”的传统观念彻底破灭，思想禁区渐次开放。在近代西方文化的冲击下，中国传统文化的嬗变从外而内，层层递进，终于实现了从传统文化向近代文化的转型，重构了中国文化。这种文化重构实际上是一种“凤凰涅槃”式的文化再生。它的再生过程，显示了它的坚韧性、包容性、吸纳性、自省能力、应变能力与自我更新能力。再生的近代新文化是一种以爱国、革命、革新、开放为特征的文化。尽管带有半殖民地半封建社会特有的弱点，但它作为新的文化形态和新的精神力量与救亡图存相联系，给中国近代社会以新的导向，注入新的活力，并由浅入深，由小到大，逐渐成为近代中国文化的主流；同时又通过中华民族的一批杰出人物，对中国近代历史变革与革命运动起着先导作用和指导作用。

参考书目：

1. 张振鹍：《近代中外关系文集》，北京：社会科学文献出版社 2011 年版。

2. 王建朗：《中国废除不平等条约的历史考察》，《历史研究》1997 年第 5 期。

3. 王介南：《近代中外文化交流史》，上海：书海出版社 2009 年版。

思考题：

1. 试述近代中国外交近代化的表现。
2. 试论近代中国废除不平等条约的特点。
3. 近代中西文化交流的演变有哪些特征？

下篇

下篇

第七章　香港篇

香港自古以来就是中国的神圣领土，中国先民世代在这块土地上生息繁衍。鸦片战争后，英国用武力逼迫清王朝签订不平等条约，占据了香港，实行殖民主义和种族主义统治。“二战”后，英国调整治港政策，香港的经济自由政策、特殊地缘优势以及港人顽强努力促进了其经济的腾飞。1984 年中英通过谈判，签署了中英关于香港问题的《联合声明》，彻底解决了香港问题。1997 年 7 月 1 日中国政府恢复对香港行使主权，在“一国两制”、“港人治港”、“高度自治”原则下，香港继续保持繁荣和稳定的发展。

第一节　香港的自然环境与历史沿革

一、自然环境

香港位于珠江三角洲南部、珠江出海口东侧，与广东深圳相毗邻，地处北纬22°9′至22°52′，东经113°52′至114°30′之间。距广州约 130 公里，其陆地面积由 230 多个大小岛屿组成，全境面积 1 104 平方公里，总人口 710 万。

香港由香港岛、九龙半岛和新界地区三部分组成。香港岛是最主要的岛屿，连同附近的小岛，面积80 平方公里。著名的香港维多利亚商业中心和香港大学位于该岛屿的北部。香港岛对岸九龙界限街以南地带的大陆部分是九龙半岛，面积约为 10 平方公里。九龙是重要的工商业区和住宅区、大码头和广九铁路终点站以及启德机场所在地。九龙界限街以北至深圳河以南的新界是香港地区陆地面积最大的部分，新界连同附近 235 个小岛总面积约为 1 000 多平方公里，占香港总面积 90% 以上。新界有观塘和荃湾两个工业卫星城，有荃湾和沙田公共屋村，多旅游区、新跑马场、香港中文大学等也在新界。

位于香港岛市区和九龙半岛市区之间的是维多利亚港。该港面积约 6 000 公顷，可同时停泊 150 艘巨轮。它最窄处 1. 6 公里，最宽处 9. 6 公里，吃水 12 米深的远洋船舶可以自由出入。该港有三个出入口，即东边的鲤鱼门、西边的汲水门和西北边的硫磺海峡。港内有九龙湾、红磡湾和爱秩序湾三个大海湾，还有九龙油麻地避风塘和港岛铜锣湾避风塘。由于有九龙半岛延伸入海部分形成的天然屏障，港内风平浪静，自然条件非常优越。维多利亚港与美国的旧金山、巴西的里约热内卢并称为世界三大天然深水良港。

香港三面环海，有漫长的海岸线，大小岛屿星罗棋布。渔业是香港的重要资源。本地的海产品不但可满足内部市场需要，而且还有部分加工出口。香港重要渔港有香港仔，是渔船出口作业的渔场，主要集中在南中国海，从汕头至海南岛之间539海里的广阔海域。渔货以海虾、蟹、门鳝、红杉、石斑等为大宗。此外，浮笼养鱼年收获也颇丰盛。

香港地处亚热带季风区，这里春温多雾，夏热多雨，秋日晴和，冬微干冷。夏季平均气温27℃～29℃，最高达32℃；冬季平均气温15℃～18℃，最低10℃以下。全年平均雨量为2 246.4毫米，其中5月到9月雨量约占全年雨量的80%。12月为全年最干旱的月份。10月份约占全年光照时间的58%。

香港自然矿产资源十分贫乏，仅有极少量可供开采的铁、铅、锌、钨、石墨、陶土等，其中大部分在“二战”香港沦陷期间被日军挖掘并运到了日本。因此，香港的金属采矿和石矿生产在现代经济中微不足道。

香港土地大部分是丘陵，平地很少，农耕地只占土地总面积的9.4%。勉强可耕而瘦瘠程度不一的土地占74.9%。地形上山多平地少的特点，造成香港城市发展空间极为有限。100多年来，香港大大小小的移山填海工程一直没有间断。

关于香港地名的由来，大致有以下几种说法：

一说得名于水。清朝末年学者王韬曾长期在香港生活。他根据“旁诹故老，延访遗闻”，写成《香港略论》。文中说，香港岛“山上多涧溪，名泉喷溢，活活声盈耳，味甘洌异常，香港之名或以此欤？”这是说香港由山涧甘洌的泉水而得名。而《香港杂记》中则记载：“昔东印度大公司之初至省也，其船常取水于港之溪涧。其涧居白步林及鸭巴颠之间。溪涧之水先流石上，盘石参差，略一停蓄，再泻海湾。每当春雨淋漓，如瀑布悬空，因此名为飞泉。此水之清洁久矣著名。旧时唐人之渡船、海贼之扒船多取水于此。是水也，取之不尽，用之不竭，味之弥永，因名之曰香港。香港之得名以此。”香港民间也有一种传说：今日香港瀑布公园处，原有一条瀑布冲成的小溪，老百姓称之为龙水。其水清洌甘香，过往船只上的人常来此取水饮用，并把这条小溪称为香江，把小溪入海处称为香港。天长日久，人们就把这个岛叫做香港。

一说得名于香料。香港原属广东省东莞县。古代时的东莞出产一种著名的贡品——莞香。这种香料既不是流质也不是木质，而是通过收集一种名叫古蜜香树上的蕊汁而凝结成为的固体。它们有的像一团一块的松香琥珀，有的像檀香木那样一片一段的枯木根。这种香料是当时许多香料制品的重要原料。它的使用方法很特别，通常不是擦，不是烧，而是隔水蒸煎。水滚气腾前香料随热度而挥发，故香气特别清冽。皇亲国戚，达官贵人莫不争购莞香。莞香价格十分昂贵，上等的可与黄金比价。当时生产的莞香多数运到香港，集中装船外运，香港因此得名。

一说得名于人。传说清朝嘉庆年间，有一个出没于伶仃洋面的林姓海盗，他的妻子叫香姑。香姑武艺高强，貌美如花。她的丈夫被清军将领李长庚击败逃往台湾，香姑率余盗占领该岛，落草为生。后人称该岛为香姑岛，简称香岛，"香港"一名由此演变而来。

二、历史沿革

（一）古代的香港

香港地区的考古发掘表明，五千多年前的新石器时代中期香港就有人类活动，香港史前文化同广东和东南沿海甚至中原地区的史前文化属于同一系统。

春秋战国时期，香港地区不仅是百越人的生活地之一，更是他们出海远航的基地之一。公元前214年，秦始皇平定百越、统一岭南后，香港隶属于南海郡番禺县。从此以后，香港地区一直处在中国历代中央政府所设置的各级地方行政机构的管辖之下。

唐朝时，广州对外贸易日益发达，新界的屯门港因三面环山形成天然避风港，又扼海船进出广州的咽喉要道，因而成为广州对外交通的重要外港。由西方来华的船只不能直接进入广州，须在屯门港等候传召；交易完毕的外国商船也须在屯门港停泊，等候东北季风刮起时返航。为了保护和管理往来商船，防范海盗、拱卫珠江门户，唐朝设置了屯门镇，驻军两千人，还拥有一支颇为可观的海上舰队，因而屯门又逐渐成为重要的海防要塞。

五代十国时期，南汉朝廷不仅在屯门设有重兵把守的军寨，还设置了海关，对过往的外国商船抽收关税，并派出武官参与其事，屯门关税成为南汉的重要财源。另外，香港采珠业在南汉时达到高峰，东莞大步海（今新界大埔海）历史悠久的采珠业在此时也开始由官府经营。

北宋灭南汉后，在屯门设巡检司，派兵把守，构建海防体系。北宋王朝积极开发香港地区，吸引了周边各省的移民迁入。如由江西吉水迁入新界锦田的邓氏家族，迁到香港后人丁兴旺，还创办了力瀛书院。

南宋末年，元朝大军追剿南宋残余军队，在珠江口海面多次爆发战斗。南宋灭亡时，南宋王朝辗转香港地区时，许多旧臣、兵士及家眷就地隐居，成为古代香港规模最大的一次移民潮。

元代时，香港地区属于江西行省广东道广州路东莞县。元政府除了对采珠业时而下令官采，时而下令禁采外，对香港地区的管理较为松散，基本上是任其自由发展，使得沿海海盗日益猖獗。

明朝初年，香港人口增长很快。已有大小村庄60多个，遍布港岛、九龙、新界、大屿山岛及各离岛，香港的官富盐场盛产海盐，是珠江口东岸四大盐场之一。香木业则从明代开始兴盛，当时香港遍种香木树，附近东莞香木也由港岛西南小港湾转运至广州再运往内地，这个港湾因此得名"香港"。

明代中叶东南沿海形势纷乱，既有海盗、倭寇的侵扰，又有葡萄牙、西班牙等西方殖民者的侵入。香港逐渐成为海盗聚集之地，西方殖民者也有觊觎之心。明朝被迫加强海防建设，把香港视为广东海防的前哨阵地，在香港各地派兵驻守，广东水师也巡防香港，抵御海盗、驱除西方殖民者颇见成效。

1656年，为了切断东南近海民众与台湾郑成功的联系，清政府颁布"迁海令"，规定沿海50里以内造成无人区，并禁止船只下海。广东于1661年执行"迁海令"，两年后再次扩大迁海范围，香港多数地区都在迁海范围内，使得香港人口锐减，土地荒芜，煮盐业和香木业从此一蹶不振，到处是凄凉景象。

1669年清政府下令复界，准许迁民回原地复业，并陆续从江西、福建及广东的惠州、潮州、梅州等地招集乡民前来垦荒种地，甚至是整族而来。这是香港地区又一次大规模的移民潮。此后经过康熙、雍正、乾隆、嘉庆数朝一百多年的休养恢复，九龙半岛铺民云集，商业兴盛，还建有侯王庙、天后庙、观音庙以及龙津义学；新界主要是农耕区，经招垦开发后，社会经济得到了很大发展。

清王朝不仅面临着海盗祸患和西方殖民者的威胁，而且在台湾还有郑成功的反清复明势力，清朝一直非常重视香港的海防建设，在佛堂门、屯门、九龙、大屿山、九龙寨、东涌口等地陆续建造炮台、构筑城寨。

由此可见，香港地区自古以来就有中国先民生活于此，秦汉以来两千多年间，香港地区一直处在中国历代政府管辖之下，至迟从唐朝开始就有中国军队驻守。香港地区与内地有着同样的、同步的古代历史。

（二）英国割占和强租香港

占领香港是英国向东方殖民扩张的必然结果。17世纪初，英国在向东方扩张的过程中，由马耳他、锡兰（今斯里兰卡）、槟榔屿（今马来西亚）、新加坡，逐步向中国逼来，尤其是占领印度后，建立了东印度公司。它不仅垄断了东方贸易，为英国获取了巨额的经济利润，而且也是英国向东殖民扩张的基地。英国殖民者通过外交手段保障其对华贸易利益和进行鸦片贸易的同时，一直都在中国沿海寻找通商和殖民的立足点。东印度公司在香港沿海进行侦察活动，认定铜鼓湾、金星门、大潭湾、大鹏湾、大埔圩都是泊船良港，明确提出英国政府应该夺取香港，作为一个脱离中国管辖的贸易中心。英国国内的商人团体、资本家以及在广州的鸦片贩子也为英国占领香港出谋划策，煽风点火。

1836 年，查理・义律出任第一任英国驻华领事。在他的支持和怂恿下，大量的英国鸦片船集中在香港九龙尖沙咀一带，并私自上岸建立居留地，这是英国政府占领香港的政策由计划变为行动的开始。

林则徐前往广州查禁鸦片之时，义律则命令英商所有船只立即驶往香港，升起英国国旗，企图亲自出面率众抗拒。在被迫缴出鸦片之后，义律竭力阻挠英商向中国政府具结，把香港作为对抗中国政府禁烟、武装侵华的据点，英国商人则聚集到尖沙咀洋面继续鸦片走私。

林则徐一面传谕义律，要求其速将新烟查明交出，一面下令断其接济，以迫使英国烟贩有所收敛。但是，义律不仅不予理会，而且还依仗从印度驶来的英国军舰为后盾，一再挑起事端。1839 年 9 月至 11 月，义律曾指挥英国军舰与清朝水师在九龙、川鼻洋和官涌山接火交战，英军均无功而返。这是鸦片战争的三次前哨战。

1840 年 12 月清朝钦差大臣琦善南下广东与义律谈判。义律采用军事逼迫和外交哄骗手段，在谈判尚未订立协议之时，就单方面宣布与琦善达成《川鼻草约》，宣称英国可“主治”香港岛。《川鼻草约》上既无琦善关防大印，也无清朝皇帝玺印，属无效协定。但 1841 年 1 月 25 日，英军在港岛西北部登陆，并在此设驻地，宣布正式占领了香港岛，要求中国守军撤离。道光皇帝在得知英军占据香港后，将琦善革职锁拿解京。鸦片战争结束后，1842 年 8 月 29 日，中英签订《南京条约》，割让香港岛给英国，英国实现了侵占香港的第一步。

清政府割让香港岛后，为了防止英国得寸进尺，加强了香港岛北面的九龙地区的防御力量，1843 年设置九龙巡检司，1846 年兴建九龙寨城，派兵驻守防御九龙司。第二次鸦片战争爆发后，英国认为割占九龙的时机已经成熟。1860 年 3 月，未经中国政府的许可，英军登陆尖沙咀驻军宿营，对九龙半岛南端实行武装占领。3 月 20 日英国驻广州领事巴夏礼逼迫两广总督劳崇光应允承租九龙司。10 月 24 日中英签订《北京条约》，规定割让九龙司。至此，英国一并侵占了香港岛和九龙司。

英国割占九龙司后，又将目光转向了整个九龙半岛。甲午战争后，西方列强掀起了瓜分中国的狂潮。英国也不甘落后，以拱卫港九地区安全为借口，提出扩界问题。当时清政府处在内外交困之际，被迫屈从。1898 年 6 月 9 日中英签订《展拓香港界址专条》，规定英国租借九龙半岛深圳河以南、界限街以北地方以及附近235个大小岛屿和大鹏湾、深圳湾两水域，租期99年。这一地区被称为“香港新界”。连同此前割占的香港岛、九龙司和昂船洲，便是今天的香港地区。

（三）动荡中的香港

随着英国侵略者对香港的逐步侵占，英国在香港建立起了殖民主义制度，并带去了资本主义生产方式和生活方式。从1841年到1949年新中国成立前的100多年里，以中国人为主体的香港人民胼手胝足，披荆斩棘，流血流汗，推动香港在近代化的道路上艰难前行。

最初，香港不过是英国在印度远东贸易公司向中国倾销鸦片和其他商品的中转站。由于香港缺乏资源，甚至连居民的粮食和大部分日用品都依赖进口，要想把商贾吸引过来，唯一的办法就是在香港实行自由港政策，允许商品自由进出，不收关税。1841年6月7日，义律宣布香港为远东第一个自由港，允许各国商人和货物自由进出，中国人出入境也来去自由，不受限制。

政策实施后，首先迁入香港的是靠贩卖鸦片发财的澳门英商渣甸洋行，最初经营进出口业务，后来又兼营航运。受其影响，更多的英国商人陆续来到香港，兴办了一批糖厂、酒厂、水泥厂、纺织厂、面粉厂等采用机器的工厂。1850年前后，美国和澳大利亚相继发现了金矿，需要大批劳工。一些国际人贩子来到中国，先后拐卖了200多万中国劳工去“淘金”，其中绝大部分是从香港运出去的。苦力贸易的兴盛带动了香港航运业和造船、修船业的发展，香港最早的轮船公司就是为贩运苦力应运而生的。

1869年埃及苏伊士运河开通，大大缩短了香港与欧美各国的航程。不久，香港与伦敦、纽约、上海及新加坡的电报线路开通，使香港的工商贸易与欧美等国更紧密地联系起来，加速了香港航运和贸易的发展，一批与民生有关的工厂和初级产品加工厂相继出现，如肥皂厂、火柴厂、羽毛厂、藤器厂等，并拉动了香港金融业的发展。1910年10月，九龙尖沙咀至深圳的铁路修通；翌年8月，又延伸到广州，与粤汉铁路接轨，使香港与内地的铁路网连接，大大方便了香港与内地的交通和商品的进出口，香港的转口港地位得到巩固。

第一次世界大战期间，香港利用欧美各国因战争船只减少的空档，积极兴建商船和发展工业。1931年“九一八事变”和1937年“七七事变”后，中国沿海地区的工厂企业纷纷迁移到抗战后方，也有一部分迁到香港，使香港的工业生产得到了显著发展。这一时期搬迁香港和在香港新设立的企业以纺织印染业为数最多。

从1940年7月开始，日本调集约3万军队、1 300多架飞机、2 300多部运输车、500多艘登陆艇，准备进攻香港。1941年12月8日，日军进攻香港，战争历经 18 天，港督杨慕瑞宣布投降，香港沦陷。

1942 年 2 月 20 日，日本宣布香港为日本占领地，同朝鲜、台湾一样实行殖民地管理，并任命陆军中将矶谷廉介为香港总督。日本大肆掠夺香港财富，连港岛皇后广场的维多利亚女皇铜像、汇丰银行门前的一对铜狮子、各教堂里的铜钟、铜镜等都被拆运到日本。在日本占领的三年多时间里，香港百业凋敝，民不聊生。战前香港有 160 多万人口，到 1945 年日本战败时，所剩人口只有 60 多万，香港濒临毁灭的边缘。

"二战"期间，东西方反法西斯战场连成一片，不仅有利于中国人民争取抗战胜利，也为收复香港提供了契机。以罗斯福为首的美国政府深知中国战场对日本的巨大牵制作用，为使南京国民政府坚持对日作战，并为战后填补英国在远东可能留下的真空，从自身利益出发，开始攻击英国在中国保留殖民特权、不归还香港给中国等做法，这对英国无疑是一个压力，而对南京国民政府是一个鼓励，并促使它采取行动。

1943 年 12 月开罗会议上，蒋介石提出战后的香港应该是中国管辖下的国际自由港，得到罗斯福的支持，但遭到英国首相丘吉尔的断然拒绝。1945 年 8 月，日本无条件投降后，英军很快在香港登陆。在由谁代表盟军主持接受日军投降仪式问题上，中英双方产生了争议。最终英方坚持由英国派到香港的太平洋舰队司令兼香港总督夏悫，代表英国政府和中国战区最高统帅，在香港总督府接受日本投降，英国重新统治香港。

抗战胜利后，内地大批资金、设备、技术和人才流入香港，给百废待兴的香港输入了充足的新鲜血液。据估计，从 1946 年至 1950 年，从内地流入香港的资金不下几十亿港元，从内地到香港的企业家，特别是上海地区的企业家不仅带去了资金和设备，还带去了一批熟练工人和外销市场。1949 年初天津解放，香港马上通过天津港口与解放区进行贸易。这一年，香港经济不仅完全恢复到战前水平，而且有了新的发展。当年，香港的进出口贸易总值达 50.69 亿元，为战前最高年份 1931 年的 4 倍多。

1949 年 10 月 1 日，中华人民共和国成立。此后不到 100 天，英国宣布外交上承认新中国，香港历史进入一个新的阶段。

第二节　充满生机与活力的大都市

一、国际转口港

香港早期的转口贸易主要发生在中英之间。从公开登记的贸易情况来看，主要是百货、鸦片、棉花、茶叶、生丝等。其中从英国转进的百货类除了供应香港自身需要外，主要是向中国内地出口的洋布及奢侈品。从英属印度转进的鸦片、棉花经香港转口到中国内地，中国内地的茶叶、生丝则经过香港转口到印度、英国等地。这种中、英、印三角贸易在第一次鸦片战争后曾一度活跃。但1844年以后，由于五口陆续通商后外国商人可以直接到五口贸易，英国出口到中国内地的日用百货因不适合中国国情而大批积压等原因，使香港的正常转口贸易渐趋衰落。

在正常贸易日渐衰落的同时，香港的鸦片贸易日益成为转口贸易的主要内容，且多数是以走私形式进行的，1847年香港出口总值的86.5%来自鸦片。由于鸦片贸易给港英政府带来极大好处，所以英国对香港的鸦片走私采取了纵容甚至鼓励的政策，致使香港成为世界上最大的鸦片走私巢穴和转运中心。鸦片走私所获得的巨大利润，使香港早期贸易得以继续维持，但给中国带来的却是鸦片极度泛滥的严重危机。

早期的香港还是贩卖华工的中转站。19世纪50年代前后美国和澳大利亚相继发现金矿后，中国沿海早已存在的苦力贸易再度兴盛。香港作为自由港，又有英美商轮云集，所以很快成为苦力贸易中心。整个19世纪下半期，被拐卖出国的200多万苦力华工中的绝大多数是经香港中转的。香港的苦力贸易不仅使人贩子获得暴利，甚至还带动了远洋航运业的发展，但是却给无数中国家庭带来了灾难。

1861年港英政府在维多利亚港修建航运设施。1862年兴建了铜锣湾避风塘，又在扯旗山上建立了讯号台，1863年在湾仔筑起现代化新码头，1871年在湾仔创办了第一个公用码头与货仓，1875年香港第一个灯塔正式启用，1883年香港天文台落成，这些设施的建成并不断完善，为香港接纳外国船只提供了条件。加上1869年苏伊士运河的开通，使香港与欧美各国的航程大大缩短，因此从19世纪60年代至19世纪末，先后有美国、法国、意大利、加拿大、德国、日本等国开辟香港至欧洲、北美洲、澳洲及东南亚的数十条航线，进出香港的外国船只数量越来越多，中转贸易额的增加、中转贸易中英国所占比例的下降，说明香港已不仅仅是英国的转口港，而越来越成为国际性的转口港。

进入20世纪后，香港国际转口港的地位进一步确立，航运输出输入货物总量除第一次世界大战期间有所减少外，基本上都是稳步增长。第二次世界大战全面爆发后，日本控制了太平洋海域，香港丧失了交通发达这一基本条件，国际贸易转口港的地位也就失去了。

1947年，香港政府取消了对出口贸易的管制，香港恢复自由港的地位。英国又重新给予香港“联邦特惠税”待遇，使香港与英国、美国、澳大利亚、加拿大及东南亚等国家和地区的经济联系大为加强。加上中国爆发内战，内地资金大量流入香港。所有这些因素促使香港的转口贸易迅速恢复和发展。1947年贸易总值达到27.6亿港元，是战前最高年份的一倍多。1949年贸易总值超过50亿港元。1949年中华人民共和国成立之初，经济恢复急需的大量物资通过香港转运到内地。中国抗美援朝战争开始后，通过香港运到内地的军需物资更多。为了支付进口商品费用，内地则大量向香港出口农副产品和轻工业制品。到1951年，香港贸易总值达到93亿港元的新高。1952年以后，美国操纵联合国通过决议，对中国实行物资禁运，堵死了香港转运口贸易主渠道，使战后刚刚恢复起来的香港转口贸易一落千丈。从此，香港经济开始步入工业化时期。

20世纪70年代末至80年代，中国内地开始实行对外开放政策，香港的转口贸易东山再起。1978年香港转口贸易总值占香港外贸出口总值的25.5%，到1988年转口贸易所占比重达到55.9%，超过了本地产品出口值。香港再次成为世界最大的转口商埠，与世界上180个国家和地区有贸易往来。进入21世纪后，香港除了买进卖出的传统的转口贸易方式外，还有大宗贸易和高新产品交易，不过香港更多的是为贸易双方提供交流、洽谈、交易的场所，从中间商转变为中介者，转口商品变成转口商业信息，真正成为一个现代化的国际贸易中心。

二、新兴的工业化城市

近代香港最早的工业是服务于转口贸易的一些相关行业，如船舶修造厂、绳索厂、食品加工厂等，但数量少，规模小。1860年以后，随着香港国际转口港地位的逐步确立，船舶修造作为香港早期的工业支柱也日益发达。到19世纪末，香港共有造船公司8家，制造各种类型的轮船116艘。第一次世界大战之后，香港造船业得到迅速发展，黄埔、太古、海军三大造船厂规模宏大，黄埔造船厂还造出了万吨巨轮，太古造船厂也能建造大型商船。此时是香港造船工业的黄金时期。

英国割占九龙司和强租九龙半岛后，使香港陆地面积扩大了十倍以上。人口增多，需求增大，为香港工业发展提供了一定的劳动力和产品市场。于是，以生产食品及生活日用品为主的民生工业陆续兴建起来，如面粉厂、糖厂、酒厂、火柴厂、肥皂厂、藤器厂、水泥厂、造纸厂、煤球公司等。第一次世界大战爆发后，欧洲货源中断，促使香港食品及生活日用品工业进一步发展，先后有毛巾、糖果、饼干、罐头、香烟、搪瓷用品、手电筒、皮具、制帽、化妆品、玻璃厂等各类工厂设立。虽然规模仍然不大，但是门类渐趋齐全，为解决香港本地的日常生活起了重要作用。

日本占领时期，香港工业一度萎缩。1947 年以后，由于香港自由港地位的恢复和中国内地形势的变化，大量的资金、技术和设备流入香港，使香港工业在恢复的基础上有了较大的发展。由于内地迁移香港的多是纺织行业，所以战后香港工业转而以纺织业为主，其他食品及日用品、造船、钟表、印刷等行业为辅。

20 世纪 50 年代初，香港转口贸易在美国对华禁运政策下急剧衰落后，香港经济被迫另寻出路。香港是资源匮乏、市场狭小的弹丸之地，发展经济必须着眼于外部。当时的西方发达国家劳动密集型的传统产业衰退，国际市场上出现轻工产品空档，中国内地流入香港人口中的廉价劳动力充裕，技术人员和熟练工较多，资金和设备也不匮乏，香港转口贸易发达，商品的销售渠道广阔，所有这些有利因素的共同作用，促使香港选择了以劳动密集型的轻工业为主、重点发展出口加工制造业的工业化道路，使香港经济重获生机，顺利完成经济结构的转变，轻纺、五金、塑胶、印刷、钟表、机器制造等制造业有了很大发展。到 50 年代末，香港已从转口贸易港变成轻工业城市。

20 世纪 60 年代，香港经济面临极好的发展形势。香港政府采取积极开放的经济政策，对工业发展加以指导和帮助，中国内地从淡水和农产品等方面为香港提供了生活保障，东南亚地区政局动荡，一批外国公司转到香港。而此时的世界经济处于繁荣时期，西方发达国家购买力不断增强，对纺织、成衣等消费品的需求与日俱增，国际市场畅旺。香港经济借助这些有利条件，实现了经济腾飞，成为“亚洲四小龙”之首。不仅纺织、塑胶等老行业技术水平和产品档次有所提高，而且新兴的电子行业也开始迅速发展。从 1960 年到 1970 年的十年间，香港的工厂从 5 000 多家增加到 14 000 多家，产业工人由 22 万人增加到 52 万人，进出口贸易额从 98 亿港元增加到 328 亿港元，生产总值增长了三倍。香港真正跨入了世界新兴工业化城市的行列。

进入 20 世纪 70 年代之后，因受到后起的新加坡、韩国和台湾出口贸易的挑战，加上因世界经济衰退而日渐抬头的西方贸易保护主义的打击，香港先行一步并获厚利的出口加工制造业面临困境，不得不另辟蹊径，采取新的措施。首先，产业结构多元化。在继续发展贸易、金融、工业制造业的同时，大力发展新兴的旅游、地产建筑等产业，以扩大香港经济的基础。其次，制造业内部门类和产品多元化。到70年代后半期，香港已形成成衣、电子、钟表、玩具四大支柱工业，其他如化工、食品、家具、印刷等行业也有长足的发展。再次，注重高新技术的开发利用。传统的纺织行业更新设备，提高技术，到80年代中期基本实现了生产自动化、管理电脑化，逐步实现了从劳动密集型向技术密集型的转化。90年代中期以后，积极吸引海外高新技术落户香港，制造业也开始由技术密集型向知识密集型发展。最后，转移生产基地。中国内地改革开放以后，香港制造业基地开始内迁至珠江三角洲，充分利用内地廉价的土地和劳动力。到90年代中期，香港制造业80%已迁入中国内地，尤其是劳动密集型生产线，基本上已撤出香港。这样一来，既为香港腾出了更大的发展空间，又以低成本提高了产品的国际市场竞争力，有力地促进了香港出口导向型制造业的发展。目前，全世界吃、穿、用、玩各种产品都有相当一部分是香港生产的，香港成了国际轻工产品的制造中心。

三、国际金融中心

香港转口贸易的兴起和发展，既需要航运业作依托，也需要金融业的支撑，所以香港最初的金融业是作为转口贸易的衍生物出现的，最大的特点就是洋行在其中充当了重要的角色。

早在1844年，第一个尾随英军踏上香港岛的英国怡和洋行，在从事船务航运和以鸦片走私为主的进出口贸易的同时，也从事金融汇兑业务。从1845年英国丽如银行在香港设立分支机构开始，到1865年汇丰银行成立，其间先后有英国的有利、麦加利、呵加利、渣打、汇川、汇隆、利申、利华、利升和法国的法兰西10家银行在香港设立分支机构。但是这些正规银行，主要是经营“商人独享”的汇兑业务，而不是银行本身的存放款业务。

1865年4月，总行设在香港的汇丰银行营业，1866年在香港注册后即开始在中国沿海沿江城市设立代理处，这是第一个总行设在中国的外国银行。总行的近距离设置，便于对分支机构的管理，也加强了对中国通商口岸金融市场的控制。更重要的是，这是香港自己的银行，它不仅有商界名流的参与，而且还得到港英政府的支持，加上汇丰银行改变了只注重汇兑业务的做法，转而注重存放款业务，同时以香港中央银行的地位发行钞票，控制贸易、垄断国际汇兑，成为香港金融业的支柱。19世纪末，在帝国主义列强加大对中国经济侵略的背景下，以汇丰银行为代表的日本、德国、俄国等国的在港银行都开始了存、放、汇、发多方面的业务，并有了很大的发展，而单纯经营汇兑业务的丽如、法兰西、呵加利等银行则相继倒闭。

1912年第一家华资银行即广东银行在香港开业。直到抗日战争全面爆发前夕，陆续有华资银行在香港设立，从而打破了外资垄断香港银行的局面。但香港银行界仍然是以外资为主，华资为辅。日据时期，香港一些银行被清算，一些银行倒闭，日军还以军用票取代港币，进行公开的金融掠夺，使香港的银行业遭到毁灭性的打击。

第二次世界大战之后，香港实力较强的银行迅速恢复营业，还有不少新银行开业，香港银行业呈稳步发展态势，其中华资银行发展较快。这与从内地流入香港大批资金不无关系。此外，香港原有的一些华资银号也升格为银行，到20世纪60年代初，除了分支行不计，香港共有银行85家，其中华资62家。众多的华资银行虽然没有发行钞票权，但在争取散户存款方面势头较猛，几乎与英资银行平分秋色。然而1965年的银行挤提风潮，使华资银行深受打击，最大的华资恒生银行被汇丰银行收购。此后的香港银行业重新恢复到英资天下的局面。

战后20年，香港银行业的发展出现了两个重要的变化。其一，积极参与香港地方经济秩序的重建。许多实力雄厚的银行积极投入到战后经济恢复上，如汇丰银行、中国银行等。它们向公用事业贷款，使之迅速运作起来，向厂商贷款，促进了工业的恢复。20世纪60年代香港制造业的腾飞，很大程度上就是依赖银行的支持，各家银行也受到经济发展的带动而活跃起来。其二，港英政府加强了对银行的监控、监管，颁布《银行条例》，规定了银行与政府的关系以及银行的业务范围，要求银行和金融公司需经财政司登记取得执照；年终造具资产负债表送呈财政司；政府有权查阅银行簿册；指定汇丰、渣打、有利三家银行为发钞银行，其余银行不得发钞。1964年10月，立法局对《银行条例》进行了修改，港英政府成立银行监理处，加大了对香港银行业的监控力度。例如，1965年银行发生挤提风潮时，银行监理处出面接管明德银行、广东信托银行湾仔分行等，对其他银行则实施管制。稍后，港英政府又宣布冻结银行牌照，限制银行发展，对香港银行进行整顿，一直到1978年。

20世纪70年代，香港经济的总体趋势是多元化，金融业、旅游业、房地产业与贸易业、制造业齐头并进，金融业中又以银行发展最为显著。随着多元化的深入发展，各行业都扩大了国际交往，使越来越多的国际资本进入香港，这就需要相应的金融市场接纳。同时，改革开放以后的中国内地和香港周边国家、地区经济发展迅速，对资金的需求迅速增加，加上通讯业日益发达，使纽约、香港、伦敦金融金三角的重要作用日益明显。香港本地大银行在这种形势下，业务发展极快，吸收存款量巨大。在1978年3月到1979年8月短暂的解冻期内，一下子就有41家外资银行涌入香港设立分行，致使港英政府不得不再次冻结银行牌照，直到1981年才重新解冻，在放宽对银行牌照限制的同时，港英政府提高了设立金融机构的条件，淘汰了一批资本不足、经营不善的存款公司，加强了政府对银行的监管。

此后，香港银行业的发展明显加快，银行机构增多，银行业务国际化、现代化程度很高，使香港成为世界第三大银行中心、第四大银行贷款中心、世界四大黄金市场、世界第六大外汇市场、亚洲第三大股票市场、亚洲第一大保险市场，是功能齐全、名副其实的国际金融中心。

四、国际大都会

现在的香港地区包括英国先后三次割占和强租的香港岛、九龙司和九龙半岛（即新界）。1840年之前的九龙司和新界属于与大陆相连的九龙半岛，开发较早，不仅有相当完善的军政制度，而且经济、文化都有较大发展。相比而言，香港岛的发展远逊色于九龙半岛。

香港开埠之初，英国人从利用尖沙咀洋面从事航运贸易的角度，选择了港岛北部驻扎居留，英国人在港岛北部狭长地带修筑马路、搭建房屋，到1842年先后建成荷里活道、云咸街和贯通滨海东西的皇后大道，开始有了城市的轮廓。1843年6月，港英政府将其命名为维多利亚城。到1845年，维多利亚城及附近水域共有人口近18 000人，建成了三个轮渡码头，出现了数百幢建筑物，有欧式楼房也有中式平房，街道开始安装路灯，大致形成东区商贸、中区行政和洋人、西区华人的城市格局，香港城市初具规模。

英国割占九龙司的最初几年，由于港英政府和英国军方在对这块土地的利用上争执不下，致使这块土地一度荒置。直到英国政府出面调解，港英政府得到了九龙司大部分土地，才开始在尖沙咀一带开辟新市区。到19世纪90年代以后，九龙新区逐渐成为与维多利亚城隔海相望的“双城”，成为香港最繁华的市区之一。

随着香港人口的增加和工商业的发展，狭小的旧市区已不敷使用。为了满足商民两用对土地的需求，港英政府从19世纪50年代开始陆续在港岛和九龙司组织填海造地。截止到1992年，填海造地增加土地50多平方公里，对香港的城市建设和经济发展起了重要的作用。中环商业区、湾仔、观塘、维多利亚公园、葵涌码头、启德机场和新机场等，基本上都是靠填海造地建成的。

进入20世纪后，香港城市建设明显加快，主要表现在交通和建筑方面。香港有轨电车于1904年开始营业，汽车1908年出现在香港街头，从而改变了香港市内交通主要是马车和人力车的落后状况。1911 年广九铁路正式通车，方便了香港和内地的陆路联系，不仅直接推动了香港的转口贸易，而且对香港城市建设起了巨大的推动作用。20 世纪 20 年代前后，启德投资公司在九龙湾北岸大规模填海，新开五条街道，修建了数百栋楼房，港岛湾仔新填出的 100 多英亩的土地全部建成新楼房。其后新式高楼大厦陆续在中环一带出现，整个香港城市面貌发生了很大变化，逐渐发展成东方少有的先进时尚、繁华富庶的大都市。

战后香港城市重建面临的最大问题是住房问题。当时占香港人口 30% 的难民和源源不断涌入香港的内地移民，大多在政府划出的土地上临时搭建简易木屋居住。由于没有水电供应，没有排水系统，环境恶劣，治安混乱，致使天灾人祸频繁发生，木屋区成为香港严重的社会问题。为此，港英政府不得不采取措施，从 1953 年开始推行"徙置政策"（也叫"公屋计划"），即一面组织清拆木屋，一面由政府财政补贴，修建五层以上的徙置大厦，廉价出租，以安置木屋区拆迁居民和其他低收入人群。到 20 世纪 60 年代末，政府共兴建 500 多幢徙置大厦，形成众多的公共屋村，解决了香港近 1/3 人口的居住问题。

从 20 世纪 70 年代开始，随着英国治港方针的变化，港英政府开始主动地关心民生问题，加大了解决住房问题的力度，1972 年出台的"十年住屋计划"，使近百万居民低价购得住房，满足了部分居民对房屋拥有权的要求。1987 年，港英政府又制定了"长远房屋策略"，对早期徙置大厦进行改建和重建，推出一些相对高档的住房，以满足居民对住房要求有所提高的愿望。同时，政府又实施"自置居所贷款"，帮助居民实现自置居所的愿望。

在对市区重建的同时，港英政府还于 1954 年推出了新市镇计划，即在港九主要市区以外，以原有墟镇或新填地为基础，兴建集工业、商业、住宅于一体的相对独立的新兴市镇，陆续建起荃湾、沙田、屯门、大埔、上水、粉岭、元朗、将军澳、天水围、马鞍山、北大屿山、东涌等新市镇。这样一来，既减缓了港九市区严重的人口压力，又可以平衡整个香港地区工业布局和人口分布。

经过香港人民一百多年的努力，如今的香港已发展成为国际著名的大都会，不仅是国际贸易中心、国际轻工产品制造中心、国际金融中心，而且是国际信息与展览中心及国际旅游中心。

香港作为一个国际信息中心，各种现代化通信设备的数量与人口的比例居于世界领先地位。香港的光纤网络已成为全世界密度最高和最复杂的城市光缆网络。香港还与美国、加拿大、英国建立起国际联机情报检索系统，客户通过海外电脑公司的贮存库，随时可以检索出自己需要的各种技术资料和财经消息，是世界上信息最充裕的地区之一，有400家左右世界著名的跨国企业把香港作为它们在亚太地区与世界各地沟通信息的通讯中心。同时，香港的电话也非常便捷，国际直通电话连接200多个国家和地区，可在同一时间容纳3万多个用户与世界上任何一个地方通话。作为特殊的信息传递形式，香港的展览会也十分发达。香港每年举办近百个商品展览，到香港参展的外商超过13万人次，其中时装、玩具、钟表、家庭用品和消费电子产品展览的规模在国际上居于首位。

香港虽然没有名山大川，但它拥有海岛型的优美自然环境，中西各异的人文景观。无论是世界一流的酒店还是普通市镇的旅店，其管理和服务都非常到位，能为游客提供一个安全舒适的下榻之处。香港的饮食业发达，是名副其实的美食世界，不仅有中国内地的各种菜系，而且还有世界各地的风味美食。香港又是闻名遐迩的“万国市场”，世界各地的物品在香港几乎都能买到，商品充裕，物美价廉，成为屈指可数的国际购物天堂。香港还具有自由港的宽松政策，游客出入境方便。因此，香港旅游业虽属后起之秀，但发展相当迅速，1960年游客仅18万人，1991年就突破600万人的记录，近年来依然在持续稳定增长，使香港成为国际旅游中心。

五、文化荟萃霓虹港湾

香港文化饶有特色。既因港人多为华人，深受中华文化影响，又因其为英国殖民地，受到西方文化熏陶，而酿造成为“中西合璧”的多元文化。

1. 香港的大众传播

香港是世界级媒体枢纽，是很多本地及国际传媒机构的基地。目前拥有50家日报、646种期刊、5个本地及17个非本地电视服务持牌机构和187个互联网服务供应商，上百家出版社。约90家国际传媒在香港设有办事处。

香港是世界上报纸最多的地方，人均报纸拥有量是世界平均数的3倍，曾享有“百报城”的美誉。香港的报纸有两大特点：一是广告多，各家报纸广告都很有自己的特色；二是“经”多，“股经”、“马经”、“波经”等，不一而足，且非常专业。香港的电台在大众传播业十分发达的今天，仍然活力未泯，生机盎然。据港府统计，香港电台听众约占全港9岁以上人口总数的85%。看电视是香港居民最主要的消遣方式，香港的电视普及率达98%。电视节目特别注重娱乐性，而且连续剧最多，一部剧短则数月，长则一年半载，“无线”、“亚视”等争奇斗艳，花样百出。香港的印刷业很发达，多数印刷厂采用电脑激光照排，并拥有最先进的分色、胶印、全自动图书装订及包装设备。图书出版效率很高，书籍质优价廉，许多海外出版机构也把书刊送到香港印刷，或在港扩大业务，设立分机构，香港是一个后起的国际出版中心。

2. 香港的教育

第二次世界大战之后，尤其是20世纪60年代末期以后，由于经济发展的需要，促使港府和社会各界开始日益重视教育，不断改革教育制度，增加教育投资。20世纪80年代以来，港府教育经费开支一直保持在预算总开支的10%以上。1990年至1991年财政年度，港府教育经费开支达到15 446亿港元，占预算总开支的15%，赶上了世界发达国家和地区的教育投资比例。同时，采取“两条腿走路”的办学方针，调动社会各界力量办学，促进教育事业发展。在香港，除了幼儿园、小学、中学、大专及大学等正规教育之外，还有智障儿童教育、工业教育、师资教育、职业教育和成人教育等各种特殊或专门教育，形成了一套完整的教育体系。

香港的教育受英美教育理论影响较大，吸收了不少西方教育的内容和方法，丰富了自身的学校教育体系，但中国传统文化仍然发挥其重要影响。香港的学术研究自由、开放且注重实用，高等教育与国际接轨，培养各类人才，政府、高校和各界研究咨询机构各具特色。这些都是推动香港经济社会发展的重要因素。

随着教育的普及，香港社会尊教重知识蔚然成风，“学历社会”已经形成，学历与人的职级、薪金直接挂钩，工商界也鼓励员工继续进修，并将进修后的学历作为职位晋升的条件。教育工作者享有较高的经济和社会地位，生活有稳定的保障。

3. 香港的宗教

香港的宗教有三多：一是教种多。世界上的主要宗教在香港几乎都能找到。既有西方的基督教、天主教和犹太教，也有东方的佛教、道教、印度教、锡克教、伊斯兰教。各宗教内部有众多教派，仅基督教就有50多个教派或独立教会。香港各宗教之间井水不犯河水，你唱你的诗，我敲我的木鱼，和睦相处。

二是教堂寺庙多。在香港，佛寺、道观、基督教堂、天主教堂、清真寺、印度庙、锡克庙等遍布各地，新旧杂陈。仅佛道寺观就有350座以上，基督教堂有833座，天主教堂和弥撒中心94座。全港平均不到一平方公里就有一处与宗教有关的场所，这恐怕也是香港的一项“世界之最”了。

三是信徒多。佛教和道教是中国主要的传统宗教，对香港居民影响颇大，善男信女历来不在少数。由于佛教和道教历来不重入教仪节，讲究信则有，不信则无，故香港究竟有多少佛道信徒，根本无法统计。然逢年过节或遇有疑难，即使并不虔信的普通市民，也会前往各处寺观，进香参拜，祈求保佑。基督教、天主教因入教仪节章法严格，故教徒人数一般比较确定。据回归前的统计，香港基督教信徒约28.5万人，天主教信徒约25.8万人，伊斯兰教信徒约5万人，印度教、锡克教和犹太教徒都不超过1.5万人。

此外，香港还盛行风水、算命之类的中国民间传统迷信，还有以星座算命、忌讳数字“13”等西洋迷信。洋风熏陶着中国人，土风也熏陶着洋人，连汇丰银行搬动一下门前的铜狮子，也要听从风水先生的指点。可谓土洋掺杂。

4. 香港的娱乐生活

香港的娱乐生活多姿多彩。每年举办文艺活动，规模和影响较大的有香港艺术节、亚洲艺术节、香港艺穗节、国际儿童艺术节、香港国际电影节和国际综艺合家欢等。全港性的娱乐活动，如正月十五花灯节、国际龙舟邀请赛、流行音乐会、夏日联欢会、中秋彩灯会、圣嘉华年会以及农历新年烟花汇演等，港人几乎是全城出动，气氛热烈。

香港还拥有许多先进的文化艺术设施。香港的艺术中心、文化中心、艺术馆、科学馆、太空馆等，使用率都非常高，居民在这里不仅欣赏精彩的文艺节目，还学习现代科技知识。

香港的公共图书馆由市政府和区域市政局管理，免费向居民提供图书、报刊和视听资料阅览服务，并定期举办各种文化普及活动，如书展、专题演讲、读书报告、阅读技巧研讨、电脑知识讲座、诗歌朗诵和故事会等，参加这些活动的人数每年都在200万以上。现在全港共有公共图书馆30多个，为香港居民提高文化修养提供了方便。

体育锻炼也是香港人的主要休闲活动。体育馆、露天体育场、海滨浴场、室内游泳池等都是居民体育康乐的场所。仅海滨泳场就有42个，属市政府和区域市政局管理，其设施完备，卫生整洁，每年都有超过1 500万人次光临，但从未拥挤不堪，是港人休闲的好去处。

5. 香港的世态百象

香港的世态呈现百象的主要原因有：一是“美食天堂”。香港的“吃”具有方便、丰富和讲究的特点。方便就是到处都有吃的地方，平均不到200人就有一家餐馆，而且营业时间长，几乎24小时全天候服务。丰富就是有钱什么都吃得到，世界各地的鲜美食品几乎都有，而且四季供应不断。讲究就是注重吃的艺术，仅海鲜的吃法就五花八门，令人称奇。二是“尺土寸金”。香港住房紧张，导致拆旧率高，拆旧建新，家常便饭，“楼往高处走”，楼里的居住间隔却缩小了。同时，房地产投机活动盛行，地价、楼价和房租之贵，在全球也是有名的。三是“游车河”。香港大小马路，每天车水马龙，如同一条车的河流。虽然山多平地少，交通自然条件并不好，但香港致力于发展和建设海上、空中、地面与地下各个层面的交通，形成一个四通八达的立体交通网络，而且行之有序。四是“上山下海进城”。香港的“玩”有三大节目，即“上山”，上太平山观景；“下海”，去海洋公园娱乐；“进城”，进“宋城”访古。此外还有许多郊野公园和海滩可供游玩，如最受人喜爱的“两湾”，即浅水湾和清水湾，其中清水湾环境幽静，水如其名，清澈似镜，令人流连忘返。五是“夜生活”。香港的夜生活丰富多彩，令各个国家和地区的游客趋之若鹜。包括舞厅、夜总会、泡餐厅酒廊、打电子游戏机、打台球、搓麻将、看电影、赌马、乘游轮兜风、逛夜市、洗桑拿浴、吃夜饭等。可以说，香港人的精力和金钱在夜生活中得到宣泄和消费，恐怕是香港社会安定和经济繁荣的一个重要原因。

第三节　独特的政制架构

一、英国统治下的香港政治制度

1843 年 4 月 5 日，英国政府以维多利亚女王的名义颁发《英王制诰》（即《香港宪章》），作为英国在香港实行殖民统治的根本法。《英王制诰》宣布设置“香港殖民地”，并明确按照“直辖殖民地”模式统治香港。4 月 6 日又以英王名义颁发《王室训令》，指示香港行政局和立法局的组成、权力运作程序及港督在两局的地位作用等。按照《英王制诰》和《王室训令》的宗旨，港英政府完成了殖民地统治的政治体制架构。

首先，确立了总督集权制。香港总督由女王任命，作为女王在香港的代表，在香港有至高无上的权力，独揽立法、行政、军事等大权，兼有一定的司法权，但没有高级官员的委任权、军事防务权和外交权。

第二次世界大战结束前，历任港督都沿用传统的殖民地统治方式，实行种族隔离和种族歧视政策，政治、经济和文化上都是“华洋隔离”。“二战”后，《联合国宪章》明确规定殖民统治的非法地位，殖民制度走向没落。此时英国国力衰退，继续采取传统的殖民地统治，既不合时宜，也无能为力，所以这个时期的几任港督被迫许诺给港人以有限的政治民主权利，但又不愿放弃殖民统治。1967 年英国殖民地部取消，英属殖民地改归外交部管理，1971 年开始由外交官担任港督。从这以后，港英政府开始改变统治方式，试图通过建立公共屋村，发展医疗卫生、教育和社会福利事业以及肃贪倡廉等关系民生问题的措施，努力弥合统治者与民众间的鸿沟，消除殖民压迫和种族歧视的痕迹，尽量争取港人支持，所有这些措施收到了一定的效果。

其次，根据英国直辖殖民地的惯例，设立辅佐总督的议政局（后改称行政局）和定例局（后改称立法局）。行政局名义上是香港政府的行政决策机构，但由于港督对行政局有绝对权力，所以行政局只是港督的行政咨询机构。立法局职能是向港督提供有关立法的参考意见，并通过港督要求制定法例，但必须服从总督的意志，不是真正的实权机构，而只是港督的立法咨询机构。

港督是两局的主席，两局议员历来都是委任制，1984 年才开始立法局间接选举，1991 年立法局首次直接选举。两局成员结构在 20 世纪 60 年代以前主要是官守议员，60 年代后非官守议员增加并逐渐占多数。华人在很长时间内被拒之两局之外，这也正反映了华洋政制分离的种族歧视政策。两局在一百多年的时间里除了人数和构成有所变化外，职能和作用几乎没有变化。

再次，根据殖民统治的需要，不断调整行政机构，这是香港政制中变化相对最大的部分。其变化主要有：①港英政府初期仅为维持英国殖民统治的基本机构，随着殖民辖地的扩大和香港社会的发展，原有政府部门不断调整，建立华民政务司、财政司、警务处、海关、工务局、劳工处和人民入境事务处等部门。②早期香港行政机构的工作人员均为欧洲籍贯，大多是军人、海员和冒险家，缺乏行政管理的能力和责任。19 世纪 60 年代，香港政府开始实行名为“官学生计划”的文官铨选制度后，行政官员的素质有所提高。③原有的香港行政机构中，总登记官和辅政司分别管理华洋事务。但分管洋人事务的辅政司地位很快上升，到 20 世纪以后，辅政司改称布政司，逐渐成为港督的主要副手和全体文职人员的官方首脑，地位仅次于港督。港督出缺时，布政司署理总督，代行港督职权。布政司领导的布政司署实际就是香港的最高行政机构。

最后，为了强化殖民统治，英国特别重视司法系统的建设。在香港，具有“宪法”性质的法律文件主要是《英王制诰》和《王室训令》。香港法律制度基本上照搬英国的模式，其成文法包括英国本土法律、英王专为香港制定的法律和港英政府制定的法例。早期香港法律带有明显的殖民地色彩：①表面上港英政府宣称华人适用中国法律，英国人和其他外侨适用英国法律，但实际审理华人案件时则主要以英国法律为根据。所谓华人适用中国法律，是指在对华人罪犯实施惩罚时，还可以额外引用中国法律中的体罚（肉刑）条款。直到 20 世纪 70 年代，先前适用于香港的中国旧有的封建法律才彻底废除。②有明显的种族歧视。如对埋葬华人办法作出种种限制，未经批准不得公演任何中国戏剧，未经许可华工不得举行或参加任何公共集会，华人夜晚上街必须提灯等，划定“欧人区”更是排挤华人实行种族隔离政策的表现。③在英国本土被法律限制的某些犯罪行为在香港反倒被法律保护。在香港，吸食毒品根本不受任何限制，贩运苦力出洋也得到法律默许，有许可证的毒品经营、缴费登记的妓院及赌馆甚至受到法律保护。香港早期的法律惩治罪犯，也庇护罪犯。

英国在香港设立司法机构，最早可以追溯到义律在香港洋面一艘英船上设立的临时法庭。1841 年英军强占港岛后成立的巡理府法院和 1843 年设立的香港法庭（也称驻华刑事和海事法庭），所依据的是军法而非民法，审判程序基本上也是按照英国军事法庭的程序行事。1844 年 10 月香港高等法院成立，初步形成了裁判司和高等法院二级审判制。到 20 世纪初又发展为裁判司、最高法院原讼庭和最高法院合议庭三级审判制。1953 年，香港又先后设立了 6 个地方法院，形成了以裁判司为主的初级法庭、地方法院和包括原讼庭合议庭的最高法院三级审判制。直到 1997 年，香港司法终审权仍在英国枢密院，这是典型的殖民地司法体制。

司法系统的首长是 1844 年 10 月设置的首席按察司（首席大法官），其待遇仅次于总督。按察司之下的重要司法人员如法官、律政司署成员和律师最初基本上都是英国人，其中香港律师还受英国律师学院和律师会管理。20 世纪初，香港成立大律师公会和律师会，自己管理所有在香港执业的律师，直到 20 世纪 60 年代以后，香港律师逐步本地化。但法官的成员结构变化不大，均由港督遵照英王颁发的训令委任或由港督直接委任。此外，还有监狱、警察等共同构成强化英国在香港殖民统治的司法系统。

二、“一国两制”香港回归

中华人民共和国成立之后，中国政府曾多次向全世界表明在香港问题上的一贯原则立场：香港自古以来就是中国的领土，中国不承认帝国主义强加于中国的有关香港问题的三个不平等条约，中国政府将在适当的时候通过和平谈判的方式最终解决香港回归祖国的问题。在这个原则下，出于当时东西方斗争的战略考虑，中国人民解放军南下至深圳河北岸，并没有武力解放香港。中国政府逐步形成了“长期打算，充分利用”的方针，并根据香港的特殊情况，寻求香港回归后的最佳治理方案。

20 世纪 70 年代，中国领导人在与英国人士和香港人士接触时曾多次表示，香港在以后相当长的时间内可以继续实行资本主义制度。80 年代初，中国政府专门组织了一个特别小组，对香港的现状尤其是经济现状做了全面深入的分析研究，最后得出了香港继续保持自由港及国际贸易中心、金融中心、航运中心、旅游中心的地位于国于民都有利的结论，进一步为“一国两制”的提出奠定了基础。1981 年 9 月叶剑英委员长就台湾问题发表讲话，首次明确表述了“一国两制”的构想。1982 年 7 月，讨论中的《中华人民共和国宪法修改草案》，加入了“国家在必要时得设立特别行政区，在特别行政区内实行的制度按照具体情况由法律规定”的内容，为在港澳台地区实行“一国两制”准备了法律依据。

1982年9月22日，英国首相撒切尔夫人到达北京，并首先同中国总理举行了会谈。中国领导人正式通知英方，中国政府决定在1997年收回香港地区。撒切尔夫人则坚持不平等条约仍然有效，提出如果中国同意英国1997年后继续管制香港，英国可以考虑中国主权要求。针对撒切尔夫人的言论，邓小平在同她会见时作了重要谈话。之后，双方同意通过外交途径进行商谈，从此拉开了中英两国关于香港问题会谈的序幕。经过历时两年的22轮谈判，1984年9月26日，中英草签了关于香港问题的《联合声明》，其主要内容有：①确认中国政府于1997年7月1日对香港恢复行使主权，英国政府将在同日把香港交还中国；②中国政府对香港的基本方针政策；③中英两国合作，保证1997年香港政权顺利交接的有关原则和具体规定。1984年12月19日，中国国务院总理、英国首相撒切尔夫人分别代表中、英两国正式签署了中英《联合声明》。1985年4月10日，六届全国人大三次会议通过了中英《联合声明》。而此前，英国议会也批准了《联合声明》。1985年5月27日，两国互换政府批准书，《联合声明》正式生效。这是“一国两制”科学构想付诸实践的第一步。

中英关于香港问题的《联合声明》正式签署后，中英两国政府合作开展的工作有：①成立中英联合联络小组。由中英双方指派1名首席代表和4名成员组成，其职责是就《中英联合声明》的实施进行磋商，讨论与1997年政权顺利交接有关的事宜，并就双方商定的事项交换资料和意见。联络小组在《中英联合声明》生效时成立，以香港为主要驻地，工作到2000年1月1日止。联络小组是联络机构而不是权力机构，不参与香港的行政管理或对之起监督作用。②制定《香港特别行政区基本法》（简称《香港基本法》）。《香港基本法》是中华人民共和国全国人民代表大会为1997年以后的香港特别行政区制定的法律。在1985年7月1日成立的《香港基本法》起草委员会的59位委员中，有23位来自香港。此外，还以香港人士为主体，成立了香港基本法咨询委员会。《香港基本法》起草委员会分为中央与香港特别行政区的关系、香港居民的基本权利和义务、政治体制和教育、科学、文化、体育、宗教、劳工等专题小组。经过4年8个月的努力，最终完成了《香港基本法》的起草工作。经在香港和内地广泛征求意见，1990年4月4日七届全国人大三次会议通过批准了《中华人民共和国香港基本法》，并规定于1997年7月1日起实施。③筹建特别行政区政府。全国人大常委会于1993年7月成立了由32名内地人士和37名香港人士组成的特别行政区筹备委员会预备工作委员会（简称“预委会”）。预委会前后工作两年半时间，就香港政治、经济、法律、文化、社会及保安等各领域的有关问题进行了系统的调查研究，并同香港各界人士共同提出了一些方案和建议，最后形成46份书面建议和意见，为建立特别行政区政府的下一步工作，打好了基础。1996年1月，香港特别行政区筹备委员会（简称“筹委会”）成立，150名委员中香港委员94名，内地委员56名。香港委员来自香港社会各界，代表性广泛。经过筹委会的组织工作，1996年11月2日，400名香港各界永久居民组成了香港特别行政区第一届政府推选委员会（简称“推委会”）。12月，推委会在充分吸纳广大港人意见，获得社会广泛认同的基础上，经过公平、公正、公开的民主选举，推出了特区政府首任行政长官董建华和香港特区临时立法会。1997年1月，香港特别行政区首届行政会议组成。2月，根据董建华提名，国务院任命了香港特别行政区第一届政府的23名主要官员。至此，香港恢复行使主权后的首届特区政府筹备工作基本就绪。

香港的回归并不是一帆风顺的。从1984年12月19日中英《联合声明》签署时起，香港就进入了政权交接前的过渡时期。在此期间，英国在香港问题上与中方的合作态度几经变化。特别是第28任港督彭定康在后过渡期抛出所谓“政改方案”、“人权法案”，大打“民主”、“人权”等政治招牌，设置各种障碍。中方对此进行了坚决的斗争，确保了香港政权的顺利交接和平稳过渡。

1997年6月30日午夜至7月1日凌晨，中英两国在香港会议展览中心隆重举行香港政权交接仪式。随着英国国旗和带有米字图案的香港旗缓缓落下，中国国旗和香港特区区旗徐徐升起，英国在香港一个半世纪的殖民统治宣告结束，中国从此恢复对香港行使主权。中国近代历史上第一块被迫割让出去的土地收回来了，最后一块租借地也收回来了。

交接仪式结束后，英国查尔斯王子和原港督彭定康一行离开香港，返回英国。中华人民共和国香港特别行政区政府正式宣告成立。7月1日清晨6时，中国人民解放军驻香港部队主力，从陆、海、空三路同时进驻香港，全面担负起香港防务。上午10时，香港举行了盛大而隆重的庆典活动，预示着告别殖民统治的香港从此将开始新的历史。

三、特别行政区制度

根据《香港特别行政区基本法》的规定，特别行政区是一个享有高度自治权的地方行政区域，直辖于中央人民政府，除外交和国防事务外，享有行政管理权、立法权、独立的司法权和终审权、独立的地方财政权、独立的外事权。它的政治体制包括以下内容：

（1）行政长官。行政长官是特别行政区的首长，代表特别行政区，对中央人民政府和特别行政区负责。行政长官必须是在当地居住连续年满20年的永久性居民中的中国公民，在当地通过选举或协商产生，由中央人民政府任命。行政长官除行使一系列行政职权外，还可以委任部分立法会议员、拒绝签署立法会通过的法案和解散立法会。

（2）行政机关。行政机关是特别行政区政府机关，特别行政区政府的首长是特别行政区行政长官。特别行政区政府设政务司、财政司、律政司和各局、处、署。特别行政区行政会议是协助行政长官决策的机构，而非决策机构。行政会的意见对行政长官决策有一定的影响力，但没有约束力。特别行政区政府行使下列职权：①制定并执行政策；②管理各项行政事务；③办理基本法规定中央政府授权的对外事务；④编制并提出财政预算、决算；⑤拟定并提出发案、议案、附属法规；⑥委派官员列席立法会并代表政府发言。

（3）立法会。立法会是特别行政区的立法机关，行使立法权。立法会的议员是由选举产生，包括直接选举，即全体选民一人一票选举立法会议员；间接选举，即由工商界、金融界、劳工、宗教界等各界功能团体或一个有广泛代表性的选举委员会选举立法会议员。立法会议员人数逐步增加，直、间接选举产生的议员人数逐步扩大，最终将达至全部议员由普选产生的目标。基本法规定，特别行政区政府要对立法会负责。立法会还可以对行政长官提出弹劾。行政、立法从而可以相互配合、相互制衡。

（4）司法独立。特别行政区法院独立行使审判权。各级法院的法官根据当地律师和知名人士组成的独立委员会的推荐，由行政长官任命。

同时，“一国两制”、“港人治港”、“高度自治”等方针也体现在香港特别行政区方方面面的工作中。

政治方面：首先，在废除香港原有政制中具有殖民主义色彩成分的同时，又吸收原有政制中行之有效的内容，加上对英国和美国政制中合理因素的借鉴，从香港实际出发，确立了行政主导，司法独立，行政与立法之间既相互配合又相互制衡的新的政制模式。这种政制模式既区别于原有香港政制，又区别于资本主义国家政制，也区别于社会主义国家政制。这种模式使中国、英国和香港三方面都能接受，有利于中国的开放，也有利于香港的稳定。其次，香港特别行政区对香港地区事务拥有高度的自治权，包括行政管理权、立法权、独立的司法权和终审权。作为一个地方政府，香港特别行政区所拥有的这些自治权不仅比中国各民族自治区大得多，也比世界上任何一个联邦制国家的成员都大得多。最后，香港特别行政区的官员，从行政长官到各司司长、副司长、各局局长、廉政专员、审计署审计长、警务处处长、入境事务处处长、海关关长，都是由香港连续居住满15年并在外国无居留权的香港永久性居民中的中国公民担任，尤其是行政长官由香港民众自己推选，既体现了国家主权，又实现了“港人治港”的原则。

经济方面：首先，根据香港的实际情况，以行政主导政制来确保香港世界经济中心之一的地位。因为香港不是一个国家，而是一个地区，香港的优势在于它的经济。要保持这种优势，客观上就要求政府决策快、实施快，行政主导的政制正好适应这种要求，从而保证了香港的经济地位和经济优势。其次，对香港实行高度自治的经济决策。香港特别行政区成立后，香港不仅保持了自由港和独立关税地区的地位，保持了国际金融中心的地位，保持了资本主义的经济制度，而且财政收入不上缴。中央不在香港征税，香港自行决定货币金融政策，自主发行法定货币，真正做到了财政独立。如此宽松的经济政策，不仅使香港自身经济得到了发展，而且还吸引了更多的海外投资，使香港经济更加繁荣。最后，香港特别行政区在拥有财政独立权的同时，始终有中央政府做坚强的后盾。新生的香港特别行政区政府在1997年至1998年亚洲金融危机的冲击面前，经受住了严峻的考验。除了香港特别行政区政府领导有方和香港经济基础雄厚外，还有持续发展的内地经济作支撑，在金融危机中保持坚挺的人民币给了香港以巨大的支持，这些都有利于香港经济的尽快复苏和发展。

社会生活方面：香港特别行政区成立后，香港居民原有的生活方式没有变，私有财产得到法律保护，享有旅游和出入境自由，享有言论、出版、集会、结社、游行、示威等各项自由。不仅如此，由于香港特别行政区政府是“港人治港”的政府，需要香港居民广泛的参与，这就唤起了香港居民长期被压制的政治热情和政治意识，他们组织社团，积极参政议政。因此，香港居民除保持了过去的生活方式外，还增加了许多政治生活的内容。

参考书目：

1. 刘蜀永：《香港的历史》，北京：新华出版社1996年版。

2. 元邦建：《香港史略》，香港：中流出版社1987年版。

3. 萧国健：《香港的历史与社会》，香港：香港教育图书公司1994年版。

4. 侯书森：《百年沧桑：香港的过去、现在和未来》，北京：中国文联出版公司1996年版。

5. 梁福麟：《香港主权移交前后》，香港：九龙广角镜出版社有限公司1996年版。

6. 施汉荣：《“一国两制”与香港》，广州：广东人民出版社1995年版。

7. 李战吉：《霓虹港湾　香港文化的源与流》，北京：人民文学出版社1997年版。

8. 何弘景：《香港的昨天、今天和明天》，北京：世界知识出版社1994年版。

9. 薛毅、彭元杰：《台港澳侨概论》，北京：华文出版社2000年版。

10. 黄颖黔：《简明中国近代史读本》，广州：暨南大学出版社2006年版。

思考题：

1. 香港的地理优势有哪些？
2. 英国殖民主义者是怎样割占和强租香港的？
3. 论述香港作为国际大都市的主要特征。
4. 比较香港回归前后的政治架构。
5. 试论“一国两制”的提出和实施。
6. “港人治港、高度自治”体现在哪些方面？

第八章　澳门篇

澳门自古以来就是中国领土的一部分，然而自明清以来西方殖民主义进行全球扩张，中国封建社会逐步衰落，澳门也成为殖民掠夺的牺牲品。葡萄牙人强占澳门之后，引起了澳门同胞和全体中华儿女的强烈反对，要求收回澳门的斗争和呼声一直没有中断。新中国成立后，中华人民共和国中央人民政府审时度势，果断提出收回澳门主权的主张，得到国际主流社会的积极响应，在中葡双方的共同努力之下，以“一国两制”为指引顺利解决了澳门问题。澳门回归之后，在中央政府的大力支持与特区政府的勤勉施政之下，经济、政治、文化等各项事业均取得明显发展。澳门回归祖国十多年来的历史充分证明，“一国两制”、“澳人治澳”、“高度自治”的方针是解决澳门问题的正确主张，也是关乎数十万澳门同胞切身长远利益的关键所在。

第一节　澳门概述

一、澳门的自然地理

澳门特别行政区是中国领土的一部分，位于中国东南沿海，地处珠江三角洲的西岸，毗邻广东省，与香港相距60公里，距离广州145公里。本地时间比格林尼治子午线时间早8小时。原点地理坐标为北纬22°12′40″，东经113°32′22″。澳门的总面积因为沿岸填海造地而逐渐扩大，自有记录的1912年的11.6平方公里逐步扩展至2011年的29.9平方公里。澳门包括澳门半岛、氹仔岛和路环岛，嘉乐庇总督大桥、友谊大桥和西湾大桥把澳门半岛和氹仔岛连接起来，而路氹填海区把氹仔和路环两个离岛连为一体。

澳门位于亚热带地区，北靠亚洲大陆，南临广阔热带海洋，冬季主要受中、高纬度冷性大陆高压影响，多吹北风，天气较冷而且干燥，雨量较少。夏季主要受来自海洋的热带天气系统影响，以吹西南风为主，气温较高，湿度大，降雨量充沛。澳门年平均气温为22.6℃，气温最低的1月份平均温度为15.1℃，但有时也会出现最低温度在5℃以下的天气。月平均温度在22℃以上的月份则多达7个月。澳门常受台风吹袭，台风季节为每年5月至10月，其中7月至9月是台风吹袭最多的月份。

现时（2012年）澳门居住人口约为568 700人，人口密度每平方公里19 021人，澳门半岛北区更为世界人口密度最高的城区之一。澳门人口近20年快速增长，每年以接近4%的幅度增加，2011年增幅为3.1%。人口的流动性相当大，全年人口流动量超过2 500万人次。2011年澳门人口统计中，48.1%为男性，51.9%为女性。在年龄组别方面，11.8%为14岁或以下，80.8%介于15到64岁，7.4%为65岁或以上。平均预期寿命82.4岁。根据2011年人口普查详细结果显示，55.2万居住人口中，中国籍居民占92.3%，葡国籍占0.9%及菲律宾籍占2.7%。

澳门的官方语言分别是中文及葡文。澳门以中文为日常用语的居住人口约占94%，而使用葡萄牙语的人口则为0.7%，其余人口使用英语或其他语言。居澳时间方面，超过50%的人口在澳门居住超过15年。至于出生地点，在澳门出生的居民约40.9%，在中国大陆出生的居民约46.2%，在其他国家或地区出生者超过10%。

二、澳门问题的历史形成

澳门自古以来就是中国的领土。早在新石器时代，中华民族的祖先已在澳门地区生活。在路环岛黑沙海湾发掘出土的公元前4960年至前4430年的文物，说明在距今6000多年前的史前时代，中国内地的原始居民就到了澳门。在秦始皇统一中国时，澳门划入南海郡番禺县。大约在16世纪前期，在澳门定居的中国渔民，为了求得出海捕鱼的安全，建造了奉祀海神天妃的“天妃庙”，这就是作为澳门象征的“妈阁庙”。英文澳门（Macao）的音译，就是源于“妈阁庙”。16世纪中叶，随着欧洲殖民主义所谓“航海大发现”的扩展，葡萄牙人到达我国东南沿海一带。1553年，葡萄牙人以“借地晾晒水浸货物”为借口，通过向明朝官员行贿的方式，获准在澳门半岛暂时居住，并迅速聚集成村，扩大在澳地盘，设立有关机构。但直至鸦片战争爆发前，澳门半岛整体上仍一直由明、清政府负责行政管理，行使主权。

葡萄牙人占据澳门后，明朝政府依然在澳门充分行使着主权和治权，包括接受在澳门的葡萄牙人每年缴纳的地租、设立海关征收船舶税、置守澳官及由香山县令（知县）落实行政管理权与执行最终的司法处分权。明政府还在濠镜设立“议事亭”（今日的市政厅所在地），作为中国官员向“夷目”宣读明朝政府命令以及作为双方官员会商政务的场所，后来清政府还在“议事亭”内设置刻记限制和管理居澳葡人的中国法律的多块石碑。除此之外，在司法方面，明政府参照了唐朝法律中有关“诸化外人，同类自相犯者，各依法俗法；

异类相犯者，以法律论”的条款，在居澳葡人互相侵犯时，允许他们自己的法官依照本民族的法律来审判、治罪，不服本地法官判决者，还可以上诉到设在印度果阿的葡萄牙高等法院。如果涉及中国人，不论中国人是原告还是被告，都由在澳门的中国官员审理，特别是发生杀害中国商民的人命重案时，就会有更多的中国官员入澳查处，并将杀人凶犯带往广州，按照律例复审、判决。

清朝政府延续明朝政府在澳门充分行使的主权，包括军队驻扎权、财政权、关税权、行政权以及司法权等。鸦片战争爆发后，葡萄牙乘清朝政府战败，尾随西方列强，加紧侵略扩张，企图实现变澳门及澳门附近地区为葡萄牙殖民地的目的。在鸦片战争刚结束的1843年，澳葡当局派出代表，在澳门、广州与钦差大臣耆英等进行多次谈判，要求赔偿每年500两的地租银，由葡兵驻防整个澳门半岛，并提出开放通商口岸等一系列不合理的要求，该要求虽遭清廷断然拒绝，但葡人仍能继续享受多种优待。葡萄牙人对此并不满足，因而加紧采取侵略、扩张的行动。

1844年（道光二十四年），澳葡擅自在氹仔黑沙建造炮台，几年后又将该炮台进一步巩固，自称已将管辖区扩展到氹仔。1845年11月20日，葡萄牙女王玛丽亚二世擅自宣布澳门为自由港，允许所有外国商船来澳自由贸易，并任命亚马留为澳门总督。亚马留，又译作亚马喇、亚马勒，全名若昂·费瑞拉·德·亚马留（葡文原名 Joao Ferreira do Amaral），澳门第79任澳督。1846年4月上任后，在澳门推行殖民扩张政策，1846年5月，宣布对华籍居民征收地租、人头税和不动产税，把原本只对葡人实行的统治权力，扩大到华籍居民。他又下令所有在澳门停泊的中国船只要向“船政厅”登记纳税。1848年下令开关马路，掘毁关闸一带村民的坟墓。1849年3月5日，他限令设在关前街的中国海关“关部行台”8天内撤出，3月13日派兵捣毁海关，并随即拆毁竖立在市政厅的刻有《澳夷善后事宜条议》的石碑，并擅自审判在澳门的华人。他的行径激起了中国居民的愤怒，1849年8月22日在关闸附近，被望厦村民沈志亮等人刺杀。

其后，澳葡于1851年（咸丰元年）占领氹仔。1863年强占塔石、沙岗、新桥、沙梨头、石墙街等村，设马路门牌，毁租界旧墙。1864年（同治三年）占领路环，设立“海岛镇行政局”。1862年葡萄牙曾与清政府草签《中葡和好贸易条约》，欲将澳门地区转为葡萄牙之属地，但因被发现而告终。1874年（同治十三年）葡人闯入香山县，拆毁了历史逾三百年的关闸，设捕房，并将关闸向北移，另建西洋凯旋门式的新关闸。1879年（光绪五年）又占龙田村。1886年（光绪十二年），葡萄牙与英国代表借鸦片缉私征税的合作与清政府谈判。结果于1887年，清政府与葡萄牙先后签订了《中葡里斯本草约》、《和好通商条约》，条约列明："由中国坚准葡国永驻管理澳门以及属澳之地，与葡国治理他处无异"。不过为避免主权彻底丧失，清政府保留了将澳门让与他国的权力，葡萄牙若想将澳门让与他国，必须经过中国同意。此后，葡萄牙人仍不断试图突破属澳之地，1883年（光绪九年）葡人强编望厦、龙田两村的户籍，又开马路，设捕房于望厦。1890年，进占澳门西北的青州，逼清廷水师撤退。葡萄牙占领澳门后，引起了澳门同胞和中国内地人民的强烈反对，要求收回澳门的斗争和呼声一直没有中断。

第二节　澳门回归

澳门作为中国领土的一部分，由于历史的原因长期被葡萄牙占领，但中国历届政府从未在澳门的主权问题上作出过让步，也从未在法律上将中国对澳门的主权让予他国。因此，中国对澳门恢复行使主权只是时机问题而已。随着中华人民共和国的成立、中葡两国的友好建交以及中国统一大业的推进，中国对澳门行使主权的时机已逐步成熟。

一、中葡正式建交前中国政府的澳门政策

1949年10月1日，中华人民共和国刚一成立，中央人民政府就明确宣布，废除过去所有外国强加在中国人民身上的不平等条约，对于一些历史遗留悬而未决的问题，例如香港、九龙、澳门问题，中国政府主张在条件成熟的时候，经过谈判和平解决，在未解决之前维持现状。因为澳门问题的解决，除了要达到中国政府政治和外交上的总目标外，还有着经济上的考虑。

1960年，中共中央和中国政府总结过去十多年以来的经验，对港澳工作明确提出了"长期打算，充分利用"的方针。1963年，针对国外有人对中国港澳政策提出的责难，中国首次公开声明："香港、澳门这类问题，我们一贯主张，在条件成熟的时候，经过谈判和平解决，在未解决以前维持现状。""中国人民不需要在香港、澳门问题上显示武力，来证明自己反对帝国主义的勇气和坚定性。"

根据这一方针，中国政府在不损害民族尊严和国家安全的前提下，对澳门采取了一系列特殊的政策和具体措施：对澳门实行有别于内地的政策，不允许内地进行的各种运动涉及澳门，影响澳门社会的安定。同时以优惠的价格大量向澳门供应日用品、食品、工业原料和半成品。

1972 年 3 月 8 日，中国政府致函联合国非殖民化特别委员会主席，明确宣布："香港、澳门是属于历史上遗留下来的帝国主义强加于中国的一系列不平等条约的结果。香港和澳门是被英国和葡萄牙当局占领的中国领土的一部分，解决香港、澳门问题完全是属于中国主权范围内的问题，根本不属于通常的'殖民地'范畴。因此，不应列入反殖宣言中适用的殖民地地区的名单之内。"同年 6 月 15 日，联合国非殖民化特别委员会通过决议，向联大建议从上述的殖民地名单中删去香港和澳门。同年 11 月 8 日，联合国大会通过了有关将香港、澳门从殖民地名单上除去的决议。

1974 年 4 月 25 日，葡萄牙一批中下级军官所组成的"武装部队运动"将持续执政 42 年的极右政权推翻，新政府开始民主化进程。当时的葡萄牙新政府实行非殖民化政策，承认澳门不是殖民地，而是中国领土。1975 年 12 月 31 日，葡萄牙将最后一批驻澳门军队撤离。1976 年，葡萄牙总统安东尼奥·拉马略·埃亚内斯（António Ramalho Eanes）出席联合国大会，与中国驻联合国代表黄华谈及中葡建交与澳门问题之事宜。经过两年的洽商，1979 年 2 月 8 日，葡萄牙与台湾当局断绝邦交，2 月 9 日与中华人民共和国正式交换《建交公报》。中葡双方共同承认澳门是中国领土，至于归还时间与细节将在适当时间由两国政府谈判解决。至此，葡萄牙的改变与行动为中葡关系奠定了良好的基础。

二、一国两制，澳门回归

中葡正式建交后，两国官员开始频繁互访。1980 年 3 月，澳门总督伊芝迪应北京政府邀请进行访问。而中国亦曾派出不少官员（如任仲夷、习仲勋）造访澳门。随着两国友谊的增进，最高领导人也开始进行互访。1984 年 11 月，中华人民共和国副主席李先念访问葡萄牙，与葡萄牙总统埃亚内斯会面就澳门问题交换意见。1985 年 5 月葡萄牙总统访问中国，与中国当时的最高领导人邓小平会晤，共同表示要友好地解决澳门问题。

当时在更为复杂的香港主权问题上，中国与英国已达成多项共识，包括《中英联合声明》的草案。中葡关系亦稳定发展，谈判解决澳门问题的条件与时机日渐成熟。1986 年 5 月 20 日，中国与葡萄牙政府正式发布新闻公报，宣布 6 月 30 日在北京展开澳门问题的谈判，切实解决澳门问题。6 月，中国代表团由周南率领欢迎葡萄牙代表团，并在欢迎词指出："中葡两国就澳门问题的谈判，将是伙伴之间的关系，而不是对手之间的关系。"自此，中葡两国正式就澳门问题举行会谈。

四轮会谈全在中国首都北京举行：第一轮会谈于 1986 年 6 月 30 日至 7 月

1 日；第二轮会谈于 1986 年 9 月 9 日至 10 日；第三轮会谈于 1986 年 10 月 21 日至 22 日；第四轮会谈于 1988 年 3 月 18 日至 23 日。

第一轮会谈开始时，中国代表已建议会谈总议程：①中国政府对澳门行使主权的有关问题；②中国对澳门行使主权后的安排；③过渡时期的安排。

葡萄牙代表首先同意中国代表提出的总议程并按之讨论。其次，中国代表提交了《中葡联合声明》草案的中、葡、英文版本，并对此作出简要的说明解释。

第二轮会谈时，中国代表提交了《中葡联合声明》的附件，并作出相关说明。葡萄牙代表团表示需要对全部文件进行深入研究后，才能作出全面的评论，故提议在第三轮会谈上才作出全面评论。最后，双方就第三轮会谈的时间、第三轮会谈后成立工作小组的时间和中国代表团团长周南在 11 月访问葡萄牙之新闻公报细节等进行了磋商，并取得了广泛的一致。

直到第三轮会谈，葡萄牙代表终于评论了首两轮会谈中国代表团所提交的文件，并将中国的意见分为“同意、接受的”、“需要作出适当修改和补充的”和“需要进一步弄清一些概念的确切内容和含义后才能作出评论的”。中国代表随即赞许葡萄牙代表的积极回应，并就葡萄牙代表所提及的一些拟修改的问题进行磋商。会谈当中，葡萄牙代表更主动提议将部分重要的、实质性的、难度较大的问题在周南访问葡萄牙时，再与葡萄牙总统和总理磋商。但周南表示：“不能将我的访问视为一轮关于澳门问题的谈判，也不能以我的访问来代替关于澳门问题的正式会谈。我在与贵国领导人的会晤中，如谈到澳门问题，也只能是我们在谈判中遇到的重要的、悬而未决的问题，而不是把所有的问题留到访葡时才解决。”其后，双方就设立工作小组的细节进行具体讨论，并将所提出的全部协议文件拟成草案。最后，双方同意工作小组在周南访问葡萄牙后便开始工作。

前三轮会谈，中葡双方讨论比较顺利。但在周南访问葡萄牙时，葡萄牙政府就交还澳门的日期上改变原本的立场，并将此日期延至 21 世纪初。结果，周南在会晤葡萄牙总统后，取消了原定的参观访问计划。其后中国外交部发言人在 1986 年 12 月 31 日郑重声明：“在 2000 年前收回澳门是中国政府和包括澳门同胞在内的十亿中国人民的不可动摇的坚定立场和强烈愿望，任何超越 2000 年后交回澳门的主张，都是不能接受的。”1987 年 1 月 6 日，葡萄牙国务会议经过 4 个多小时的讨论后，原则上同意于 1999 年将澳门治权交还中国。中葡两国在解决了此争议后，于 1987 年 3 月 18 日开始了第四轮的会谈。

第四轮会谈中，中葡双方代表团共同表示不希望再遇到重大障碍，并期望此次会谈为澳门问题的最后一次谈判回合。由于双方的诚意，即使在澳门葡裔人士拥有双重国籍和保护澳门的葡萄牙文化特色仍有分歧，但都因双方尊重态度和相互让步解决了。最终，中方容许澳门葡裔澳门人士自行选择国籍（即中国籍或维持葡萄牙国籍），而中方亦尊重澳门的葡萄牙文化特色。经过四轮会谈后，双方联合发表新闻公报，宣布两国已就澳门问题达成协议，并将于3月26日在北京举行草签联合声明的仪式，仪式由两国的政府代表团团长进行草签。

1987年4月13日，中国总理和葡萄牙总理分别代表中葡两国政府在北京人民大会堂西大厅正式签署《中葡联合声明》。1987年，中葡两国各在各自政府内取得《中葡联合声明》的批准。中葡两国政府终于在1988年1月15日互换批准书，《中葡联合声明》正式生效。

由中葡两国政府于1987年4月13日正式签署《中葡联合声明》至1999年12月20日澳门政权移交期间的十多年，被称为过渡期。

1988年1月15日，中国外交部已公布了中葡联合联络小组和中葡土地小组中方成员的名单，就澳门过渡期间之问题进行了磋商。同年4月13日，第七届全国人民代表大会第一次全体会议决定成立“澳门特别行政区基本法起草委员会”，1988年10月25日“澳门特别行政区基本法起草委员会”在北京召开第一次的全体会议，其中通过了起草工作的大体规划和步骤，并决定筹组“澳门特别行政区基本法咨询委员会”。终于在1993年3月31日，全国人民代表大会通过了《中华人民共和国澳门特别行政区基本法》，这标志着澳门进入了过渡期的后半段（或称后过渡期）。

在筹组澳门特别行政区第一届政府、立法会和司法机关方面，一切按照《全国人民代表大会关于澳门特别行政区第一届政府、立法会和司法机关产生办法的决定》之规定进行。澳门特别行政区筹备委员会负责筹备成立澳门特别行政区的有关事宜，并负责筹组由200位有代表性的澳门人士组成澳门特别行政区第一届政府推选委员，再利用协商与提名选举方式产生第一任澳门特别行政区行政长官，提交中央政府任命。在1999年5月15日举行的澳门特区首任行政长官竞选中，何厚铧以近82%的支持率胜出。

而澳门立法会的组成，则按《澳门特别行政区基本法》的有关规定，由澳葡政府最后一届立法会的成员，并符合由选举产生的议员如拥护《中华人民共和国澳门特别行政区基本法》、愿意效忠中华人民共和国澳门特别行政区和符合澳门特别行政区基本法规定条件者，经澳门特别行政区筹备委员会确认，即可成为澳门特别行政区第一届立法会议员。若有议员缺额，将由澳门特别行政区筹备委员会决定补充。司法机关方面，澳门特别行政区法院由澳门特别行政区筹备委员会依照《澳门特别行政区基本法》负责筹组。

在整段过渡期内，澳葡政府在中方的督促下，采取了三大措施，确保澳门政权顺利交接，包括中文合法化、公务员本地化和法律本地化，合称“三化”。

在葡萄牙统治时期，葡文一直是澳门的官方语言，反观中文，却一直没有官方地位。对于主要为华人居民的澳门，这是不利于居民和经济的发展的。时任中国外长的钱其琛在1992年访问葡萄牙时，两国就此不利障碍达成协定，从此中文取得了官方地位，与葡文并列成为澳门的官方语言。尽管如此，澳门总督在1999年12月19日才发布批示，把中文正式列为澳门地区的官方语言之一。

由于葡文是澳门的官方语言，澳门的葡萄牙人和土生葡人一直受到特别的重用，为澳葡政府的中上层公务员。反观华人公务员，普遍职级低且人数有限。而在澳门政权移交期间，必定有很多葡萄牙人选择离职。若要等到进行正式政权移交时才任命高级华人公务员，管理层的接班与行政经验必定不利于澳门政权的交接。因此，澳葡政府在《联合声明》签署后，开始分阶段、较有秩序地培养本地公务员，具体措施包括与葡萄牙国家行政学院合作，在东亚大学开设公共行政硕士课程、举办“赴葡就读计划”和“赴京就读计划”，以及设立“司长助理”一职等。但是，公务员本地化的进度一直被认为相当缓慢，外界更以“坐直升机”来形容本地公务员在当时获快速晋升的情况，导致本地公务员在各方面都未能吸取充分的业务经验。而葡方坚持政务司级官员不作本地化，虽然在政治上无可厚非，但也使将来的特区政府需要在经验不足的本地公务员队伍中选拔人才，建立管治班子，不利于整个行政架构的顺利运作。

澳门在澳葡时期的法律全都是葡文而且行文相当烦琐，有些是根据数百年前的葡萄牙法律制定，一些内容则带有殖民主义色彩，又有一些是葡萄牙直接制定，延伸至澳门使用的葡萄牙全国性法律。因此，在过渡期内，十分需要将这些法律加以清理修订，使之成为政权移交后适用于澳门的法律。司法人员本地化也是法律本地化的另外一项主要工作。澳门政府成立“法律翻译办公室”，开始对澳门的主要法律进行中译工作，并于1996—1999年，分别颁布构成澳门法律体系的五大框架法典，即《刑法典》、《刑事诉讼法典》、《民法典》、《民事诉讼法典》和《商法典》。另外，又在澳门大学开设法律系，于1995年又成立“司法官培训中心”，培养本地法律人才。

另一个受关注的问题是澳门居民的去留。由于对回归中国的忧虑，很多葡萄牙人和土生葡人选择离开澳门，但现今的澳门特别行政区仍有近3%的人口为葡萄牙人和土生葡人。至于澳门的华人，过渡期却未见有大规模的移民潮。事实上，很多在澳门出生的华人和土生葡人都持有在欧盟通用的葡萄牙护照，可自由出入欧盟国家。回归前，澳门居民普遍关心的主要是经济与治安不佳等社会问题。

过渡期间的澳葡政府自1993年起，每年耗资兴建中葡友好纪念物。纪念物为澳门的旅游业发展与美化市容作出了贡献，但亦有人指出是浪费财政收入的建设活动。

1999年12月19日下午，第127任澳督韦奇立于澳门总督府进行降旗仪式，这为政权移交仪式拉开了序幕。正式的澳门政权移交的仪式在1999年12月19日午夜举行，交接仪式场馆在澳门文化中心花园场馆内举行。交接仪式以傍晚举行的文艺晚会和官方晚宴开始，在宋玉生广场至澳门文化中心花园之间进行。整个政权移交仪式以12月20日凌晨时分在澳门综艺馆举行的澳门特别行政区成立仪式为结束。

文艺晚会由舞龙和舞狮拉开序幕，继而演出澳门历史的事件、中西宗教、种族的融合。最后一幕的表演，将观众引领到现代的澳门。最后，由象征着422年的葡萄牙在澳历史的442位儿童，联同国际巨星合唱“赞颂和平”结束文艺晚会。

到子夜零点前，葡萄牙总统桑帕约与时任中国国家主席江泽民分别代表双方政府主持主权移交仪式。仪式原定23：40开始，但因葡萄牙政府代表团四位成员未能及时上台，加之葡国总统桑帕约感冒（后来证实患上肺炎），讲话超时三十秒，使整个仪式延迟了两分钟。后来，在中方努力下，顺利抢回延误时间。最后，在2 500位中外来宾的见证下，葡萄牙国旗及澳门市政厅旗（当时对外代表澳门的旗帜）缓缓降下；而中华人民共和国国旗和澳门特别行政区区旗在凌晨零时零分零秒徐徐上升，政权移交顺利完成。

午夜1：30，澳门特别行政区成立仪式在时任中国国务院总理朱镕基的监督下进行，首任澳门特别行政区行政长官何厚铧与新政府成员一同宣誓效忠澳门政府及中央政府。

12月20日，中国人民解放军驻澳门部队准时通过澳门关闸进驻澳门。正午12时，由编号ZA 00－01（即表示“驻澳”在澳门行驶的车辆，而Z字是取自“驻”的普通话拼音首个字母，A是取自“澳”的普通话拼音的首个字母）的军用吉普车与车上三名持枪礼兵带领澳门部队，护卫着中华人民共和国国旗顺利进驻澳门。从关闸到澳门部队营区，驻澳门部队沿途受到了澳门市民的热烈欢迎。下午2点45分，时任中共中央总书记、国家主席、中央军委主席的江泽民视察中国人民解放军驻澳门部队营区，并进行阅兵。

为庆祝此大事，中华人民共和国中央人民政府致送了一尊名为《盛世莲花》的雕塑。而澳门政府亦将此雕塑放置在举行澳门特别行政区政府成立仪式的场地旁边，即澳门综艺馆旁的金莲花广场。其后在2003年3月，澳门政府在主权交接仪式场馆原址兴建澳门回归贺礼陈列馆。该陈列馆于2004年12月30日揭幕，陈列全国各地送赠给澳门的贺礼。

从1849年中国丧失在澳门的实际主权，到1999年中国对澳门恢复行使主权，历史走过了整整150年。澳门的回归在世界范围内有着重大而深远的意义。

澳门回归祖国在亚洲解放史上具有划时代的意义。从1553年葡萄牙人居澳门，到葡人获得统治权，再到现在已近500年。如今中国恢复行使主权，洗雪了中华民族耻辱的一页，不仅意味着西方在中国的殖民主义的结束，而且最终结束了白人在亚洲统治的历史。为了使澳门早日回到祖国怀抱，中国历届政府曾作出过各种努力。但只有在今天，中国一发出收回的声音，葡萄牙政府即顺应了潮流，这足以说明现在中国的强大。而且中国在解决澳门这个历史遗留的问题上，又表现出了体谅和现实态度，将在20世纪内收回澳门的具体时间，放到了20世纪最后一年的最后一个月，充分反映出一种宽宏的气度。

澳门回归祖国奠定了中葡两国关系发展的新基础。中葡联合声明妥善地解决了历史遗留下来的澳门问题，具有重大的历史意义和现实意义，为葡萄牙同亚洲国家，特别是同中国的关系开辟了美好前景。《中葡联合声明》既重视中国对澳门的主权，也尊重葡方的利益，是相互理解和友谊的典范，是一个值得庆贺的历史性文献。中葡两国的友好合作是澳门顺利回归的保证，而澳门回归后，两国关系将进入一个新的发展阶段，澳门也将成为中葡两国发展友好合作关系的纽带。

澳门回归是"一国两制"伟大构想的新胜利。根据《中华人民共和国宪法》第31条的规定，设立澳门特别行政区，并按照"一个国家，两种制度"的方针，保持原有的资本主义制度和生活方式，五十年不变。"澳人治澳"是指由澳门人自主管理澳门。澳门特别行政区的行政机关和立法机关由澳门当地人组成。按照基本法规定，"澳人"就是澳门特别行政区永久性居民，包括符合基本法规定条件的中国人、葡萄牙人和其他国家的人。澳门特别行政区行政长官、主要官员、行政会委员、立法会议员、终审法院院长及检察长必须是澳门特别行政区永久性居民，其中部分职位还必须由永久性居民中的中国公民担任。"高度自治"是指全国人民代表大会授权澳门特别行政区依照基本法的规定实行高度自治，中央政府不干预属于澳门特别行政区自治范围内的事务。澳门特别行政区享有行政管理权、立法权、独立的司法权和终审权，以及全国人民代表大会及其常务委员会和中央人民政府授予的其他权力。高度自治不等于完全自治，为维护国家的统一，维护国家主权和领土完整，中央政府保留了必要的权限。例如，与澳门特别行政区有关的外交事务和防务由中央人民政府负责管理。

第三节　澳门回归以来的新变化

澳门自1999年12月20日回归后，成为中华人民共和国的一个特别行政区，依据澳门基本法实行高度自治。在“一国两制”政策的指引下，澳门的社会和经济方面的特色予以保留并得以延续。由于政权顺利交接和“一国两制”成功落实，澳门特别行政区政府、立法会和司法机关均按基本法之规定实施。由于澳门特别行政区得到了中央政府的大力支持，为稳定发展提供了可靠的保障。所以自澳门特别行政区成立以后，澳门社会的各个方面均有显著的改善。

一、经济

澳门经济规模不大，但外向度高，是区内税率最低的地区之一，财政金融稳健，无外汇管制，具有自由港及独立关税区地位，是亚太区内极具经济活力的一员，也是连接中国大陆和国际市场的重要窗口与桥梁。

自澳门特别行政区成立以来，经济保持了较快的增长速度。2011年，全年取得20.7%的实质增长，本地生产总值为2 921亿澳门元；人均本地生产总值逾6万美元，在亚洲名列前茅。2012年第一季本地生产总值实质增长18.4%。2011年年底，外汇储备达2 724亿澳门元。虽然澳门的经济规模不大，但具有开放和灵活的特点，在区域性经济中占有独特的地位。传统上，澳门的经济以出口为主，但在加工业进行转型以适应新时代的同时，服务出口在澳门整体经济上所占的比重越来越大。

澳门是中国两个国际贸易自由港之一，货物、资金、外汇、人员进出自由。特区政府成立后，把维护和完善自由市场经济制度作为经济施政的主线，营造受国际社会认同、自由开放、公平竞争和法治严明的市场环境，确保经济制度不受干扰和影响。2007年4月，世界贸易组织对澳门进行每6年一次的贸易政策审议，在报告中对澳门遵守世界贸易组织的规则予以肯定，认同特区政府过去6年经济发展所取得的成就，认为澳门未来的发展前景乐观，澳门是开放的经济体系这一评价再次受到肯定。这是澳门特区政府成立后第二次审议会议。美国传统基金发布的2011年度《全球经济自由度指数》报告中，澳门被评为亚太地区第5位，而在全球179个经济体中排名第19位，被评为“较自由”地区。特区政府致力加强对外经济合作，利用自身独特的优势，逐步发展成为国际化的区域性商贸服务平台，有效发挥澳门与亚太地区、欧盟、拉丁语系国家，尤其是与葡语国家联系的传统优势，更好地担当中国大陆与这些国家和地区经济合作的桥梁。

旅游博彩业是澳门主要的经济动力之一，其中包括作为澳门最大直接税来源的博彩业，及其他如酒店、饮食、零售等行业，对推动澳门经济的发展相当重要。迅速发展的旅游业及服务业是澳门最重要的外汇来源，20世纪90年代以来，澳门旅游业进入蓬勃发展的阶段，自1992年起，旅游业的收入已经超过出口产值。特区政府成立后，旅游业发展步伐更为迅速。澳门未来的城市定位是世界旅游休闲中心，旅游业将继续朝多元化方向发展，整合澳门独特的文化资源优势，加强区域合作，拓展连线旅游项目，加强构建澳门成为优质的文化旅游城市。2012年1月至4月入境旅客为932.4万人次，较上年同期增加6.3%。2012年1月至4月博彩毛收入996.8亿澳门元（折合124.6亿美元），博彩税收371.9亿澳门元（折合46.5亿美元）。

加强对外经济合作，包括发展双边和多边经济关系以及强化区域经济合作，是特区政府既定的发展策略。面对中国加入世界贸易组织及新一轮改革开放，澳门利用自身独特的优势，逐步发展成为珠江三角洲西部地区的服务中心，2004年开始举办的泛珠三角区域合作与发展论坛等定期及不定期的多项区域经贸交流活动，既促进泛珠三角区域的合作，也为外商到珠江三角洲投资和发展提供合作的平台。

特区政府也继续加强与新加坡、日本、中国香港、中国台湾等地经贸交流与合作。同时，有效发挥澳门与欧盟、拉丁语系国家，尤其是与葡语国家传统联系的优势，更好地担当中国大陆与这些国家和地区经济合作的桥梁。2003年10月，中央政府与澳门特区签订“紧贸安排”，同时首届“中国—葡语国家经贸合作论坛”及“国际华商经贸会议”亦先后在澳门举行，突显了澳门连接珠江三角洲、葡语国家和世界华商之间的平台作用。在“中国—葡语国家经贸合作论坛”上，参与各方签署了“经贸合作行动纲领”，确立了彼此间的合作，2004年在澳门设立论坛常设秘书处。第二届、第三届论坛部长级会议分别于2006年9月和2010年11月在澳门举行。经过多年的努力，澳门作为中葡经贸合作的服务平台得到进一步认同和巩固，澳门在促进中葡经贸交流与合作的作用进一步受到各方的重视。中国与葡语国家的双边贸易和投资均快速增长。2003年论坛成立时，中国和葡语国家的贸易额刚过100亿美元，2011年，双方的贸易额达1 172亿美元；2012年1月至3月为278.5亿美元，比上年同期增长19%。

积极推动会展业发展，推动经济适度多元化，是特区政府近年的重点经济发展策略之一。政府协助和支持大型国际性会议及活动在澳门举办，大力支持和资助业界举办各类型商贸展览，开拓商务旅游市场，并通过在各地举行的重要商务旅游展，推广澳门会展品牌形象和业务讯息。一年一度的澳门国际贸易投资展览会（MIF）已发展成为澳门最大型的国际会展活动，通过展览、论坛会议、商业配对、采购洽谈等方式，促进双向贸易投资互动，推动企业多方面的合作。自2008年起每年举办的澳门国际环保合作发展论坛及展览（MIECF），也逐渐成为华南及泛珠地区绿色产业的重要发展平台。2012年第一季在澳门举行的会展活动共271项，其中会议259项，展览12项，与会/入场总数共16.2万人次。

澳门制造业是以纺织制衣业为主，且以劳动密集型和外向型为模式发展，大部分产品销往美国及欧洲。制造业在澳门历史悠久，早期以爆竹及神香为主，纺织制衣业始于20世纪60年代，70年代至80年代进入黄金时期，同期间，玩具、电子和人造丝花等工业亦蓬勃发展。踏入90年代，澳门受到欧美两大出口市场经济疲弱、本地工资上涨的影响，加上新兴工业国家在产品价格上的竞争，制造业发展的步伐明显放缓。

2003年10月17日，《内地与澳门关于建立更紧密经贸关系的安排》（以下简称“紧贸安排”）在澳门正式签署，2004年1月1日起正式实施，之后于2004年至2011年分别签署8个补充协议。“紧贸安排”框架的具体内容主要包括货物贸易、服务贸易以及贸易投资便利化三个经贸领域。在货物贸易方面，自2006年1月1日起，除内地明令禁止进口或特殊产品外，内地对所有原产澳门的货物，经订定原产地标准后，全面实施零关税。2011年年底原产澳门货物可享零关税优惠出口内地的已共达1 216项（2011年内地税则号列），全面涵盖澳门主要的出口货物，为企业开拓内地市场创造了有利条件。从2012年4月起，在服务贸易方面，内地对澳门开放领域达到46个；在贸易投资便利化方面，在10个领域开展合作。

全球成衣贸易配额制度于2005年取消后，澳门的制造业面临重大的挑战。为此，特区政府率先向中央政府提出与珠海合建跨境工业区的概念，以便结合两地的生产优势，为制造业提供条件，面对新挑战。珠澳跨境工业区，于2003年12月5日经国务院批准设立。跨境工业区位于珠海拱北茂盛围与澳门西北区的青洲之间，首期总面积为40万平方米，珠海园区面积约29万平方米，澳门园区面积约11万平方米。2006年12月8日，珠澳跨境工业区园区及口岸正式启用，实施24小时通关。澳门园区建设进展顺利，至2011年年底，进驻澳门园区的项目共41个，其中10个为批地建厂项目，31个为租用厂房项目。

为拓展自身发展空间，配合国家区域协调发展战略，特区政府和广东省进一步加强合作，于2011年3月6日在北京签署《粤澳合作框架协议》。根据《粤澳合作框架协议》的共识，珠海横琴计划拨出约5平方公里的土地，供粤澳产业合作之用，当中包括面积约0.5平方公里的中医药科技产业园，作为粤澳产业合作的切入点，而旅游、会展、文化创意及教育培训等产业合作项目将于未来按部就班地开展，为澳门的产业多元化提供巨大的机会。2011年4月19日，中医药科技产业园正式启动。

随着经济环境的变化，传统制造业正逐步转型，在澳门经济中的比重逐渐下降，制造业在本地生产总值结构中，从1999年约占10%，下降至2010年不足1%。2012年1月至4月，澳门的总出口货值为26.2亿澳门元，比上年同期增加19.6%。以货物目的地计，自2009年起，香港已成为澳门最大的出口市场，出口至香港货物占澳门货物出口总值的比重超过四成。

自澳门回归以来，特区政府一直致力于改善就业状况，持续采取一系列的培训和鼓励就业措施，失业率自2000年起持续下降，从1999年的6.3%大幅回落至2005年的4.1%。在近年经济快速增长的环境下，自2006年起失业率一直维持在3%左右的低水平。2012年第一季，劳动人口估计为34.7万人，其中就业人口34.0万人，失业率为2.0%，就业不足率为0.8%；总体劳动力参与率为72.9%，男性及女性的劳动力参与率分别为79%及67.5%，每月工作收入中位数为11 000澳门元。

二、政治

1999年12月20日起，澳门成为中华人民共和国的特别行政区，《澳门特别行政区基本法》（以下简称《基本法》）同时开始实施。《基本法》不但规定澳门特区实行的制度，也规定了1999年后50年内的管治框架。澳门特区的制度和政策，包括社会制度，经济制度，保障居民的基本权利和自由的制度，行政管理、立法和司法方面的制度，以及有关政策，均以《基本法》的规定为依据。“一国两制”、“澳人治澳”和“高度自治”已经成功落实，成为澳门人身体力行、习以为常的社会行为和政治文化。

澳门特别行政区政府是澳门的行政机关。政府的首长是行政长官。澳门特别行政区政府设司、局、厅、处。澳门特别行政区政府的主要官员由在澳门通常居住连续满15年的澳门特别行政区永久性居民中的中国公民担任。澳门特别行政区政府负责制定并执行政策；管理各项行政事务；办理《基本法》规定的中央人民政府授权的对外事务；编制并提出财政预算、决算；提出法案、议案，草拟行政法规；委派官员列席立法会会议听取意见或代表政府发言；澳门特别行政区政府必须遵守法律，对澳门特别行政区立法会负责；执行立法会通过并已生效的法律；定期向立法会作施政报告；答复立法会议员的质询。

澳门特别行政区行政长官是澳门特别行政区的首长，向中央人民政府和澳门特别行政区负责。行政长官由年满40周岁，在澳门通常居住连续满20年的澳门特别行政区永久性居民中的中国公民担任。行政长官在本地通过选举或协商产生，由中央人民政府任命。任期为5年，可连任一次。行政长官的主要职权包括：领导澳门特别行政区政府；负责执行《基本法》和适用于澳门特别行政区的其他法律；签署立法会通过的法案，公布法律；签署立法会通过的财政预算案，将财政预算、决算报中央人民政府备案；决定政府政策，发布行政命令；制定行政法规并颁布执行；提名并报请中央人民政府任命各司司长、廉政专员、审计长、警察总局局长和海关关长等主要官员，及建议中央人民政府免除上述官员职务；委任部分立法会议员；任免行政会委员；提名并报请中央人民政府任命检察长，及建议中央人民政府免除检察长的职务；任免各级法院院长和法官、检察官、公职人员等；在特定的情况下，有权解散立法会。

澳门特别行政区行政会是协助行政长官决策的机构，会议由行政长官主持，每月至少举行一次会议。行政会的委员由行政长官从政府主要官员、立法会议员和社会人士中委任。行政会委员的人数为7～11人。

根据《基本法》，澳门特区享有立法权，立法会是澳门特区的立法机关。立法会议员由澳门特别行政区永久性居民担任，大多数议员由选举产生，除第一届另有规定外，每届任期4年。澳门特别行政区第一届立法会有23名议员，其中8人由直接选举产生、8人由间接选举产生、7人由行政长官委任；第二届立法会有27名议员，其中10名由直接选举产生、10名由间接选举产生、7名由行政长官委任；第三届及随后的每届立法会议员数目为29人，其中12名来自直接选举、10名来自间接选举、7名为行政长官委任。澳门特别行政区立法会设主席、副主席各一人。主席、副主席由立法会议员互选产生。澳门特别行政区立法会主席、副主席由在澳门通常居住连续满15年的澳门特别行政区永久性居民中的中国公民担任。澳门特别行政区立法会的立法权限包括：制定、修改、暂停实施和废除法律。立法会的权限范围包括：审核、通过政府提出的财政预算案；审议政府提出的预算执行情况报告；根据政府提案决定税收，批准由政府承担的债务；听取行政长官的施政报告并进行辩论；就公共利益问题进行辩论；接受澳门居民申诉并作出处理等。在特定情况下，立法会以全体议员三分之二多数通过，可对行政长官提出弹劾案，报请中央人民政府决定。

澳门特别行政区法院独立行使审判权，只服从法律，不受任何干预。澳门特别行政区设立第一审法院、中级法院、终审法院。澳门特别行政区终审权属于澳门特别行政区终审法院。澳门特别行政区初级法院可根据需要设立若干专门法庭。原刑事起诉法庭的制度继续保留。澳门特别行政区设立行政法院。行政法院是管辖行政诉讼和税务诉讼的法院。不服行政法院裁决者，可向中级法院上诉。澳门特别行政区各级法院的法官，根据法官、律师和知名人士组成的独立委员会推荐，由行政长官任命。各级法院的院长由行政长官从法官中选任。终审法院院长由澳门特别行政区永久性居民中的中国公民担任，其任命和免职须报全国人民代表大会常务委员会备案。

澳门特别行政区检察院独立行使法律赋予的检察职能，不受任何干涉。检察长由澳门特区永久性居民中的中国公民担任，由行政长官提名，报中央人民政府任命。检察官经检察长提名，由行政长官任命。检察院的组织、职权和运作由法律规定。

澳门特别行政区廉政公署是一个独立的机构，廉政专员直接向行政长官负责。廉政公署的职责是：开展防止贪污或欺诈行为的行动；针对贪污行为及由公务员作出的欺诈行为，依法进行调查；针对在因应澳门特区机关选举而进行的选民登记及有关选举中所作出的贪污及欺诈行为，依法进行调查；促使人的权利、自由、保障与正当利益受保护，确保公共行政的公正、合法及效率。

澳门特别行政区审计署根据《基本法》设立。审计署独立工作，不受干预。审计长对行政长官负责。审计署的主要职责是对特区政府预算执行情况进行审计监督，并对审计对象进行“衡工量值式”的审计监察，即对其履行职务时所达到的节省程度、效率和效益进行审查。

警察总局是统一负责特区保安事务的部门，属澳门特区内部保安体系的组成部分。警察总局指挥及领导其属下警务机构执行行动，警务机构现包括治安警察局和司法警察局。

澳门特区海关是根据《基本法》的规定而设立。海关是澳门特区具有行政自治权的公共机关，负责领导、执行和监察与关务政策有关的事务，并负责关务管理和监督等具有警务性质的职务。

三、文教

由于澳门独特的地理位置和历史背景，所以澳门文化是有深厚传统内涵的中华文化和以葡萄牙文化为特质的西方文化共存的并行文化，是一种以中华文化为主、兼容葡萄牙文化的具有多元化色彩的共融文化。

由于澳门是华洋共处和实行信仰自由的地区，其内居民的宗教亦呈多元化。由于多数居民为华人，信仰以儒、释、道及民间神祇为主。澳门华人的文化深受中华民族传统文化和儒家的道德思想所影响。每逢孔圣诞，澳门孔教会会带领社会各界华人和学校举行纪念与祭典仪式。至于佛教，位于望厦村的普济禅院便是澳门早期兴建的寺庙建筑之一。而道教所供奉的神祇，如谭公、洪圣爷、文昌帝君、关帝、北帝、城隍等崇拜都见于澳门。观音和妈祖崇拜在澳门特别流行，其建筑有明朝成化年间由闽商人兴建的妈祖阁庙。

基督宗教方面，天主教澳门教区成立于1576年1月23日，首任主教为贾耐劳（仁慈堂创办人）。首位华人主教为林家骏。由于回归前大量土生葡人离开澳门，故现在信徒以华人为主。基督新教也是以葡萄牙为踏足中国的第一站，英国伦敦传道会的传教士马礼逊于1807年来到澳门，展开了基督新教在中国的宣教历史。澳门有两间最古老的华人新教教会，分别是中华基督教会志道堂和澳门浸信会（又称白马巷浸信会），约有一百年的历史。圣公会维多利亚教区成立于1849年，管辖范围包括澳门，现该教区已成为香港圣公会澳门传道区。

除主流信仰外，澳门亦存在不同种类的宗教。例如伊斯兰教可能在明代以前由波斯商人传入澳门，其社团组织为澳门伊斯兰会。巴哈伊教在宣教运动中也选中澳门为传教地区之一，在1935年由来自美国加利福尼亚州的巴哈伊教徒法兰西斯·希拉太太（Mrs. Flances Heller）传入，现其社团组织为澳门巴哈伊总灵体会。另外，新兴宗教的国际基士拿知觉协会、日本的神慈秀明会、澳门创价学会等都在澳门活动，只是规模相对较小。

澳门现有公共图书馆14间、博物馆6间、展览馆9间和体育场所18个。澳门规模最大的图书馆是公共图书馆，南湾阅书报室则是规模较大的华人图书馆。澳门的博物馆主要是保存和收藏澳门的文物和资料，最大的澳门博物馆于1998年开放。

近年来，不少文人学者出版著作，问世著作相当多，是澳门有史以来出版书籍最多的时期，澳门的报纸每天大量报道中国澳门、中国香港、中国大陆以及世界各地的政治、经济、文化、教育、卫生、环保、科技的动态。澳门的民间社团、文化机构、学术团体也出版了各种小报、刊物、论著等，展现出文化蓬勃的景象。澳门没有自己的通讯社，只有外地通讯社在澳门设立的分社或派驻澳门的记者。澳门有两个广播电台。1984年，澳门电视台开播，但澳门居民主要收看香港电视台的节目。

澳门文学可追溯到万历十八年（1590），明代以写《牡丹亭》著称的戏剧家汤显祖被贬广东之后，次年特地绕道来到澳门游览，把他对澳门的新奇印象写进《香山逢贾胡》等五首诗中。后来他还把“番鬼”（洋商人）、“通事”

（翻译官）写进传奇《牡丹亭》。这是关于“香山澳”最早的文学记录。而比汤显祖早30多年的葡国大诗人卡蒙斯，也曾随船队来到澳门南湾的白鸽巢上，在几块岩石垒成的洞内写下了八千八百多行的长诗《葡国魂》，由此被文学史家称作“葡萄牙文学之父”。汤显祖与卡蒙斯一个来自东方，一个来自西方，他们相继与澳门结下文学因缘，澳门文学史于是有了极富象征意义的开端。

现代的澳门文学，则始于“九一八事变”之后。那时，救亡运动激发了澳门同胞的爱国热情，由此也催生了澳门文学。虽然这时的澳门文学带有宣传性质和功利色彩，显得比较稚嫩和粗糙，但这毕竟是现代澳门文学的萌芽。到了20世纪50年代，文学青年创办了油印刊物《红豆》后，澳门文学才开始生根。真正蓬勃发展，则是移民潮大规模掀起的20世纪80年代。

在澳门居重要地位的意识形态，如哲学、宗教、道德及华夏文化深入到澳门的每个人心中，这就难怪澳门文学一大景观——旧体诗词创作非常发达。这里有一支可观的创作队伍，领唱者为名家耆宿梁披云、马万祺，另有中壮年诗人程远、谭任杰、冯刚毅、林佐瀚等。此外，还有青年新秀的崛起，使旧体诗词在澳门后继有人。他们出版的数种《澳门当代诗词选》，里面的精品完全可以与内地创作争一日之短长。

澳门烹饪吸收了广东地区的烹饪法和食材。澳门人的饮食习惯也是一日三餐。早餐时间，一般在早上7点。早餐内容各人自有差别。一顿简单的早饭，可能为方便面、白粥、肠粉、车仔面、面包以及咖啡奶茶。星期六、日以及不用工作的人会到茶楼饮茶。午餐的时间基本在下午1~2点。因为澳门地方很小，大多数人会回家吃饭，但是也有一部分人会到快餐店吃饭。受香港影响，澳门也有下午茶，一般在下午4时半左右，多以车仔面、多士、猪扒包、咖啡奶茶为主。在晚饭时一般都会先来一碗汤，炒菜、蒸鱼，也会买现成的烧腊等。由于有部分澳门人需要从事晚上的工作，有部分人会在晚间吃夜宵，或许会去大排档，也会吃快餐。在周末或假日，许多家庭只吃两顿饭。他们会在早上11时左右去酒楼饮茶，同时吃早饭和午饭。有的家庭星期天不做饭，全家出去吃饭，这时吃饭的选择就很多，会选择葡国菜、广东菜，也会选择其他国家的餐饮。

澳门先后于2005年10月以及2006年成功举办2005年澳门第四届东亚运动会及2006年葡语系运动会，其中主场馆澳门东亚运动会体育馆于2005年7月开馆。除此以外，澳门多个建设亦纷纷动工和落成，如已开幕的渔人码头、路氹城金光大道、科学馆、澳门东亚运动会体育馆旁相议中的“Hello Kitty Land”主题公园与酒店等旅游设施。除了举办2005年及翌年主办的澳门第四届东亚运动会与第一届葡语系运动会之外，澳门将分别在2007年及2009年举办第二届亚洲室内运动会、中华人民共和国中学生运动会。

此外，澳门每年举办的其他多项节日盛事，其中有：

澳门艺术节：为澳门一年一度的文化艺术盛事。

澳门国际龙舟赛：为中国传统的体育文化活动，龙舟竞赛在南湾水上活动中心举行。

澳门国际马拉松赛：是澳门最大型的田径比赛项目，比赛路线包括澳门半岛、氹仔岛和路环岛。

由于澳门早期居民多以捕鱼为生，开始时教育在澳门并不受重视。1535年之后，由于外国传教士纷纷到澳传教著书，社会文化教育才得以开展。近400年来，澳门并存着两个社会：一个是葡人社会，另一个是华人社会。两个社会分别以各自的语言形成自己的中、小学教育。以葡语授课是为葡萄牙人子女提供教育的官制学校，是教会及社区团体举办的。以中文或英文授课的私立学校，是华人社会举办的。

政府要求官制学校教师有一定资格，即教师必须受过师范教育的培训，而对于私校教师是否受过培训就不做要求。师资培训工作也只是在《中葡联合声明》签订后，澳门政府才开始注意培训本地人才，教育事业相应地开始受到重视。

1991年以前，澳门政府一直采取"自由教育"的方式，直到1991年8月29日才正式制定了一套有关教育制度的法规，以配合本地社会的未来需求和发展。随着澳门经济的发展、人口的增加，发展教育便成为社会的迫切需求。教师是推动教育事业的主体，因此，在澳门现今的社会环境中，推行教师教育，是刻不容缓的任务。近年来澳门新政府已承担了教育的一部分经费，除资助开办师资培训外，还在大学设立教育学院，使教师教育得到进一步发展。

在澳门，非高等教育包括幼儿教育及小学教育预备班、中小学教育和职业学校等。澳门教育机构可分为官立学校、资助学校和私立学校三种；而澳门学校大部分都是私立或资助的，至于政府开办的公立学校则有高美士中葡中学、中葡职业技术中学和二龙喉中葡小学等。至于中学教育，澳门现时共有41所开设五年制的中学课程及三三制中学课程的学校，其中有28所中文中学、4所英文中学、1所葡文中学以及2所中葡文中学。此外，有4所中学同时设有中英文部，还有2所国际学校。

澳门现时尚未有完全统一的教育制度。因此，学校按其需要和目标采取不同的教育制度，通常都是在英式（与香港教育衔接）、葡式以及中式等三种教育制度之中取其一。澳门政府现在对纳入公共教育网的学校实行15年免费教育，并对非入网学校提供资助。

澳门高等教育近年发展非常迅速。目前规模最大的澳门科技大学成立于2000年，是澳门回归后成立的第一所私立大学。第一所现代高等院校“东亚大学”（即现在的“澳门大学”）成立于1981年，所开设的课程当中，较具特色的有旅游及酒店管理、博彩管理、体育及运动、中医药以及翻译等。12所高等院校如下：澳门大学、澳门大学横琴新校区、澳门科技大学、澳门理工学院、澳门旅游学院、澳门城市大学、澳门保安部队高等学校（只招收澳门永久居民）、澳门镜湖护理学院、澳门高等校际学院、澳门管理学院、中西创新学院、欧洲研究学会、联合国大学国际软件技术研究所。

四、对外交往

澳门特别行政区是一个区域性的非主权实体，与世界各国、各地区建立了广泛和密切的关系。根据《基本法》的规定，澳门可在经济、贸易、金融、航运、通信、旅游、文化、科技、体育等适当领域以“中国澳门”的名义，单独地与世界各国、各地区及有关国际组织保持和发展关系，签订和履行有关协议。

在澳门特区设有领事馆，以及驻香港特区领事机构领区包括澳门特区或可在澳门特区执行领事职务的国家共有76个，领事机构共78个。其中，在澳门特区设立总领事馆的国家有3个：葡萄牙、安哥拉、菲律宾。驻澳门特区总领事馆领区包括澳门特区或可在澳门特区执行领事职务的国家有53个；在澳门特区委派名誉领事的国家共10个；驻澳门特区名誉领事馆领区包括澳门特区的国家共7个。

截至目前，共有99个国家或地区同意给予澳门特别行政区护照持有人免签证或落地签证待遇。

澳门与欧洲的联系可追溯到16世纪，当时，欧洲的宗教、文化、技术以至产品，经由南亚传入澳门，再传播到东亚地区。悠久的历史渊源，塑造了澳门独特的面貌。19世纪以前，澳门一直在中国与欧洲各国民间的经济和文化交往中扮演着重要的角色。至20世纪，香港的经济发展虽然对澳门的商埠地位有所影响，但澳门依然维持与欧洲的多元化往来，并随着双方于1992年建立正式的关系，得以更有系统地发展。

澳门与葡萄牙之间，有深厚的历史渊源。回归后，澳门特别行政区在葡萄牙首都里斯本设立了“中国澳门驻葡萄牙经济贸易代表处”，以便于在原有的基础上，进一步发展与葡萄牙和葡语国家的联系（注：该办事处于2007年易名为“澳门驻里斯本经济贸易办事处”）。

2000年5月17日至19日，行政长官展开对葡萄牙的访问。在访葡期间，行政长官先后会晤葡萄牙总统沈拜奥、总理古德礼、外交部长伽马、科技部长贾比利和司法部长高斯迪及当地的企业家。双方均表达了在经济、行政、法律、科技等方面进一步交流和合作的意愿。

2001 年 5 月 23 日，行政长官何厚铧及葡萄牙外长伽马分别代表中国澳门特别行政区及葡萄牙共和国签署了《中华人民共和国澳门特别行政区与葡萄牙共和国合作纲要协议》。协议旨在推动中国澳门特区与葡萄牙在经济、金融、技术、科学、文化、治安、司法等领域的合作。同时，为落实该纲要协议，双方可签订涉及上述领域的特别协议。

此外，在 2005 年和 2006 年，中国澳门与葡萄牙在行政法务、医疗卫生、科技、体育、审计等领域签署了一系列的合作协议。行政长官何厚铧于 2006 年 6 月再次出访葡萄牙及布鲁塞尔的欧盟委员会。

特区政府成立后，澳门继续发挥面向葡语国家的平台作用，通过澳门的葡语人才和固有联系，协助中国大陆与葡语国家的商人展开经贸洽谈活动。行政长官何厚铧先后于 2002 年 9 月及 2005 年 6 月率团出访莫桑比克和巴西，拓展中国澳门与葡语国家在经济、文化和旅游等方面的双边联系，进一步巩固澳门联系中国和葡语国家的平台作用，同行的澳门企业家更分别与当地企业签订了合作协议。

另外，由中央政府主办、澳门特别行政区承办的“中国—葡语国家经贸合作论坛（澳门）”，于 2003 年 10 月中旬在澳门举行。旨在加强中国与葡语国家之间的经贸交流与合作，发挥澳门联系中国大陆与葡语国家的平台作用，促进中国大陆、澳门特区和葡语系国家的共同发展。

缔结友好城市的事宜是由民政总署所负责的。在澳葡政府年代，澳门市政厅已先后与多国城市结成友好城市，如葡萄牙里斯本、波尔图，瑞典林雪平和巴西圣保罗，而当时的海岛市政厅也与葡萄牙科英布拉缔结，回归后则一并交由民政总署管理。澳门的友好城市包括：葡萄牙里斯本、波尔图、科英布拉，瑞典林雪平，巴西圣保罗，澳大利亚悉尼，美国加州，佛得角普拉亚，英国伦敦，比利时布鲁塞尔（友好协约），越南岘港（友好协议），安哥拉罗安达（友好协议）。

2009 年是澳门回归 10 周年，时任国家主席胡锦涛在出席澳门回归 10 周年的讲话时指出：澳门回归祖国以来的 10 年，是“一国两制”在澳门成功实践的 10 年，是澳门基本法顺利实施的 10 年，也是澳门各界人士积极探索符合澳门实际的发展道路、不断取得进步的 10 年。回顾澳门回归祖国 10 年来的不平凡历程，可以得出以下重要启示：

第一，必须全面准确理解和贯彻“一国两制”方针。“一国两制”是一个完整的概念，“一国”和“两制”紧密相连。要全面准确理解和贯彻“一国两制”方针，关键是要把爱国和爱澳有机统一起来。既要维护澳门原有的社会经济制度、生活方式，又要维护国家主权、统一、安全，尊重国家主体实行的社会主义制度；既要维护澳门特别行政区依法享有的高度自治权，充分保障澳门同胞当家做主的主人翁地位，又要尊重中央政府依法享有的权力，坚决反对任何外部势力干预澳门事务。2009 年年初，澳门基本法第二十三条立法顺利完成，充分体现了澳门特别行政区政府、立法会和澳门各界人士对维护国家安全和利益的高度责任感，也为澳门长治久安提供了坚实保障。只要澳门同胞继续发扬光荣传统，在爱国爱澳旗帜下实现最广泛的团结，就一定能够构筑起澳门长期繁荣稳定的牢固政治基础。

第二，必须严格依照澳门基本法办事。澳门基本法在澳门特别行政区法律体系中具有最高地位。依法治澳，就是要按照澳门基本法办事，坚决维护澳门基本法的权威。自澳门回归祖国以来，特别行政区政府和各社会团体坚持不懈宣传推广澳门基本法，自觉以澳门基本法规范行政、立法、司法行为和处理政治发展等重大问题。这是澳门特别行政区 10 年来所取得的一项重要成就。要在这一基础上进一步健全澳门特别行政区各项法律法规，加强制度建设，特别是要按照以人为本、勤政、廉洁、高效的要求，完善政府行政规章制度，促进澳门特别行政区政府管治水平不断提高。

第三，必须集中精力推动发展。发展是硬道理。澳门特别行政区政府和社会各界人士在过去 10 年中始终牢牢把握发展这个主题，避免政治纷争和社会内耗，形成了经济快速增长、民生明显改善的良好局面。在今后的发展中，要更加注重集民智、聚民心、汇民力，更加注重发展的全面性、协调性、可持续性，切实提高澳门抵御各种经济金融风险的能力。当前，特别要充分利用中央政府已经采取的一系列支持澳门发展的政策措施以及国家颁布实施《珠江三角洲地区改革发展规划纲要》、《横琴总体发展规划》的有利机遇，加强同内地特别是广东省的合作。要继续加强和完善对博彩业的管理，努力推动澳门经济适度多元发展。要统筹规划，加大教育、科技、文化、卫生、体育等社会事业投入，使发展成果惠及广大澳门市民，致力于提高市民生活综合素质，促进澳门经济社会全面协调可持续发展。

第四，必须坚持维护社会和谐稳定。澳门是一个多元化社会。各阶层各界别虽然利益多元、诉求多样，但根本利益是一致的。良好的治安环境、融洽的社会氛围、稳定的发展局面是澳门全社会的共同福祉。包容共济是促进澳门社会和谐稳定的良方益策。澳门同胞向来讲团结、重协商，只要大家在维护澳门长期繁荣稳定的大目标下相互尊重、求同存异、加强沟通、顾全大局，就一定能够找到解决矛盾和问题的办法，为澳门各项事业发展营造良好社会氛围。

第五，必须着力培养各类人才。人才是各项事业发展之本。不断提升澳门竞争力，最关键的支撑因素是人才。要着眼长远，增强紧迫感，大力发展教育、科技、文化事业，培养造就一大批澳门社会发展需要的政治人才、经济人才、专业技术人才以及其他各方面人才。要高度重视和加强爱国爱澳优秀年轻人才培养，使澳门同胞素有的爱国爱澳传统薪火相传、发扬光大，使“一国两制”事业后继有人。

2012 年 11 月 8 日胡锦涛主席在中共十八大报告中又进一步提出：

“香港、澳门回归以来，走上了同祖国内地优势互补、共同发展的宽广道路，‘一国两制’实践取得举世公认的成功。中央政府对香港、澳门实行的各项方针政策，根本宗旨是维护国家主权、安全、发展利益，保持香港、澳门长期繁荣稳定。全面准确贯彻‘一国两制’、‘港人治港’、‘澳人治澳’、高度自治的方针，必须把坚持一国原则和尊重两制差异、维护中央权力和保障特别行政区高度自治权、发挥祖国内地坚强后盾作用和提高港澳自身竞争力有机结合起来，任何时候都不能偏废。

“中央政府将严格依照基本法办事，完善与基本法实施相关的制度和机制，坚定支持特别行政区行政长官和政府依法施政，带领香港、澳门各界人士集中精力发展经济、切实有效改善民生、循序渐进推进民主、包容共济促进和谐，深化内地与香港、澳门经贸关系，推进各领域交流合作，促进香港同胞、澳门同胞在爱国爱港、爱国爱澳旗帜下的大团结，防范和遏制外部势力干预港澳事务。

“我们坚信，香港同胞、澳门同胞不仅有智慧、有能力、有办法把特别行政区管理好、建设好，也一定能在国家事务中发挥积极作用，同全国各族人民一道共享做中国人的尊严和荣耀。”

参考书目：

1.《中华人民共和国澳门特别行政区基本法》。

2.《胡锦涛在庆祝澳门回归祖国 10 周年大会暨澳门特别行政区第三届政府就职典礼上的讲话》。

3. 吴志良、金国平、汤开建：《澳门史新编》，澳门：澳门基金会 2008 年版。

4. 邓开颂、陆晓敏、杨仁飞：《澳门史话》，北京：社会科学文献出版社 2011 年版。

思考题：

1. 试论澳门回归的基本历程。
2. “一国两制”在澳门社会中是怎样实践的？
3. 澳门社会的中西合璧体现在哪些方面？

第九章　台湾篇

台湾自古以来就是中国领土不可分割的一部分，两岸人民同文同种，血肉相亲，拥有几千年的交往传统。然自明清以来，西方殖民主义全球扩张，中国封建社会逐步衰落，台湾也成为殖民掠夺的牺牲品，自 17 世纪以来先后经历西班牙、荷兰、日本等国的入侵，这引起了广大台湾同胞和全体中华儿女的强烈反抗，收复台湾的行动一直没有中断。1945 年“二战”结束，台湾光复回到祖国怀抱，国民党政府进驻台湾，实行白色恐怖政策，建立戒严体制，在外部因素的介入之下，人为造成两岸分隔，但两岸人民追求国家统一的脚步并未停止。“一国两制”的提出并顺利解决香港、澳门问题，为最终解决台湾问题提供了借鉴。进入新世纪以来，台湾岛内政局出现变化，两岸人民经受住了考验，当前正处于两岸关系和平发展的关键时期，两岸人民将按照“先经后政”、“先易后难”的原则最终解决台湾问题，实现祖国统一大业。

第一节　台湾概述

一、台湾的自然地理

台湾岛是中国的第一大岛，位于祖国东南沿海的大陆架上，地处东经 119°18′03″至 124°34′30″、北纬 20°45′25″至 25°56′30″之间。台湾东临太平洋，东北邻琉球群岛，相隔约 600 公里；南界巴士海峡，与菲律宾相隔约 300 公里；西隔台湾海峡与福建相望，最窄处为 130 公里。台湾是西太平洋航道的中心，是中国与太平洋地区各国海上联系的重要交通枢纽。

台湾海峡呈东北向西南走向，北通东海，南接南海，长约 200 海里，宽约 70 ~ 221 海里，平均宽度约 108 海里，是中国海上交通要道，也是国际海上交通要道。东海和南海之间往返的船只从这里通过，从欧洲、非洲、南亚和大洋洲到中国东部沿海的船只也从这里通过，从大西洋、地中海、波斯湾和印度洋到日本海的船只一般也经过这里。

台湾的区域范围包括台湾本岛以及兰屿、绿岛等 21 个附属岛屿，澎湖列岛 64 个岛屿，以及南海的太平岛。其中台湾本岛面积为 35 873 平方公里。目前所称的台湾地区还包括台湾当局控制的福建省的金门、马祖等岛屿，总面积为36 188平方公里。

台湾岛多山，高山和丘陵面积占全部面积的三分之二以上。台湾山系与台湾岛的东北—西南走向平行，竖卧于台湾岛中部偏东位置，形成本岛东部多山脉、中部多丘陵、西部多平原的地形特征。台湾岛有五大山脉、四大平原、三大盆地，分别是中央山脉、雪山山脉、玉山山脉、阿里山山脉和台东山脉，宜兰平原、嘉南平原、屏东平原和台东纵谷平原，台北盆地、台中盆地和埔里盆地。台湾岛位于环太平洋地震带和火山带上，地壳不稳，是一个多震的地区。

台湾气候冬季温暖，夏季炎热，雨量充沛。北回归线穿过台湾岛中部，北部为亚热带气候，南部属热带气候。年平均气温（高山除外）为22℃，年降水量多在2 000毫米以上。充沛的雨量给岛上的河流发育创造了良好的条件，独流入海的大小河川多达608条，且水势湍急，多瀑布，水力资源极为丰富，其中长度超过100公里以上的河流有浊水溪（186.4公里）、高屏溪（170.9公里）、淡水河（158.7公里）、大甲溪（140.3公里）、曾文溪（138.5公里）、马溪（116.8公里）。

台湾农耕面积约占土地面积的四分之一，盛产稻米，一年有二至三熟，米质好，产量高，主要经济作物是蔗糖和茶。蔬菜品种超过90种，栽种面积仅次于稻谷。台湾素有“水果王国”美称，水果种类繁多。花卉产量也相当可观。

台湾森林面积约占全境面积的52%，台北的太平山、台中的八仙山和嘉义的阿里山是著名的三大林区，木材储量多达3.26亿立方米，树木种类近4 000种，其中尤以台湾杉、红桧、樟、楠等名贵木材闻名于世，樟树提取物更居世界之冠，樟脑和樟油产量约占世界总量的70%。

台湾四面环海，海岸线总长达1 600公里。因地处寒暖流交界，渔业资源丰富。东部沿海岸峻水深，渔期终年不绝；西部海底为大陆架的延伸，较为平坦，底栖鱼和贝类丰富、近海渔业、养殖业都比较发达。远洋渔业也较发达。

台湾除有丰富的水力、森林、渔业资源外，其他自然资源有限，自产能源只有少量煤、天然气，金、银、铜、铁等金属矿产也较少，主要储藏于北部火山岩地区及中央山脉。

台湾人口共2 328万人（2012年9月统计），人口总增加率为2.5‰，人口组成以汉族、台湾原住民族两大民族为主。若依据移居来台的时间先后算，可以粗分为四大群，依序是台湾原住民族、移居来台的闽南人及客家人、战后来台的外省人。而台湾人与东南亚国家人民通婚（大部分是台湾男性和东南亚女性通婚）日益增加，亦有所谓的新住民之称。台湾居民中，汉族占总人口的98%；少数民族占约2%，约43万人。根据语言、风俗的不同，台湾少数民族分为阿美、泰雅、排湾、布农、卑南、鲁凯、邹、雅美、邵族、葛玛兰和赛夏等11族，分居全省各地。

在行政区划上，台湾曾辖基隆、新竹、台中、嘉义、台南5个省辖市，台北、宜兰、桃园、新竹、苗栗、台中、彰化、南投、云林、嘉义、台南、高雄、屏东、台东、花莲、澎湖16个县。台湾当局于1967年将台北市定为“行政院院辖市”、于1979年将高雄市定为“行政院院辖市”。此外，还设有所谓“福建省政府”，辖金门、连江（马祖）2个县。现台湾辖5个直辖市（台北市、新北市、台中市、台南市、高雄市），12个县（桃园、南投、宜兰、新竹、云林、花莲、苗栗、嘉义、台东、彰化、屏东、澎湖）、3个市（基隆、新竹、嘉义），共有368个乡镇市区，153个乡、41个镇、17个县辖市、157个区。

二、历史上大陆与台湾的关系

早在约3万年前的旧石器时期，台湾就有人类在活动。1971年、1974年两度在台南县左镇乡发现人类顶骨残片化石，这是台湾岛上迄今发现的最早的人类化石，被命名为“左镇人”。考古学家认为，“左镇人”是3万年前从大陆迁移到台湾的，那时的台湾尚和中国大陆相连，他们与福建考古发现的“清流人”、“东山人”同属中国旧石器时代南部地区的晚期智人，有着共同的起源，且都继承了中国直立人的一些特性。

台湾有文字记载的历史可以追溯到公元230年。当时三国吴王孙权派1万官兵到达“夷洲”（台湾），吴人沈莹的《临海水土志》留下了世界上对台湾最早的记述。隋唐时期（581—907）称台湾为“流求”。隋王朝曾三次出师台湾。据史籍记载，610年（隋大业六年）汉族人民开始移居澎湖地区。到宋元时期（960—1368），汉族人民在澎湖地区已有相当数量。汉人开拓澎湖以后，开始向台湾发展，带去了当时先进的生产技术，公元12世纪中叶，宋朝将澎湖划归福建泉州晋江县管辖，并派兵戍守。元朝也曾派兵前往台湾。元、明两朝政府在澎湖设巡检司，负责巡逻、查缉罪犯，并兼办盐课。明朝后期开拓的规模越来越大。在战乱和灾荒的年代，明朝政府的福建当局和郑芝龙集团曾经有组织地向台湾移民。

16世纪，西班牙、荷兰等西方殖民势力迅速发展，开始把触角伸向东方。17世纪初，荷兰殖民者乘明末农民起义和东北满族势力日益强大，明政府处境艰难之时，侵入台湾。不久，西班牙人侵占了台湾北部和东部的一些地区，1642台湾沦为荷兰的殖民地。荷兰殖民者实行强制统治，把土地据为己有，强迫人民缴纳各种租税，掠夺台湾的米、糖，把其收购到的中国生丝、糖和瓷器经台湾转运往各国，牟取高额利润。荷兰殖民者的统治，激起了台湾人民的反抗。1652 年 9 月，农民领袖郭怀一领导了一次较大规模的武装起义。这次武装起义虽然被镇压下去，但它表明荷兰的殖民统治已经出现危机。

1644 年，清军入关，在北京建立清朝政权。1661 年 4 月，郑成功以南明王朝招讨大将军的名义，率 2.5 万将士及数百艘战舰，由金门进军台湾。郑成功在进军台湾时，向荷兰殖民者表示，台湾“一向属于中国”，台湾和澎湖这两个“岛屿的居民都是中国人，他们自古以来占有和耕种这一土地”，荷兰“自应把它归还原主”。经过激烈战斗和围困，1662 年 2 月，郑成功迫使荷兰总督揆一签字投降。郑成功从荷兰殖民者手中收复了中国领土台湾，成为一位伟大的民族英雄，受到广大人民的敬仰。

1684 年，清政府设置分巡台厦兵备道及台湾府，隶属于福建省。至 1811 年，台湾人口已达 190 万，其中多数是来自福建、广东的移民。移民大量开垦荒地，使台湾成为一个新兴的农业区域，并向大陆提供大量稻米和蔗糖，由大陆输入的日用消费品和建筑材料等，使台湾的经济得到相当程度的发展。这个时期，台湾与福建、广东的来往十分密切，中华文化更加全面地传入台湾。

由于西方列强向中国边疆侵逼，中国出现了边疆危机。1884—1885 年中法战争期间，法军进攻台湾，遭刘铭传率军重创，到 1885 年 6 月《中法新约》签订，法军被迫撤出台湾。中法战争以后，清政府为了加强海防，于 1885 年在台湾建省，台湾成为中国第 20 个行省。首任台湾省巡抚刘铭传积极推行自强新政，清理田赋，增加财政收入，购买轮船，架设电报线，设立邮电总局，建造铁路；购买军舰，增设炮台，设立机器局自造武器；成立煤务局，安装新式采煤机器；设立兴市公司，建街造路；创立西学堂、电报学堂，培养建设人才。刘铭传把众多新式事业集中于一省，使台湾成为当时中国的先进省份之一。

1894 年日本发动甲午战争，翌年清政府战败，于 1895 年 4 月 17 日被迫签订丧权辱国的《马关条约》，把台湾割让给日本。消息传出后，举国同愤，反对割台。台湾全省“哭声震天”，鸣锣罢市。协理台湾军务的清军将领刘永福等率军民反抗日本的侵占，坚持了 5 个多月，历经大小百余仗，使日本侵略者付出了惨重的代价，但终遭失败。从此，台湾沦为日本的殖民地达 50 年之久。

台湾人民从未屈服日本的殖民统治，在日据初期，以农民为主体的抗日武装进行了长达 20 年的斗争。后来，文化协会、民众党、共产党等还组织领导了反抗日本殖民统治的民族抵抗运动。

1937 年 7 月日本制造“七七事变”，中国人民开始了全民族的抗日战争。

在抗日战争时期，不少台湾同胞回到祖国参加抗战，为抗日战争的胜利和台湾的光复作出了贡献。1941 年 12 月太平洋战争爆发后，12 月 9 日，中国政府发出《中国对日宣战布告》，明确昭告中外："所有一切条约、协定、合同，有涉及中日之间关系者，一律废止。" 为了反对德、日、意法西斯轴心国，中国与美国、苏联、英国、法国等结成同盟国。1943 年 11 月，中国、美国、英国三国元首在埃及首都开罗开会，重点商讨对日作战及战后对日本的政策。12 月 1 日，三国签署《开罗宣言》，明确指出："三国之宗旨在剥夺日本自 1914 年第一次世界大战开始以后在太平洋所夺得或占领之一切岛屿，在使日本所窃取于中国之领土，例如满洲、台湾、澎湖群岛等，归还中国。" 1945 年 7 月 26 日，中、美、英三国签署《波茨坦公告》，再次确认"《开罗宣言》之条件，必将实施"。后来苏联也参加签署了这一公告。这样，就以国际条约的形式，确认台湾（含澎湖列岛）是中国领土的一部分，日本战后必须将其归还中国。

1945 年 8 月 15 日，日本天皇宣布无条件投降。日本在《投降条款》中承诺"忠诚履行波茨坦公告各项规定之义务"。8 月 29 日，中国政府设立台湾省行政长官公署，任命陆军大学校长陈仪为首任行政长官，负责接受日本在台投降事宜。10 月 25 日，陈仪在台北"公会堂"（即现在的中山堂）接受日本第 10 方面军司令长官安藤利吉的投降。陈仪代表中国政府宣布："自即日起，台湾及澎湖列岛已正式重入中国版图。所有一切土地、人民、政事皆已置于中国政府主权之下。" 至此，台湾人民结束了自《马关条约》以来半个世纪的屈辱历史，在遭日本帝国主义 50 年殖民统治之后，重新回到祖国的怀抱。10 月 25 日因而被定为"台湾光复节"。

第二节　台湾光复后的社会变化

一、光复后的台湾政治变革

战后初期南京国民政府在台湾设立与中国大陆省级行政体制不同的"台湾省行政长官公署"，并由陈仪出任台湾省行政长官兼台湾省警备总司令部的总司令。但是，抗战胜利后，国民党政府接收台湾，政治上独断专行，经济上高度统治，使台湾社会陷入危机，民生艰难困苦，民众怨声载道。1947 年 2 月，台湾发生了反对国民党统治的"二二八事件"。2 月 27 日，台北专卖局缉私警察殴打街边摊贩，又开枪击毙一名围观群众，激起民愤。28 日台北民众到警察局和长官公署游行请愿，遭到军警武力镇压，造成大规模流血冲突，双方皆有重大伤亡。此后数天，全台各地都起义声援，攻占了台湾各地的国民党政府机构，民众提出实施政治改革、重用台省人才、废止专卖局、县市长民选等要求，这就是“二二八事件”。“二二八事件”后，国民党政府调整台湾地方政治制度，废除台湾省行政长官公署，改设台湾省政府，由文人出身的魏道明任首届省主席，缩小公营事业范围。1949 年陈诚就任台湾省主席，1949 年 12 月，国民党当局迁到了台湾，次年 3 月，蒋介石恢复“总统”职务。从此，开始了国民党偏安台湾的历史。

1950 年朝鲜战争爆发，美国第七舰队进驻台湾海峡，国民党台湾当局得到美国的庇护；同时，国民党台湾当局采取了一系列措施，全面加强了在台湾的政治控制。

第一，建立戒严体制。

1949 年 5 月，在国民党去台前，通过台湾省警备总司令部颁布“戒严令”，宣布台湾地区处于“战时动员状态”，在台湾全省实行戒严。国民党落定台湾后，将戒严扩大到金门、马祖，对台湾海峡进行全面军事封锁。随后又颁布了“动员戡乱时期临时条款”、“国家总动员法”等一系列法规条令，使军事戒严与政治独裁紧密结合。加强特务、警察统治，严控舆论，实行“报禁”、“党禁”。由此，国民党牢牢地控制了台湾人民的政治生活、精神生活和文化生活。

第二，推行“地方自治”。

国民党退台初期，提出“地方自治”，以各类选举吸引地方精英的政治参与作为巩固其统治的重要举措。

1. 开放地方普选，争取本土势力

1949 年 7 月 20 日，台湾省主席陈诚召集专门会议，研究自治问题。会后组成“台湾省地方自治研究会”，至 12 月底，研究会拟定了《台湾省县市议会议员选举罢免规程草案》和《台湾省各县市议会组织规程》等 17 项法规。1950 年 4 月 24 日，台“行政院”正式公布《台湾各县市实施地方自治纲要》，1950 年 8 月 16 日，台“行政院”通过《台湾各县市行政区划调整方案》。在调整行政区划的同时，实行普选。通过实施“地方普选”，国民党稳定了对台湾基层的控制，也加强了台籍地方精英对政治体系的认同与支持。虽然在 1950—1968 年的选举限制在省议员和县市以下的行政官员、民意代表，但台湾先后约有 10 万人通过选举的途径取得官职并开始其政治生涯，其中大部分是台籍人士。

2. 实行公开考试选拔高级文官

依据“中华民国宪法”规定，“考试院”是一个独立的“中央”政府机关，负责政府公务员的考试与任命。“考试院”每年举行一次国家考试，通过者即可进入政府机关担任不同层级的公职。此外每年还通过"待考"选拔高级文官进入政府体系。上述公平公开考试的举办，每年又使数以千计的人成为政府官员。

第三，实行党务改革。

国民党在大陆的失败使蒋介石被迫做一些反省的工作，1950 年，成立了由陈诚、张其昀、蒋经国等 16 人组成的"中央改造委员会"，负责实施改造方案，到 1952 年国民党"七大"召开时结束。其结果：一是对国民党组织实施了大换血，将一些党政军元老如陈立夫、白崇禧、阎锡山、何应钦挤出了决策圈，全面更换了旧有的党政系统、整肃了党内旧有派系，黄埔、中统、CC、政学系皆被清除。二是发展新党员、并注意吸纳本土人士入党，使国民党的后备力量得到了补充，增强了国民党的包容性和对台湾社会的掌控能力，扩大了国民党统治的社会基础。在此基础上，国民党的各级党部和组织系统相继建立起来，从而强化了统治机能。三是培植了拥护蒋介石、蒋经国的组织系统体系，从而建立了蒋家父子绝对的控制权。蒋经国也通过国民党的改造进入国民党的权力核心。

第四，争取美国的军事和经济援助。

自朝鲜战争爆发，美国便将台湾作为其围堵社会主义国家的"新月形"包围圈的重要一环。1950 年 6 月 25 日，朝鲜战争爆发，东亚局势发生了急剧变化，杜鲁门命令美国第 7 舰队开赴台湾海峡。随后，美国第 13 航空队进驻台湾，把台湾纳入其军事保护伞之下。1954 年 12 月 2 日，《共同防御条约》正式签订。翌年 1 月，美国参众两院通过了《台湾问题决议案》授权美国总统在认为需要的时候可以在台湾和台湾海峡使用武装力量，进一步干涉和侵犯中国主权，台湾逐步成为美国在远东地区的重要基地之一。美国在政治上给予国民党当局以官方承认，支持国民党占据中国在联合国的合法席位，与此同时，给台湾当局提供经济援助。这些无疑都为国民党在台湾的统治注射了强心剂。

1960 年，蒋介石通过操纵"国民大会"修订"临时条款"，获得了连任的权力，成为终身总统，其权力达到顶峰。在蒋介石的庇护下，蒋经国相继担任了"退役官兵辅导委员会"主委，"经济合作委员会"副主委，"行政院"政务委员等要职。1965 年，副总统陈诚病逝以后，陈系势力逐渐解体。次年，蒋经国出任"行政院"副院长。60 年代末，蒋经国进一步将党、政、军、特、财、经等大权集中于自己的手中，预示着国民党政权的权力交替在蒋家父子中进行。

1971 年 10 月，第 26 届联合国大会通过 2758 号决议，恢复中华人民共和国政府在联合国的一切合法权利，驱逐台湾当局代表。1972年2月，美国总统尼克松访问中国，中美双方在上海发表了《中美联合会报》。公报称："美国方面声明：美国认识到，在台湾海峡两边的所有中国人都认为只有一个中国，台湾是中国的一部分。美国政府对这一立场不提出异议。"

1978年12月，美国政府接受了中国政府提出的建交三原则，即：美国与台湾当局"断交"、废除"共同防御条约"以及从台湾撤军。中美两国于1979年1月1日起正式建立外交关系。国民党当局屡遭挫折，国际社会地位急剧下降，日益陷入孤立。原先由国民党所占据的国际组织中的代表权，也大部为中华人民共和国所取代。国民党当局面临着退台之后的又一次生存危机。

1972年11月蒋经国出任"行政院长"。1975年蒋介石去世，蒋经国成为领导核心，为了"应变求生存"，开始进行一系列调整，推行"革新保台"和"在台生根"的路线。

政治上调整权力机构，推行"本土化"政策，扩大国民党的政治基础，与台湾籍大财团进行政治合作，放松对岛内民众政治生活的管制。从1972年开始定期举办"中央民意代表增额选举"，以满足台籍人士参政的要求与愿望。在蒋经国"组阁"的"行政院"中，部长级台籍人士有6人，比例由上一届的4.5%上升到22%，在中央领导层中，台籍人士的比例不断增加。

蒋经国还实行干部的年轻化和专业化政策，大量起用和提拔青年才俊和专家学者担任重要职务，以取代日益老化和僵化的官僚阶层。此举使国民党各级政权人事的年龄结构和知识结构发生了很大变化，管理效率大大提高。

蒋经国上台后，通过一系列"革新"，使国民党在台湾的统治又维持了一段相对稳定的时期。

进入20世纪80年代，岛内外形势变化使国民党面临新的挑战。70年代以后，随着台湾经济的快速起飞和教育事业的普及，社会结构发生了重大变化，新兴的中产阶级崛起，知识分子阶层迅速扩大。他们不满足于国民党当局的专制独裁统治，民主参政意识不断增强。正是在这种背景下，自60年代沉寂下来的党外运动重新活跃起来，同国民党当局展开了日趋激烈的抗争。面对前所未有的挑战，蒋经国承认"时代在变、环境在变、潮流在变"，为突破困难，化被动为主动，蒋经国再次提出"政治革新"的口号，声称要"大步加速贯彻民主宪政的行动"。1987年7月14日，蒋经国正式宣布，废除在台湾和澎湖地区实施达38年之久的"戒严令"。从1987年7月28日起解除台湾居民出境观光不得以港、澳为首站的禁令；恢复民众结社、集会、游行、罢工的权利；适当开放报禁、书禁。这些措施，使国民党一党专政的权力体系逐渐解体，台湾由此进入了政治转型期，开始向多元化的政党政治过渡。

1988 年 1 月 13 日蒋经国因病逝世，按照其生前安排，李登辉以台湾本省籍人士的身份登上“总统”宝座。李登辉上台的第二年就开始进行“宪政改革”，改变台湾蒋氏政权的旧法统，到 1997 年，共进行了四次“修宪”，内容包括终止“动员戡乱”时期，废除“临时条款”，“总统”由台湾岛上民众直接选举产生，冻结台湾“省长”、“省议会”选举，虚化“台湾省政府”功能等。

经过李登辉的改革，国民党政权迅速本土化。曾经处于主流地位的外省籍国民党势力成为非主流派，台湾民进党的势力得到扩充和加强。李登辉不断地在两岸关系上做文章，千方百计以谋求“两个对等的政治实体”，“两岸分裂分治”作为处理两岸关系及对外关系的基点。在国际上制造“两个中国”或“一中一台”。1999 年李登辉公然提出了“两国论”的主张。对于台湾当局的分裂活动，中国政府进行了坚决的斗争。世界上 140 多个国家和联合国、欧盟、东盟等重要国际组织一致重申坚持一个中国和对台湾的“三不政策”。台湾当局被迫表示不会按“两国论”修改所谓“宪法”、“法律”。

李登辉的所作所为，特别是在其执政后期，公开宣扬“台独”的主张，全面动摇了国民党的政治理念，最终导致国民党的分裂和失去执政地位。在李登辉的导演下，国民党自身力量不断被削弱，同时强化了民进党的力量。国民党内部出现了严重的对立与冲突。1993 年国民党内部一批革新派人士，在赵少康、王建煊的率领下退出国民党，成立“新党”，其基本主张是“壮大中华民国，保障台湾安全为最高准则”。这是国民党退台 40 年来首次公开分裂。随后，在 1999 年，不断受到李登辉打压、在台湾社会有很高呼声的宋楚瑜也脱离国民党，国民党的分裂直接导致了 2000 年 3 月 18 日台湾第十任“总统”选举的失败。国民党力量的削弱，直接受益者是民进党，民进党候选人陈水扁以得票率 39.9% 的微弱优势当选。宋楚瑜参选失利，在 2000 年 3 月 31 日宣布成立了亲民党。亲民党的成立，标志着台湾三党鼎立、多党竞争局面的形成。台湾政局进入一个新的调整时期。就两岸关系而言，民进党上台，并没有改变台湾属于中国一部分的现状、没有改变两岸关系的基本格局。2008 年 5 月 20 日民进党再度成为在野党。2008 年 5 月，国民党马英九就任“总统”，国民党重新执政。

二、光复后的台湾经济发展

国民党迁台后，吸取了在大陆失败的教训，决定在台湾实行土地改革，以巩固其统治。1949—1952 年，先后实施了三个改革步骤：第一，三七五减租。耕地租金降到土地主要作物全年收获量的 37.5% 为限；第二，公地放领。将从日本人手中收回的公地出售给农民；第三，实行“耕者有其田”。地主持有土地超过3公顷部分，出售给“政府”，再按公地放领方式出售给佃农，分十年支付。从1949年开始的台湾土地改革，对台湾农业、工业乃至整个社会均产生了重大影响。土地改革的实施促进了农业发展，激发了农民的生产积极性，农业产值连续10年以每年5%的速度递增，到1952年土改结束时，台湾的农业生产恢复到历史最高水平。农业经济的稳定增长，使农业可以支持工业的发展，而且改变了农村土地占有关系，使大量无地农民成为自耕农，建立起了新的农村政治结构。通过土地改革，国民党瓦解了农村强大的地主势力，获得了大多数农民的支持，从而稳定了社会局势。

确定了“以农养工”、“进口替代”为主旨的经济建设计划。1953年6月30日，台湾“行政院”合并成立经济安定委员会，主导台湾的经济发展事业。通过三期四年计划，到1964年，“国民生产毛值”比1960年增长44%。经济年均增长率为9.5%，工业生产净值已超过农业，也是台湾有史以来的第一次。这说明，台湾经济结构已发生了变化。至此，台湾经济结束了以“以农养工”、“进口替代”为主的初步发展时期。

20世纪60年代后确立“加工出口”为主的外向型经济。此时台湾当局调整经济发展策略，确定了以外向型经济为重点，即发展出口加工、改善投资环境、增加投资和提高生产技术管理水平。经济重心由农业部门转移到工业部门，工业由“进口替代”转为“加工出口”为主。从1965年起，台湾在高雄兴建第一个出口加工区，此后，又开发了40多处工业区。出口加工区以发展外资企业为主，工业门类涉及电子、光学、金属制品、服装制造等20余种行业，加工的产品除特殊条件外，“不得内销”。出口导向型经济格局最终确立。1964—1972年，台湾经济以平均每年15%的速度递增，进入经济迅速发展的黄金时代。

20世纪70年代中期在新竹设立科学工业园区。1982年3月，台湾“经济部工业局”成立“策略性工业发展执行委员会”，以推动工业向技术密集度高，附加价值高、关联效果大、市场潜力大、能源消耗小、污染程度小的工业发展。为了配合工业升级，台湾当局先后进行了“十项建设”与“十二项建设”，主要是加强基础设施的建设，使制约台湾经济发展的交通、能源等瓶颈问题得到了缓解。

20世纪80年代中期实行以“三化”为中心的“经济革新”。所谓“三化”，即“自由化”（尊重市场价格机能、减少不必要的行政干预、创造公平竞争环境）；“国际化”（扩大经济活动空间、开放岛内市场、促进内外交流）；“制度化”（制定法规，用法制调节控制经济运行）。“三化”的核心是“自由化”。这标志着台湾经济由管制型向自由开放的方向发展。

从20世纪40年代到80年代，台湾经济增长速度比较快，这与台湾当局制定、采取了一系列适应台湾实际和国际经济形势的政策有关。同时，国民党从大陆带去了大量的资金和人才，据统计，蒋介石退台时将300万两黄金带到了台湾，对稳定台湾的货币起到了一定的作用。美国的援助在台湾经济起飞时期发挥了重要作用。1951—1968年，美国向台湾提供的援助总额达14.8亿美元，解决了当时台湾最紧缺的外汇和资本的问题。

20世纪90年代，台湾当局又提出了“南向政策”和“亚洲运营中心”两个发展方案。前者主要针对台湾与传统贸易伙伴东南亚的经贸关系出现衰退提出的，鼓励台商到东南亚投资贸易。后者是1993年7月，台湾当局在“振兴经济方案”中正式提出建设“亚太运营中心”，作为台湾经济的“长远目标”，1995年初开始由“行政院”通过并付诸实施。建立“六大功能中心”，即制造中心、海运中心、航空转运中心、金融中心、电信中心、媒体中心。但是“亚太运营中心”计划进展相当缓慢。原因在于，“亚太运营中心”最初构想是以大陆为主要的经济腹地，但李登辉在1996年连任“总统”后不久，就对“亚太运营中心”大加批判，进而提出了“戒急用忍”的口号，限制台湾企业赴大陆投资，从而使“亚太运营中心”计划难以实施。

民进党上台后，反对以祖国大陆为腹地建立“亚太运营中心”的思想，并逐渐放弃了这一计划，提出了以物流中心为代表的建立“全球运筹中心”的发展计划。同时通过租税优惠鼓励企业在台设立营运总部与研发中心，以建构“台湾研发，海外生产”的分工模式。即建立示范性的全球运筹资讯共同交换平台，进一步强化台湾电子运筹全球竞争实力，达到“台湾接单，全球获利”目标。2000年10月起，台湾正式推动“全球运筹发展计划”。在政策引导下，台湾许多科技企业加快在台成立研发中心及加大在台投资。知名的宏基、明基、广大、仁宝、三阳、大众等大公司先后宣布在台扩大成立研发中心。值得注意的是，台湾企业扩大在台设立营运总部、研发中心及运筹中心，除了当局税收优惠政策具有吸引力外，主要是看好两岸“三通”后的商机。若“三通”不能实现，台湾要建成“全球运筹中心”可能仍有相当大的困难。

三、光复后台湾社会变迁

台湾经济的发展和政治的转型为社会变迁奠定了基础，台湾社会形态逐渐由封闭型的一元社会向开放型的多元社会变化。

20世纪60年代是台湾经济高速发展的时期，也是台湾社会结构、社会意识逐步走向多元的时期。随着工业在经济结构中的地位迅速提升，并取代农业成为台湾最主要的经济部门，农业人口大量流向城市，出现了人口都市化的趋势。

到70年代初，台湾的城市人口已占到总人口的60%以上。经济的发展促进了教育的普及与进步，使台湾民众受教育程度普遍提高。70年代末80年代初，台湾约有60%的人口受过中等教育，10%的人口具有大专教育程度。这些变化，打破了传统社会的封闭性，促使社会流动加速，增加了社会的开放程度。大量西方的社会思潮与价值观念进入台湾，并开始渗透到社会的各领域，使传统文化、思想和价值观念受到猛烈冲击，台湾民众的思想、价值观念日益呈现多元化趋势。

80年代初，随着中产阶级的发展壮大，社会多元化趋势同专制政治体制之间的矛盾日益突出，反对国民党独裁统治的呼声越来越强烈。80年代后期“戒严令”的解除和蒋经国的去世，使“强人统治”结束，台湾社会开始进入全面转型时期。解严开禁后，各种报刊大量涌现。这些报刊代表不同社会阶层的要求和主张，具有不同的思想倾向，反映出台湾社会日趋多元化的趋势。

台湾政治经济的变化为广大民众提供了宽松的社会空间，但同时也引发了严重的社会问题，造成深刻的社会危机。青少年犯罪、黑社会组织猖獗、环境污染等问题非常突出。进入90年代以后，李登辉在“民主化”的旗号下推行“宪政改革”，造成国民党当局对社会的控制力日趋减弱，再加上“黑金政治”盛行，“政府权威”一落千丈，使各种社会问题更加尖锐，并引发更加严重的社会危机。

第三节 “一国两制”与大陆的对台政策

一、用和平方式解决台湾问题的提出

“一国两制”即一个国家，两种社会制度，这一伟大构想的提出实际上是几代中国人智慧的结晶，它的提出首先是为了解决台湾问题。早在新中国成立初，两岸关系紧绷的时期，中国政府就曾设想以和平方式解决台湾问题。1955年5月，周恩来总理在全国人民代表大会常务委员会会议上提出：“中国人民解决台湾问题有两种可能的方式，即战争的方式和和平的方式，中国人民愿意在可能的条件下，争取用和平的方式解决问题。”1956年4月，毛泽东主席又进一步提出：“和为贵”、“爱国一家”、“爱国不分先后”等政策主张。1963年，周总理根据两岸关系的最新形势，在总结十年来对台工作的基本经验的基础上，将中国共产党对台政策归纳为“一纲四目”。“一纲”是指台湾必须回

到祖国的怀抱，这是原则问题，不容商量。“四目”则是具体的操作方案：第一，台湾回归祖国后，除外交必须统一于中央外，当地军政大权、人事安排等“悉委于”蒋介石，由蒋介石安排；第二，台湾所有军政费用和经济建设一切费用的不足部分，全部由中央政府拨付；第三，台湾的社会改革可以从缓，等到时机成熟后，尊重蒋介石的意见协商后再进行；第四，双方互约不派特务，不做破坏对方团结的事情。但由于某些外国势力的干预等原因，这些主张未能付诸实践。

二、“和平统一、一国两制”方针的形成

十一届三中全会后，中国政府出于对整个国家民族利益与前途的考虑，本着尊重历史、尊重现实、实事求是、照顾各方利益的原则，提出了“和平统一、一国两制”的方针。“一国两制”理论内容的丰富与完善大体上经历了三个阶段。

1. 初步构想阶段（1978—1980 年）

“一国两制”构想最初萌芽于党的十一届三中全会前后。早在十一届三中全会召开前，邓小平就阐述了解决台湾问题要尊重台湾现实的思想。

1978 年 10 月 8 日，邓小平在会见日本文艺家江藤淳时就指出：“如果实现祖国统一，我们在台湾的政策将根据台湾的现实来处理。比如说，美国在台湾有大量的投资，日本在那里也有大量的投资，这就是现实，我们正视这个现实。”此次谈话透露出祖国统一后中国政府将从实际出发、尊重台湾现实和保护外国人投资的最初思考，这是邓小平同志涉及“一国两制”构想的最早谈话。

当年 11 月会见缅甸总统吴奈温时，邓小平第一次明确谈到统一后台湾的某些制度和生活方式可以不动。他说：“在解决台湾问题时，我们会尊重台湾的现实。比如，台湾的某些制度可以不动。美日在台湾的投资可以不动，那边的生活方式可以不动。”

1978 年 12 月 24 日，中共中央十一届三中全会发表会议公报，指出“随着中美关系正常化，我国神圣领土台湾回到祖国怀抱、实现祖国统一大业的前景已经进一步摆在我们面前。欢迎台湾同胞、港澳同胞、海外侨胞本着爱国一家的精神，共同为祖国统一和祖国的建设作出积极贡献”。

1979 年 1 月 1 日，中华人民共和国全国人民代表大会常务委员会发表《告台湾同胞书》，郑重宣告了中国政府和平解决台湾问题的大政方针，呼吁两岸就结束军事对峙状态进行商谈。表示在实现国家统一时，一定“尊重台湾现状和台湾各界人士的意见，采取合情合理的政策和办法”。就在同一天，

邓小平在同美国参议员会面时也明确指出："台湾的社会制度可以根据台湾的意志来决定。要改变可能要花一百年或一千年，我这样说的意思是指需要很长的时间。我们不会用强制的办法来改变这个社会。"这些重要谈话可以说是"一国两制"构想的最初萌芽。

1979年1月29日至2月5日，邓小平访问了美国。出访前夕，他在会见美国时代出版公司总编辑多诺万时谈到了中国政府的对台政策构想。他说"我们尊重台湾的现实，台湾当局作为一个地方政府拥有它自己的权力，就是它可以有自己一定的军队，同外国的贸易、商业关系可以继续，民间交往可以继续，现行的政策、现在的生活方式可以不变，但必须是在一个中国的条件下。这个问题可以长期来解决。中国的主体，也就是大陆，也会发生变化，也会发展。总的要求就是一条，一个中国，不是两个中国，爱国一家。"1月30日，正在美国访问的邓小平发表讲话指出，"至于用什么方式解决台湾回归祖国的问题，那是中国的内政，希望用和平方式解决台湾问题"；"只要台湾回归祖国，我们将尊重那里的现实和现行制度"。邓小平指出，"我们一方面尊重台湾的现实，另一方面一定要使台湾回归祖国的怀抱；在尊重现实的情况下，我们要加快台湾回归祖国的速度"。并表示"我们不用'解放台湾'这个提法了"。

1979年12月，他在会见日本首相大平正芳时提出了广为流传的"三个不变"，他指出，实现统一祖国的目标，要从现实情况出发。统一后"台湾的制度不变，生活方式不变，台湾与外国的民间关系不变，包括外国在台湾的投资、民间交往照旧"。"台湾作为一个地方政府，可以拥有自己的自卫力量，军事力量。"上述一系列谈话，成为"一国两制"构想形成的基本框架。

2. 具体化阶段（1981—1983年）

从1981年"叶九条"到1983年"邓六条"的发表标志着"一国两制"理论基本内容进一步具体化。1981年9月30日，全国人大常委会委员长叶剑英发表了《关于台湾回归祖国实现和平统一的方针政策》的谈话，进一步阐明了关于台湾回归祖国，实现和平统一的九条方针政策（简称"叶九条"）。即①为了尽早结束中华民族陷于分裂的不幸局面，我们建议举行中国共产党和中国国民党两党对等谈判，实行第三次合作，共同完成祖国统一大业。双方可先派人接触，充分交换意见。②海峡两岸各族人民迫切希望互通音讯、亲人团聚、开展贸易、增进了解。我们建议双方共同为通邮、通商、通航、探亲、旅游以及开展学术、文化、体育交流提供方便，达成有关协议。③国家实现统一后，台湾可作为特别行政区，享有高度的自治权，并可保留军队。中央政府不干预台湾地方事务。④台湾现行社会、经济制度不变，生活方式不变，同外国的经济、文化关系不变。私人财产、房屋、土地、企业所有权、合法继承权和外国投资不受侵犯。⑤台湾当局和各界代表人士，可担任全国性政治机构的领导职务，参与国家管理。⑥台湾地方财政遇有困难时，可由中央政府酌情补助。⑦台湾各族人民、各界人士愿回祖国大陆定居者，保证妥善安排，不受歧视，来去自由。⑧欢迎台湾工商界人士回祖国大陆投资，兴办各种经济事业，保证其合法权益和利润。⑨统一祖国，人人有责。我们热诚欢迎台湾各族人民、各界人士、民众团体通过各种渠道、采取各种方式提供建议，共商国是。

“叶九条”已经包含了“一国两制”的基本内容，邓小平同志 1984 年 12 月会见英国首相撒切尔夫人时曾明确指出：“1981 年国庆前夕叶剑英委员长就台湾问题发表的九条声明，虽然没有概括为‘一国两制’，但实际上就是这个意思。”

1982 年 1 月 10 日，邓小平在接见来华访问的美国华人协会主席李耀基时说：“在实现国家统一的前提下，国家的主体性实行社会主义制度，台湾实行资本主义制度。”在这次谈话中，邓小平第一次正式提出了“一个国家，两种制度”的概念。

1983 年 6 月 25 日，邓小平同志在会见美国西东大学教授杨力宇时，又进一步阐述了实现台湾和祖国大陆和平统一的六条具体构想（简称“邓六条”）。即①台湾问题的核心是祖国统一。和平统一已成为国共两党的共同语言。②制度可以不同，但在国际上代表中国的，只能是中华人民共和国。③不赞成台湾“完全自治”的提法，“完全自治”就是“两个中国”，而不是一个中国。自治不能没有限度，不能损害统一的国家的利益。④祖国统一后，台湾特别行政区可以实行同大陆不同的制度，可以有其他省、市、自治区所没有而为自己所独有的某些权力。司法独立，终审权不须到北京。台湾还可以有自己的军队，只是不能构成对大陆的威胁。大陆不派人驻台，不仅军队不去，行政人员也不去。台湾的党、政、军等系统都由台湾自己来管。中央政府还要给台湾留出名额。⑤和平统一不是大陆把台湾吃掉，当然也不能是台湾把大陆吃掉，所谓“三民主义统一中国”不现实。⑥要实现统一，就要有个适当方式。建议举行两党平等会谈，实行国共第三次合作，而不提中央与地方谈判。双方达成协议后可以正式宣布，但万万不可让外国插手，那样只能意味着中国还未独立，后患无穷。

从“叶九条”到“邓六条”，“一国两制”科学构想的内容更加完备、明确和系统化，“一国两制”方针的大体框架已基本形成。

3. 正式确立阶段（1984 年）

1984 年，邓小平同志又先后提出了有关“一国两制”的许多重要思想，其中主要包括：

（1）“一国两制”的主体是社会主义。在台港澳地区实行资本主义，是否会影响大陆的社会主义呢？对此，邓小平给予了明确回答。他指出：“‘一国两制’除了资本主义，还有社会主义，就是中国的主体、十亿人口的地区坚定不移地实行社会主义。……主体是很大的主体，社会主义是在十亿人口地区的社会主义，这是个前提，没有这个前提不行。在这个前提下，可以容许在自己身边，在小地区和小范围内实行资本主义。我们相信，在小范围内容许资本主义存在，更有利于发展社会主义。”

（2）“一国两制”方针长期不变。针对部分人（包括外国人）担心中国“政策多变”问题，邓小平多次阐明相关政策：“‘一个国家、两种制度’，我们已经讲了很多次了，全国人民代表大会已经通过了这个政策。有人担心这个政策会不会变，我说不会变。”我们讲“五十年”不变，“不是随随便便、感情冲动而讲的，是考虑到中国的现实和发展的需要”。邓小平用“五十年不变”这一形象化的语言，强调了大陆坚定不移地落实“一国两制”政策的决心，同时也向全世界展示了中国将信守诺言的庄严承诺，这为推动“一国两制”的实施创造了必要条件。

（3）用“一国两制”办法解决中国统一问题也是一种和平共处。邓小平同志创造性地把列宁提出的和平共处原则运用到解决国家统一问题上来。他认为：“根据中国自己的实践，我们提出‘一个国家、两种制度’的办法来解决中国的统一问题，这也是一种和平共处。”指出“和平共处的原则不仅在处理国际关系问题上，而且在一个国家处理自己内政问题上，也是一个好办法”。用处理国际关系问题的原则来解决国内特殊问题，这是邓小平对列宁和平共处原则的灵活运用和新发展。

1984年10月，《瞭望》周刊发表《一个意义重大的构想——邓小平同志谈“一个国家，两种制度”》，对“一国两制”构想作了首次系统报道。这一报道可以视为“一国两制”构想已基本确立的重要标志。1985年3月第六届全国人大三次会议正式把“一国两制”确定为中国的一项基本国策，至此，中国共产党和中国政府用“一国两制”解决台、港、澳问题，实现国家统一的基本方针正式确立。

1992年10月12日，时任中共中央总书记的江泽民指出：“我们坚定不移地按照‘和平统一、一国两制’的方针，积极促进祖国统一。”“我们再次重申，中国共产党愿意同中国国民党尽早接触，以便创造条件，就正式结束两岸敌对状态、逐步实现和平统一进行谈判。在商谈中，可以吸收两岸其他政党、团体和各界有代表性的人士参加。”10月28—30日，两会（大陆海协会与台湾海基会）在香港举行商谈，集中讨论两岸事务性商谈中如何表述坚持一个中国原则的问题。在商谈中，海协会提出了五种文字表述，海基会先后提出五种文字表述方案和三种口头表述方案，其中最后一种口头表述方案的内容为："在海峡两岸共同努力谋求国家统一的过程中，双方虽均坚持一个中国的原则，但对于一个中国的含义，认知各有不同……"双方表述文字都包含坚持一个中国原则的内容，但因文字表述有歧义，以致会谈结束后两会仍没有达成协议。11 月 3 日，海基会正式致函海协会，建议"以口头声明方式表述一个中国原则"。海协会 16 日正式回函通知海基会，海协会的口头表述要点是："海峡两岸都坚持一个中国的原则，努力谋求国家的统一。但在海峡两岸事务性商谈中，不涉及'一个中国'的政治含义。"该函还附上海基会增列的第三项口头表述文字。12 月 3 日，海基会函覆海协会，对达成共识未表示异议。从以上两会来往的信函中可以看出，双方的共识是"海峡两岸均坚持一个中国原则，努力谋求国家的统一"（简称"九二共识"）。

"海峡两岸均坚持一个中国原则"的"九二共识"确立后，从原则上排除了事务商谈中的主要障碍，使双方很快就"海峡两岸公证书使用"和"海峡两岸挂号函件遗失查询及补偿"问题达成协议，并为此后的"汪辜会谈"铺平了道路。

1995 年 1 月 30 日，江泽民在中共中央台办、国务院台办等单位举行的春节茶话会上，发表了题为"为促进祖国统一大业的完成而继续奋斗"的重要讲话，全面阐述了中国政府解决台湾问题、实现国家统一的大政方针，并就发展两岸关系、推进祖国和平统一进程的若干重大问题提出了八项主张和看法。①坚持一个中国的原则，是实现和平统一的基础和前提。坚决反对一切"台独"和分裂的言行。②对于台湾同外国发展民间性经济文化关系，我们不持异议。但是，我们反对台湾以搞"两个中国"、"一中一台"为目的的所谓"扩大国际生存空间"的活动。③再次建议双方就"正式结束两岸敌对状态、逐步实现和平统一"进行谈判，并提议："作为第一步，双方可先就'在一个中国原则下，正式结束两岸敌对状态'进行谈判，并达成协议。在此基础上，共同承担义务，维护中国的主权和领土完整，并对今后两岸关系的发展进行规划。"④努力实现和平统一，中国人不打中国人。不承诺放弃使用武力，决不是针对台湾同胞，而是针对外国势力干涉中国统一和搞"台湾独立"的图谋的。⑤大力发展两岸经济交流与合作。主张不以政治分歧去影响、干扰两岸经济合作。不论在什么情况下，我们都将切实维护台商的一切正当权益。应当采取实际步骤，加速实现直接"三通"。⑥中华各族儿女共同创造的五千年灿烂文化，始终是维系全体中国人的精神纽带，也是实现和平统一的一个重要基础。两岸同胞要共同继承和发扬中华文化的优秀传统。⑦要充分尊重台湾同胞的生活方式和当家做主的愿望，保护台湾同胞的一切正当权益。我们欢迎台湾各党派、各界人士，同我们交换有关两岸关系与和平统一的意见，也欢迎他们前来参观、访问。⑧欢迎台湾当局的领导人以适当身份前来访问；我们也愿意接受台湾方面的邀请，前往台湾。中国人的事我们自己办，不需要借助任何国际场合。

党和国家有关职能部门依据“和平统一、一国两制”的伟大构想，对台湾、香港、澳门分别制定“和平统一，一国两制”、“一国两制，港人治港”、“一国两制，澳人治澳”等具体的方针、政策，顺利地实现了香港1997年、澳门1999年回归祖国的工作，并对台湾的和平统一工作起了积极的推动作用。“和平统一、一国两制”是一个完整的体系，其基本内容就是在祖国统一的前提下，国家的主体坚持社会主义制度，同时在香港、澳门、台湾保持原有的资本主义制度长期不变。

具体来说，“和平统一、一国两制”构想有十个方面内容：

（1）一个中国。这是“和平统一、一国两制”的核心，是发展两岸关系和实现和平统一的基础。

（2）两制并存。在祖国统一的前提下，国家的主体部分实行社会主义制度，同时在台湾、香港、澳门保持原有的社会制度和生活方式长期不变。

（3）高度自治。祖国完全统一后，台湾、香港、澳门作为特别行政区，享有不同于中国其他省、市自治区的高度自治权。

（4）尽最大努力争取和平统一，但不承诺放弃使用武力。

（5）解决台湾问题，实现祖国的完全统一，寄希望于台湾人民。

（6）积极促谈，争取通过谈判实现统一。

（7）积极促进两岸“三通”和各项交流，增进两岸同胞的相互了解和感情，密切两岸经济、文化关系，为实现和平统一创造条件。

（8）坚决反对任何“台湾独立”的言行。

（9）坚决反对外国势力插手和干涉台湾问题。

（10）集中力量搞好经济建设，是解决国际国内问题的基础，也是实现国家统一的基础。

“和平统一、一国两制”构想是充分尊重历史和现实、照顾各方面利益、维护民族团结、实现祖国完全统一和民族伟大复兴的科学构想。“和平统一、一国两制”构想丰富和发展了马克思主义，具有重大的意义。

第一，“和平统一、一国两制”构想创造性地把和平共处原则用之于解决一个国家的统一问题。

第二，“和平统一、一国两制”构想创造性地发展了马克思主义的国家学说。

第三，“和平统一、一国两制”构想体现了既坚持祖国统一、维护国家主权的原则坚定性，也体现了照顾历史实际和现实可能的策略灵活性，避免了武力统一可能造成的不良后果。

第四，“和平统一、一国两制”构想有利于争取社会主义现代化建设事业所需要的和平的国际环境与国内环境。

第五，“和平统一、一国两制”构想为解决国际争端和历史遗留问题提供了新的思路。

香港、澳门回归后的事实充分证明，“一国两制”方针是正确的，是具有强大的生命力的，这为两岸和平统一树立了光辉的典范。人们有更加充分的理由相信，“一国两制”同样可以成为解决台湾问题的最佳方式。在香港回归五周年之际，曾经直接参与中英香港问题谈判的英国前副首相杰弗里·豪在接受新华社记者采访时指出：“一国两制”方针是史无前例的惊人之举，在解决香港问题过程中发挥了关键作用。在过去的五年里，香港原有的生活方式并没有改变，人们尊重法制和司法独立，香港特区政府也重视民主。中国恢复对香港行使主权五年来的事实说明，“一国两制”的构想得到成功实施，并为解决其他历史遗留问题提供了可供借鉴的宝贵经验。人们看到，“一国两制”在香港特别行政区和澳门特别行政区的成功实践，对台湾同胞产生了积极的影响，越来越多的台湾同胞从中理解了“一国两制”的精神和益处，近年来台湾同胞中认同“一国两制”的人数明显上升就是最好的证明。

第四节　新世纪新阶段的两岸关系

一、新世纪两岸关系的变化

2000年后，台湾地区首次政党轮替，民进党上台执政。此后相当一段时间里，“台独”势力在分裂祖国的道路上越走越远，台海局势日益严峻。以胡锦涛为总书记的党中央，针对当时台海局势的紧张状况，曾作出一系列重大决策和部署，重申了台湾是中华人民共和国的组成部分，台湾问题是历史遗留问题。世界上只有一个中国，大陆和台湾同属一个中国，中国的主权和领土是完整统一不可分割的。我们坚决反对任何旨在制造“台湾独立”、“两个中国”“一中一台”的言行，绝不允许任何人以任何方式把台湾从中国分裂出去。我们有决心、有信心，也有能力解决台湾问题。维护台海和平稳定，推动两岸关系健康发展，实现祖国和平统一，是我们党和国家及全国人民的共同愿望。

2005 年 3 月，胡锦涛发表了新的对台工作的四点“决不”：“第一，坚持一个中国原则决不动摇；第二，争取和平统一的努力决不放弃；第三，贯彻寄希望于台湾人民的方针决不改变；第四，反对‘台独’活动决不妥协。”这四点意见突出表明了中国共产党和政府在解决台湾问题上的坚定立场和极大诚意，体现了关爱台湾同胞的亲情和善意，既是大陆对台政策的一贯强调与重申，又是对新形势下发展两岸关系的新宣示、新阐述，具有重要的指导意义，对两岸关系发展产生了重大而深远的影响。

同月，十届全国人民代表大会第三次全体会议高票通过了《反分裂国家法》，指出：“为了反对和遏制‘台独’分裂势力分裂国家，促进祖国和平统一，维护台湾海峡地区和平稳定，维护国家主权和领土完整，维护中华民族的根本利益，根据宪法，制定本法。”“台湾问题是中国内战的遗留问题。解决台湾问题，实现祖国统一，是中国的内部事务，不受任何外国势力的干涉。”“国家采取下列措施，维护台湾海峡地区和平稳定，发展两岸关系：（一）鼓励和推动两岸人员往来，增进了解，增强互信；（二）鼓励和推动两岸经济交流与合作，直接通邮通航通商，密切两岸经济关系，互利互惠；（三）鼓励和推动两岸教育、科技、文化、卫生、体育交流，共同弘扬中华文化的优秀传统；（四）鼓励和推动两岸共同打击犯罪；（五）鼓励和推动有利于维护台湾海峡地区和平稳定、发展两岸关系的其他活动。国家依法保护台湾同胞的权利和利益。”充分体现了大陆方面以最大的诚意、尽最大的努力争取和平统一的一贯主张，同时表明全中国人民维护国家主权和领土完整，绝不允许“台独”分裂势力以任何名义、任何方式把台湾从中国分裂出去的共同意志和坚定决心，对遏制“台独”、推动两岸关系、促进和平统一起到了法律保障作用。

在这种背景下，2005 年 4—5 月，中国国民党主席连战、亲民党主席宋楚瑜相继率团访问大陆，实现了国共双方领导人 60 年来的首次历史性会晤。胡锦涛总书记分别与连战主席、宋楚瑜主席进行正式会谈，并分别发表了会谈新闻公报和会谈公报，中国共产党与国民党、亲民党党际交流与对话迈出了新的一步。7 月，新党主席郁慕明也在中国人民抗日战争取得伟大胜利 60 周年之际率团来大陆参访，胡锦涛总书记会见了郁慕明主席，进一步促进了两岸政党交流。建立了两岸政党交流平台，达成了坚持“九二共识”、共同谋求两岸和平双赢、追求中华民族振兴的共识，向世界显示了两岸中国人有智慧、有能力解决彼此分歧，建立两岸关系和平稳定发展的新架构。中国共产党与亲民党联合举行了首届两岸民间精英论坛，就促进两岸经济交流与合作发表共同建议。

二、新阶段两岸关系的新走向

近年来，大陆方面本着为台湾同胞做实实在在事情的精神，不断出台解决台湾同胞关心问题、维护台湾同胞正当权益的政策措施，推动两岸交流深入、持续发展。2005 年新春之际，大陆方面积极促成了台商春节包机，中断 56 年的两岸航线第一次实现民航客机双向对飞。胡锦涛总书记与连战主席、宋楚瑜主席会谈达成的共同推动两岸经济文化交流的共识，中共中央台办主任陈云林受权宣布一系列为台胞办实事措施，一一予以推动落实：大陆方面将台湾水果准入品种从 12 种扩大到 18 种，并对其中 15 种水果实行进口零关税；简化台湾居民入出境和居留手续；对在大陆高等院校和科研院所就读的台湾学生执行与大陆学生相同的收费标准，并设立台湾学生奖（助）学金；为台湾同胞在大陆就业提供便利。大陆主管部门还批准台湾 4 家航空公司飞往欧洲、东南亚的客货运输定期航班飞越大陆空域；国务院台办与国家开发银行签署协议，为大陆台资企业划拨专项为期 5 年、额度为 300 亿元人民币的开发性贷款，年底申贷办法已经出台。大陆同胞向台湾同胞赠送一对象征和平、团结、友爱的大熊猫的准备工作一直在进行中。此外，凡属需要两岸双方协商落实的事项，大陆也一直在积极推动。大陆方面多次宣布，希望两岸民间行业组织尽快就两岸客运和货运包机问题、大陆居民赴台旅游问题进行协商。

祖国大陆推动两岸人员往来和各项交流所展现的努力与诚意，收到了良好成效。据不完全统计，2005 年 1—11 月，两岸贸易额达 820.2 亿美元，同比增长 15.8%。同期大陆共批准台商投资项目 3 526 个，台资金额 88 亿美元，同比增长 3.8%。两岸民间交流继续热络，人员往来、文化交流等都更加密切。

“台独”分裂势力的嚣张气焰受到沉重打击。2005 年以来，两岸关系中有利于遏制“台独”分裂活动的积极因素增加，两岸关系朝和平稳定方向发展的势头增强。岛内民众更多地感受到大陆的诚意和关心，过去长期被误导而形成的对大陆的隔阂、误解，甚至敌意开始转变。在连战、宋楚瑜访问大陆期间，台湾社会兴起了新一波“大陆热”，两岸民众的相互理解与信任也明显加深。“台独”分裂势力多次试图掀起浊浪，再造“台独”嚣张声势，最终都未能得逞。台湾当局试图阻挡台湾水果销往大陆，破坏两岸农业合作，却遭到岛内各界的强烈反对和舆论谴责。2005 年年底，台湾当局领导人开着卡车在岛内煽动“反共保台”话题，最终也以失败而告终。

2005 年，在纪念中国人民抗日战争胜利 60 周年，台湾摆脱日本殖民统治、回归祖国 60 周年时，祖国大陆举办了隆重的纪念活动，岛内一些政党、团体也举办了纪念活动。新党主席郁慕明还率团到大陆开展“民族之旅”。这共同的纪念再一次昭告世人：无论“台独”分裂势力如何自欺欺人，台湾自1945年中国抗日战争胜利开始，已重新纳入中国版图，台湾与大陆同属一个中国的事实是不容否认和歪曲的。

2007年10月，胡锦涛总书记在党的十七大政治报告中更加全面、系统、完整地阐述了大陆对台政策和基本方针。

第一，确立了大陆今后对台政策的指导思想与基本方针。胡总书记在报告中指出，我们将遵循“和平统一、一国两制”的方针和现阶段发展两岸关系、推进祖国和平统一进程的八项主张。

第二，体现了“以民为本”、继续寄希望于台湾人民的精神。胡总书记在报告中指出，凡是对台湾同胞有利的事情，凡是对维护台海和平有利的事情，凡是对促进祖国和平统一有利的事情，我们都会尽最大努力做好；我们理解、信赖、关心台湾同胞，将继续实施和充实惠及广大台湾同胞的政策措施，依法保护台湾同胞的正当权益；两岸同胞要加强交往，促进经济文化交流拓展领域、提高层次等。这些都充分体现了“以民为本”、“执政为民”、“一心为民”的理念，同时也表达了继续寄希望于台湾人民推动两岸关系发展、遏制“台独”分裂活动的愿望。

第三，丰富了“一个中国”原则的内容，展现了诚意与善意。坚持一个中国原则是发展两岸关系和实现祖国和平统一的基石。胡总书记在“十七大”政治报告中进一步丰富了“一个中国原则”的内涵，指出：尽管两岸尚未统一，但大陆和台湾同属一个中国的事实从未改变；中国是两岸同胞的共同家园，两岸同胞应携手维护好、建设好我们共同的家园。胡总书记在报告中还指出，台湾任何政党，只要承认“两岸同属一个中国”，我们都愿意同他们交流对话、协商谈判，什么问题都可以谈。

第四，提出了推动两岸协商的具体框架。祖国大陆一直希望通过推动两岸政治协商与谈判来打破两岸政治僵局，解决分歧，争取和平统一。在十七大报告中，面对两岸新形势的发展，为呼应岛内部分政治人物提出建构两岸和平架构的提议，胡总书记进一步指出：在一个中国原则的基石上，什么都可以谈，可以协商正式结束两岸敌对状态，达成和平协议，建构两岸关系和平发展框架，开创两岸关系和平发展新局面等，这为今后两岸可能出现的政治谈判勾画了总体框架。

第五，努力争取和平统一，但决不坐视“台独”搞分裂。胡总书记一直强调，维护国家主权和领土完整，是国家的核心利益。在反对分裂国家这个重大原则问题上，我们决不会有丝毫犹豫、含糊和退让。胡锦涛指出：我们愿以最大诚意、尽最大努力实现两岸和平统一，但决不允许任何人以任何名义任何方式把台湾从祖国分割出去。强调中国的主权和领土完整不可分割。任何涉及中国主权和领土完整的问题，必须由包括台湾同胞在内的全体中国人民共同决定。

2008 年 3 月，台湾局势发生了积极变化。“台独”分裂势力在台湾地区选举中遭到重挫下台，重新执政的国民党反对“台独”，坚持“九二共识”，使两岸关系出现了新的转机，两岸关系迎来难得的历史机遇，对台工作取得重要进展，两岸关系取得重大突破。本着建立互信、搁置争议、求同存异、共创双赢的精神，两岸协商在“九二共识”基础上得到恢复，全面直接双向“三通”已经实现，两岸同胞往来更频繁、经济联系更密切、文化交流更活跃、共同利益更广泛，两岸关系开始步入和平发展轨道。

2008 年 12 月 31 日，胡锦涛在纪念《告台湾同胞书》发表 30 周年座谈会上发表重要讲话，提出进一步发展两岸关系的六点意见：①恪守一个中国，增进政治互信；②推进经济合作，促进共同发展；③弘扬中华文化，加强精神纽带；④加强人员往来，扩大各界交流；⑤维护国家主权，协商对外事务；⑥结束敌对状态，达成和平协议。

2009 年 5 月 26 日，胡锦涛在会见中国国民党主席吴伯雄和他率领的国民党大陆访问团全体成员时又进一步提出“关于增进两岸政治互信”、“关于两岸经济合作”、“关于加强两岸文化教育交流”、“关于涉外事务”、“关于结束两岸敌对状态、达成和平协议”、“关于国共两党交流对话”等在新的起点上推动两岸关系向前发展的六条建议。

2008 年以来两岸进入深度互动交流的新时期，先后签订包括：《海峡两岸包机会谈纪要》(2008. 06. 13)、《海峡两岸关于大陆居民赴台湾旅游协议》(2008. 06. 13)、《海峡两岸海运协议》(2008. 11. 04)、《海峡两岸食品安全协议》(2008. 11. 04)、《海峡两岸邮政协议》(2008. 11. 04)、《海峡两岸空运补充协议》(2009. 04. 26)、《海峡两岸金融合作协议》(2009. 04. 26)、《海峡两岸共同打击犯罪及司法互助协议》(2009. 04. 26)、《海协会与海基会就陆资赴台投资事宜达成共识》(2009. 04. 26)、《海峡两岸渔船船员劳务合作协议》(2009. 12. 22)、《海峡两岸农产品检疫检验合作协议》(2009. 12. 22)、《海峡两岸标准计量检验认证合作协议》(2009. 12. 22)、《海峡两岸经济合作框架协议》(2010. 06. 29)、《海峡两岸知识产权保护合作协议》(2010. 06. 29)、《海峡两岸经济合作框架协议》(2010. 09. 21)、《海峡两岸医药卫生合作协议》(2010. 12. 21)、《海峡两岸核电安全合作协议》(2011. 10. 20)、《海协会与海基会关于推进两岸投保协议协商的共同意见》(2011. 10. 20)、《海峡两岸投资保护和促进协议》(2012.08.09)、《海峡两岸海关合作协议》(2012.08.09)、《海协会与海基会有关“海峡两岸投资保护和促进协议”人身自由与安全保护共识》(2012.08.09)。这些协议的签订标志着两岸经济合作已迈上良性互动的轨道。两岸人民将按照“先经后政”、“先易后难”的原则最终解决台湾问题，这将符合两岸人民的共同核心利益。

2012年11月8日胡锦涛总书记在中共十八大报告中对台湾问题进一步提出：

“解决台湾问题、实现祖国完全统一，是不可阻挡的历史进程。和平统一最符合包括台湾同胞在内的中华民族的根本利益。实现和平统一首先要确保两岸关系和平发展。必须坚持‘和平统一、一国两制’方针，坚持发展两岸关系、推进祖国和平统一进程的八项主张，全面贯彻两岸关系和平发展重要思想，巩固和深化两岸关系和平发展的政治、经济、文化、社会基础，为和平统一创造更充分的条件。

“我们要始终坚持一个中国原则。大陆和台湾虽然尚未统一，但两岸同属一个中国的事实从未改变，国家领土和主权从未分割、也不容分割。两岸双方应恪守反对‘台独’、坚持‘九二共识’的共同立场，增进维护一个中国框架的共同认知，在此基础上求同存异。对台湾任何政党，只要不主张‘台独’、认同一个中国，我们都愿意同他们交往、对话、合作。

“我们要持续推进两岸交流合作。深化经济合作，厚植共同利益。扩大文化交流，增强民族认同。密切人民往来，融洽同胞感情。促进平等协商，加强制度建设。希望双方共同努力，探讨国家尚未统一特殊情况下的两岸政治关系，作出合情合理安排；商谈建立两岸军事安全互信机制，稳定台海局势；协商达成两岸和平协议，开创两岸关系和平发展新前景。

“我们要努力促进两岸同胞团结奋斗。两岸同胞同属中华民族，是血脉相连的命运共同体，理应相互关爱信赖，共同推进两岸关系，共同享有发展成果。凡是有利于增进两岸同胞共同福祉的事情，我们都会尽最大努力做好。我们要切实保护台湾同胞权益，团结台湾同胞维护好、建设好中华民族共同家园。

“我们坚决反对‘台独’分裂图谋。中国人民绝不允许任何人任何势力以任何方式把台湾从祖国分割出去。‘台独’分裂行径损害两岸同胞共同利益，必然走向彻底失败。

“全体中华儿女携手努力，就一定能在同心实现中华民族伟大复兴进程中完成祖国统一大业。”

参考书目：

1. 江泽民：《为促进祖国和平统一大业的完成而继续奋斗》，《江泽民文选》（第1卷），北京：人民出版社2006年版。

2. 胡锦涛：《携手推动两岸关系和平发展　同心实现中华民族伟大复兴——在纪念〈告台湾同胞书〉发表30周年座谈会上的讲话》，《人民日报》2009年1月1日。

3. 连横：《台湾通史》，南宁：广西人民出版社2005年版。

4. 程朝云：《台湾史话》，北京：社会科学文献出版社2012年版。

5. 黄颖黔：《简明中国近现代史读本》，广州：暨南大学出版社2006年版。

思考题：

1. 谈谈“一国两制”对解决台湾问题的意义。
2. 新形势下如何努力推动两岸关系的和平发展。
3. 简述中国共产党关于解决台湾问题的基本方针和政策。

第十章　华侨篇

华侨华人是中华民族移居海外的一部分，是中华民族的优秀儿女。华侨华人历史悠久，人数众多，分布于世界五大洲。他们在海外与当地人民和睦相处，同甘共苦，艰苦创业，为居住国的开发和繁荣作出了卓越的贡献。他们心怀桑梓，在中国的革命和建设史上写下了光辉的篇章。华侨华人史在中国历史尤其是中国近现代史、世界史和中外交流史上均具有相当高的地位。①

第一节　中国人移居海外的历程

一、中国人移居海外的演变轨迹

中国人移居海外的历史源远流长。早在秦汉时期，已有中国人留寓西域和日本，是中国最早的海外移民。中国人移居海外的历程，大致可以分为五个时期，各个时期的各有不同特点。

---

① 华侨（Overseas Chinese），今天一般是指侨居国外、具有中华民族特征并保持中国国籍的人。根据中国侨务政策和《国籍法》规定，定居国外而尚未自愿加入或取得外国国籍的中国公民（包括其后裔）才算华侨。中国人侨居海外历史悠久，但“华侨”一词的使用，则始于晚清。此前移居海外的中国人，多以“唐人”、“汉人”、“华民”、“华人”、“华商”、“华工”等冠之。

“华侨”一词最初只是对海外中国人的简称，与后来的国籍问题无关，但1909年清政府颁布以血统主义为原则的《国籍法》后，直至民国时期，该词才开始打上了“国籍”的烙印。“二战”结束后，东南亚国家纷纷独立，加之中华人民共和国成立后着手解决双重国籍问题，华侨社会经历了从“落叶归根”到“落地生根”的巨大转变。据统计，在解决双重国籍前，东南亚华侨华人社会中，华侨占95%，如今仅占5%，且日益减少。在这种情况下，“华人”（Chinese，Ethnic Chinese，Chinese Diaspora）一词逐渐流行。

“华人”指的是一定程度上保持中华文化、具有中国人血统、移居海外并已入当地国籍的人。与之相关的概念还有“华族”（Ethnic Chinese Group）、“华裔”（Chinese Descents，People of Chinese Descents）等。“华族”属族群概念，指的是由保持华人意识的中国移民及其后裔组成的稳定群体，是当地的族群之一，构成当地国家民族的组成部分；“华裔”一词的使用，目前较为混乱，一般是指没有中国国籍，却有中华民族血统，有的自认为中华民族，有的不自认为中华民族，也有开始不承认后来又自认为中华民族的，其范围比“华人”更广泛，如何判断，应看具体情况而定。也有学者使用“海外华人”一词，作为国外中华民族儿女的统称，它既包括外籍华人，也包括保留中国国籍的华侨。本章所述，主要指上列“华侨”、“华人”概念所涵盖的范围。

第一个时期是海外开创期（南宋至明末）。中国人移居海外的历史，与海上丝绸之路和陆上丝绸之路的开通有关。有文字可考的，最早可追溯到秦代徐福东渡日本。到了汉朝，汉武帝遣张骞两次出使西域，开辟了陆上丝绸之路，为中国人移居海外打开了一条通道；与此同时，中国至东南亚及印度、斯里兰卡的海上交通也建立起来，中国的商人、水手开始向东南亚进发，从事海外贸易，其中一部分人在当地定居下来。据史料记载，三国时，吴王孙权于公元230年和242年两次遣使康泰，前后十几年经扶南（今柬埔寨）到东南亚，“其所经及传闻则有百数十国”。唐朝时国力强大，佛教盛行，中外贸易、文化往来频繁，海外游历者较多，如玄奘西行求经，历时18载，著《大唐西域记》；高僧义净西行求法，历时28年，著《南海寄归内法传》，介绍了南洋诸岛自然地理、风俗民情；另有高僧鉴真，东渡日本，将唐代文明传入日本。但这一时期真正移居海外者并不多。

中国人开始大规模移居海外始于南宋。南宋后中国经济重心南移，封建社会经济发生急剧变化，如沿海土地的开发、商品经济的繁荣、阶级结构和航海技术的进步等；元朝成吉思汗西征，打通了中西交通。后忽必烈多次发兵南宋，使南宋难民大量涌入越南、泰国、缅甸境内；忽必烈同时派兵两万、舟千艘远征爪哇，远征失败后，有些伤残和失散的官兵亦留居当地。为扩大与东南亚的贸易，元朝政府于公元1277年在泉州、广州等7处设市舶司，使中国人的足迹遍布东南亚。

明代时，中外贸易空前发达。郑和七次下南洋，大大推动了中国人移居海外的步伐。据不完全统计，到明末时，侨居海外的中国人为10万左右。

这一时期，除了战争等政治原因外，中国人侨居海外主要是伴随着中外经济文化交流而外出，其主要方向是东南亚各国。这一时期也是中国人在海外披荆斩棘、艰苦创业，逐渐在异国他乡扎根下来的时期。

第二个时期是海外奠基期（明末至1900年）。这一时期，尤其是清末，中国人大规模移居海外，并从东南亚走向全世界，基本奠定了海外华侨社会的雏形和华侨华人分布格局。到19世纪末，华侨人数约为400万人。

明末清初政权鼎革之际，尽管清政府严禁中国人向海外移民，但不愿臣服清王朝的抗清人士还是大量迁往东南亚一带。随后，因清代人口的急剧膨胀，出于生存需要，沿海民众冒死出海，移居他国。在此期间大部分移民主要是18世纪后出现的契约华工。诚如《华工出国史料汇编》所言：“我国沿海劳动人民结伙随贸易商船到南洋佣工，大约从明代就开始了。但是，作为契约的华工，作为贩运牟利的对象被诱骗出国，则是18世纪以后的事。从19世纪初开始，出国华工人数逐渐增多，到19世纪50年代达到高潮，直到20世纪30

年代才告结束。据粗略估计，这前后 200 年出国的华工约有 1 000 万人次。”仅 19 世纪的 100 年间，就有约 235 万名华工被输往海外。这期间移民的一大特点是已突破东南亚，走向美洲、澳大利亚、欧洲。据记载，契约华工最早到达拉丁美洲是在 1805 年前后。19 世纪中叶，大批华工前往古巴、秘鲁、智利等地，人数达 10 万之众。至于前往北美的就更多，据美国移民局报告，仅 1854 年，就有 1.6 万名华人到达旧金山。

19 世纪末到 20 世纪初，随着出国留学人数的激增，留学移民渐次增加。仅以留学日本为例，1903 年有 1 300 多人，1905—1908 年增至 8 000 多人。这些留学生中，有一部分毕业后侨居国外。

第三个时期是“华侨形态”时期（1900—1949 年）。这一时期，随着中国民族主义意识的兴起和中国政府侨民政策的变化，海外华人的民族认同意识大为增强，因而出现了“华侨形态”，即真正意义上的“华侨社会”。清末以降，面对西方列强的步步入侵，有人主张利用海外华人的经济力量来达到“富国强兵”的目的，清政府改变以前敌视、鄙弃华侨的政策，转而重视海外华人力量和设领护侨。这一举措大大激起了海外华人的归属感和对中国的认同感，并以实际行动效忠祖国，支持中国的革命、建设和抗日战争。顾名思义，当时普遍使用的“华侨”一词，是对侨居海外的中国人的新的表述。宣统元年（1909），清政府应南洋华侨的要求颁布了以血统主义为原则的《国籍法》并被后来的民国政府所沿用。民国初始，即全力禁止劳工买卖，保护华侨。广东国民政府成立后，于 1923 年设侨务局，推行民国政府的侨务政策。此后又设侨务委员会，隶属国民政府。抗战期间，海外华侨心系祖国，不但捐款捐物，还大量回国参战，直接投身抗日战场。

受战乱、政局动荡及经济衰败等诸多因素的影响，“华侨形态”时期移居海外的人数继续增加。据 1933 年南京国民政府侨务委员会的统计，当时华侨人数为 783.889 5 人。到新中国成立前夕，移居海外的人数达到了 1 300 万 ~ 1 400 万，遍布世界五大洲。

第四个时期是从“华侨社会”到“华人社会”的演变时期（1949—1978 年）。这一时期有两点值得注意，一是海外华侨纷纷加入居住国国籍（东南亚诸国华侨尤其如此），经历了从“落叶归根”到“落地生根”的巨大转变；二是此时期移居海外的中国人以港澳台胞为主。

“二战”后，前殖民地国家相继独立，各国民族主义流行，华侨如果继续保留外国侨民的身份，于自身的生存和发展十分不利；而中国在政权更迭后，形势剧变，中华人民共和国成立之初的历次政治运动，尤其是土地改革运动，波及海外华人，“衣锦还乡”已成奢望。侨居地和祖居地的上述变化，强烈冲击着华侨原有的“落叶归根”观念，为了自身的生存和发展，必须顺应时代演变趋势，落地生根，融入居住地社会，作世代久居的打算。这导致了华侨社会的一系列巨大转变，其中最明显的是籍属变化，即由拥有中国籍的“华侨”变为侨居国国籍的“华人”。到今天，有约95%的华侨加入当地国籍，成为居住国多民族中的一员。

新中国成立后，中国人从台湾、香港、澳门移居海外的活动一直没有停止过。仅香港1971—1981年的海外移民就达53.11万人；台湾1963—1980年向海外移民36.6万人。20世纪80年代，居美台湾省籍华人为50万以上。与之相反，此时期大陆因政治的原因，移居海外者甚少。

第五个时期是“新移民”时期（1979年至今）。20世纪70年代末以来，随着中国改革开放政策的推行及欧美发达国家移民政策的调整，中国人（含港澳台）移居海外者大量增加。他们多以留学、工作、探亲、旅游等方式出国，其中一部分留居不归，成为新一代移居华人；有的则以投资、技术、婚配甚至偷渡等形式直接移居海外。据统计，改革开放至1996年，大陆移居海外的中国公民逾60万人，其中由公安机关直接批准出国定居的36万人，以出国留学、探亲等方式出国最终在当地取得合法居留权的20万人，通过其他途径取得居住国合法居留权的12万人。这中间，留学移民所占比重甚大。改革开放至1997年年底，大陆公派留学生30余万人，学成回国者仅9.5万人，不及出国总数的1/3，即有20万高知识人才成为新一代移民。

大陆新移民的规模，多数学者认为已超过100万，实际数字可能会更多。他们具有老一辈移民所不具备的特征：整体上受教育程度高，大多数受过高等教育；职业结构多元化，突破了老一代华人“三把刀”（菜刀、剪刀、剃刀）的职业取向，在居住国的科技、教育、商业、金融等重要领域施展拳脚；适应能力强，能迅速融入当地的主流社会；与中国关系密切，关心中国的政治与经济变化趋向。正因为如此，新移民成为华侨华人社会中重要的力量。

二、中国人移居海外的历史原因

从南宋到20世纪发生的中国人移居海外的一波又一波浪潮，是多重动力驱动的结果。

首先是航海技术与海外贸易的发展。中国人大规模移居海外首先是与海外贸易尤其是非官方贸易联系在一起的，尽管历代王朝政府均以农为本，而非以商业立国，但南宋时期商品经济发达，航海技术提高。南宋政府兴建商港，开展对外贸易。那时的造船技术飞速发展，其水平远非同时代的欧洲可比：宋代的大帆船有4个或6个船桅及12块帆，船身广阔，可容纳近千人。商人们历经艰辛，远涉重洋，很容易成为当地的流寓者。从泉州到海外的商人常在异乡过冬，停留1～10年不等，中国文献称之为“住冬”或“住蕃”。元朝政府开疆拓土，派船队远征日本和爪哇，拓展了中国人与外界的接触。如前述远征爪哇的残余部队羁留不归，形成了华人的居留地。14世纪时，甚至相传在莫斯科等遥远的地方也可看到中国人的住宅。

海禁政策虽然贯穿明代的大部分时间，但有两个时期对外交往和贸易十分活跃：一是永乐年间（1403—1424），明成祖热衷于在东南亚的活动，郑和七次下西洋，先后到达东亚及东南亚，并横渡印度洋，到达锡兰与波斯湾，甚至远达非洲东岸，其结果是海外贸易迅速增长及南洋的中国侨民激增；二是明末，受利益驱使、生计威胁及葡萄牙人东来的影响，沿海民众不顾政府禁令，冒死出海，从事走私贸易，他们宁愿远离国土，在台湾和东南亚定居，“贸易商民，稽留在番者，各怀疑畏，不敢回籍”，这其中有海盗式海商如张琏集团，林凤集团，郑芝龙、郑成功集团等，也有民间私商和小商贩。

清代，海禁政策时有存废，如1662年实行残酷的“迁界”政策；1684年又废除海上禁令，但人民还不能随意出国；1717年又禁止海上贸易，特别是禁止移民（该项禁令直至1893年才正式撤销），但上述政策并不能阻止中国人移居海外，尤其是在西方势力大规模进入亚洲后。

其次是中国政治变革的冲击。中国政治事件影响可分为积极性和消极性两类。前者如元朝忽必烈远征爪哇，明朝郑和下西洋。后者即因暴政乱世或反抗活动失败而流亡、避居海外，此类记载最早见于秦汉，后世皆然。《史记》曰秦始皇派徐福入海求仙药，但“徐福得平原广泽，止王不来”，实为避秦暴政而流亡海外的真实记载。《后汉书·王景传》载，汉代王景八世祖仲，系琅琊人，因避吕后之祸而逃到朝鲜乐浪。唐宋时期因政治原因而移居东南亚的中国人也不少。阿拉伯人马素提所著《黄金牧地》一书中记述了他于公元943年在苏门答腊看到“有许多中国人耕植于此，而尤以巴邻邦为多，盖避中国黄巢之乱而来者”。

明清之际，有更多的中国人逃亡海外。《西山杂志》手稿记载：明亡之际，明朝的岷山子等90余人，由厦门流亡暹罗；鲁王子等70余人，由金门出海到菲律宾北部；福王子、唐王子则先后南逃爪哇。1669年，明永历帝为避清兵进入缅甸境内，随行者人多殒命，余者结伙定居，子孙繁衍，自称“桂家”。近代则有太平天国失败后其余党出亡南洋，民初军阀混战及日本入侵造成的移民潮等。

再次是人口压力所致。在公元1世纪至11世纪间，中国的人口从5 000万左右增至1亿，到了19世纪初，人口更是倍增，达到4亿人左右，而到

1850 年，这一令人生畏的数字已达 4.3 亿之巨。与此不相适应的是，新开拓的土地仅为原有耕地面积的 1 倍，其后果是个人所拥有的土地面积锐减。在中国封建社会长期停滞的大背景下，中国逃不过简单的人口逻辑：压抑人口的增长、商人的冒险活动及千千万万的农民的海外迁移。

最后是全球化与国际贸易的兴起。从 19 世纪到第二次世界大战前，以“契约华工”形式出洋是这一时期华人出国的主要特色。明清两朝人口激增，加之土地兼并严重，农民大量破产，不得不外出逃生，适逢西方殖民者东来，开发南洋、美洲急需劳动力。如英国占领马来西亚后采取授地、贷款和“不干涉”的鼓励开发政策，引诱华人前往。旧金山的金矿开采、美洲铁路兴建和种植园等，在 19 世纪初黑奴解放的情境下，也十分需要新的劳动力来源。在这一“推”一“拉”的双重作用下，19 世纪出现了华工出国高潮。据研究，1800—1850 年出国华工约 32 万人，年均 6 400 人；1851—1875 年出国华工人数猛增至 128 万，年均 51 200 人，其中去美洲的 53.5 万人；1876—1900 年出国华工为 75 万人，年均 3 万人。

“二战”后，与全球化相关的三个因素推动了中国人移居海外的新发展：一是亚洲人社会越来越发达与繁荣，尤其以中国人的社会为甚；二是老化的欧洲社会及其变化，从过去的移民输出地变成移民接受地；三是澳大利亚、加拿大、新西兰、美国等国家移民政策的改变，使得过去欧洲人占优势的移民，变成以亚洲人及拉丁美洲人占多数的情况。20 世纪五六十年代以后，中国人更多地迁往发达国家和大都会等“中心”地带，而且技术性、投资性移民所占比重越来越高。

第二节　当代海外华侨华人社会状况

一、华侨华人社团的历史与现状

华侨华人社团是华人社区的基础，是华人开展各项活动的枢纽，其演变可分为第二次世界大战之前和之后两大阶段。

早期华侨华人社团更多地受传统观念如敬神祈福、守望相助、光宗耀祖等影响，故而中国传统深厚的民间组织如宗亲组织、同乡会馆、同业行会等随之被移植到海外华人社区。早期华侨华人社团主要集中在亚洲，其次是美洲。主要是通过中国传统的几大纽带如血缘、地缘、行缘（业缘）及文化等组织起来的。它们既是华侨华人不同群体利益的代表者和维护者，也是华侨华人社会的自助性组织，其功能和作用包括联络乡亲情谊，团结互助；倡导文化教育，弘扬中华文化；谋求华侨华人福利，组织各种慈善机构，开展慈善活动等。

“二战”后华侨华人社团出现重大变革，绝大多数华侨加入居在国国籍，外籍华人成为海外华人的主体。华侨社团亦随之演变为华人社团，逐渐趋向本地化，社团功能、活动内容也有所调整。

首先，华人社团参政意愿明显，为华人的生存和地位争取平等的权益，动员华人参加居住国的选举，支持、赞助杰出的华人代表竞选。“二战”后，华人的经济实力大为增强，在美国、菲律宾、加拿大等国，华人是各少数民族中最为慷慨的竞选活动的募捐者。近年来，华人参政的意识日益增强，不仅积极关心政治，发表政见，参加投票，捐资助选，还大力进行各级政府机构的竞选，不少人在各级政府中担任要职。

其次，华人社团开始走向国际化。20 世纪 70 年代后，随着世界经济一体化步伐的加快，各国经济相互渗透、互相依存。在这种背景之下，华人社团进一步联络宗乡情谊，加强经济上的合作，弘扬传统文化，积极建立国际性组织。据不完全统计，国际性的华人社团组织在 20 世纪 90 年代初为 60 余个，世纪之交为 70 余个，其中近 70% 是 80 年代后成立的。在这些国际性的海外华人社团中，血缘性社团约占 34%，地缘性社团约占 20%，业缘性社团约占 27%，神缘性社团等其他社团占 19%。1971 年成立的世界客属总会，1981 年成立的国际潮团联谊年会就是世界地缘性社团。1963 年成立的世界华商贸易会，1991 年成立的世界华商大会，则为世界性的华人业缘组织。

国际性华人社团的活动，在仍然重视乡情、亲情，重视同宗、同乡福利的同时，更重视经济合作，重视提高华人的经济地位，定期召开恳亲大会或联谊年会。据不完全统计，近 20 年来召开的国际性华人社团联谊会约 100 次，聚会地点遍布亚洲、欧洲、北美，但多数集中在香港和新加坡。近几年来，越来越多的社团在中国大陆举办国际性的联谊会，例如海南会馆、安溪会馆、客属总会、同安会馆都先后在各自的家乡举办了大规模的国际性联谊会。

国际性华人社团联谊会的组织者和支持者多为著名的跨国华人企业家，该类活动还得到了许多当地政治家的支持。如世界福州联谊会的领导者包括马来西亚木材大王张晓卿、郭氏集团掌舵人之一的郭鹤年、印尼三林集团总裁林绍良、印尼哈拉班集团主席陈子杏以及印尼木材大王黄双安。马来西亚总理马哈蒂尔出席并主持了第二届世界同乡恳亲会的开幕仪式。1997 年 8 月在温哥华召开的第四届世界华商大会，加拿大总理和两名内阁部长也亲自参加了大会。而出席 2001 年 9 月在南京召开的第六届世界华裔大会的领导人即有当时的中国总理与全国政协主席。

二、海外华人经济的崛起

海外华人经济经历了长期缓慢发展的过程，在“二战”之前，海外华人经济主要表现为华侨经济，华侨资本积累缓慢。在殖民地半殖民地时代，东南亚各国早期华侨资本的积累主要是通过作为外国公司的代理商或经纪商而发展起来的，或由契约劳工和自由移民变为小商人，进而变为中间商，积累资本后投资工商业与种植园。大约在19世纪末20世纪初，华侨经济开始出现。其主要标志是华侨银行、华侨商会的出现。第一次世界大战期间，是华侨经济发展的黄金时期，东南亚一带出现了一些实力雄厚的华侨实业家，如陈嘉庚、李清泉、黄仲涵等，其中黄仲涵还创办了印尼第一家华人银行。1929年世界经济危机爆发后，华侨经济受到很大打击，但在东南亚经济中仍占有一席之地。

这一时期的华侨经济存在一些明显的缺陷：一是以商业为主，结构单一，商业、饮食、服务、种植是华侨经济的传统行业。二是资金规模小，无法与西方资本抗衡，生存艰难。三是从华侨整体看，大多数仍从事劳工、小商人、农民等低收入行业，生活困难。

从20世纪60年代中后期开始，东南亚各国华人经济随着东南亚国家经济的发展而获得了长足进步，其他国家的华人经济也快速增长。据测算，1975年东盟五国的华人资本总额就达166亿美元；1978年东南亚华人资本为500亿~600亿美元之间；1999年海外华人资本约为2 000亿~3 000亿美元之间。华人经济发生了巨大的变化，主要表现在以下几个方面：

第一，华人经济融入居住国经济，日趋本土化，这在东南亚尤为明显。战后华侨加入居住国国籍，由“落叶归根”到“落地生根”；其资金由于产业结构的多元化，也由流动的商业资本向产业固定资本发展，改变了过去那种“游资”居无定所的状况；20世纪60年代始，东南亚一些国家政府逐渐认识到华人经济对本国经济发展的重要性，调整了对华人的经济政策。上述因素使得华人改变了“过客”心理，愿意在居住国作长期投资，并且在金融业、制造业和不动产业投入了大量资金，对居住国经济发展及东南亚经济一体化作出了重要贡献。

第二，华人经济向规模化、技术管理现代化发展。“二战”前，华侨华人企业绝大多数规模小、管理落后，但经过战后的积累，特别是受过西方现代技术及管理训练的第二、三代华人接手企业后，以先进的理念管理企业，使得华人企业不仅规模大，科技水平高，管理也日趋现代化。

第三，华人经济的产业结构从单一到多元的发展。战前华人经济以商业为主，战后这一状况大为改观，华人经济遍布各个领域，尤以工业、金融、房地产业发展突出。在新加坡华人资本主要集中在木材加工、电子电器、造船、金融等领域；菲律宾华人控制了菲律宾纤维业的60%、烟草业的70%、金融业的30%；印尼华人资本控制着该国面粉制品业的75%、成衣业的80%、木材夹板业的80%、纺织业的65%。

第四，华人经济的国际化发展。20世纪70年代始，随着全球经济一体化进程的加快及华人经济实力的增强，华人资本开始突破所在国的界限，向海外发展，成为一支重要的新兴跨国资本力量。如泰国盘谷银行在世界各地设有16个分行；印尼中央亚细亚银行的资本遍及印度尼西亚、荷兰、中国香港；新加坡大华、华侨、华联三大银行集团在海外的分支机构分别达到55家、42家、69家，海外附属企业分别为20家、23家、15家。印尼的三林集团在20世纪70年代末和80年代初，相继收购了中国香港、荷兰、美国等地的公司，组建起以第一太平洋企业集团为核心的跨国公司，以贸易、电信、银行和房地产为主，企业遍布25个国家和地区。

第五，华人经济的家族化特征。战后，华人企业的技术水平、管理方式逐步走向现代化，国际化趋势也益发明显，但家族化仍是非常重要的特征，尤其是1997年亚洲金融风暴前，这一特征还被很多人视为东南亚及华人企业成功的要素之一。

华人企业的家族化特征有两方面的表现：其一，在内部经营和管理上，具有浓厚的"家庭主义"、"家长主义"、"世袭主义"和"人格至上主义"的色彩。企业核心领导层，无不由家族成员或家族姻亲组成和控制。子公司的决策管理层，也一般由家族成员组成，从而控制家族企业的所有权和经营权。其二，华人企业对外投资和贸易，地缘和血缘关系往往是考虑的重要因素。

学界大多认为，华人家族企业的最大弱点在于领导层的交替和继承方面。事实上，1997年的亚洲金融危机暴露了华人家族企业集团家长式经营的弊端，促使他们进一步转变经营思想。

三、从华侨教育到华文教育[①]

华侨素有倡办教育，继承和发扬中华文化的优良传统。近半个多世纪以来，海外华文教育经历了大起大落的变化，即20世纪50年代中期的繁荣兴旺和随即的萧条衰败及80年代之后的逐步复苏。

华文（侨）教育的历史可追溯到18世纪创办的旧式私塾。1729年，印尼华侨在雅加达创建明诚书院；马来西亚的马六甲早在1815年左右已有3所中文学校；新加坡华侨在1854年创办萃英书院。19世纪末20世纪初，新式的华侨小学开始出现。如荷属东印度吧城（雅加达）中华会馆中华学校（1900年）、马来亚槟城中华学堂（1904年）等当属最早的一批新式华侨小学。到两次世界大战期间，华文（侨）教育得到了飞跃性的发展，尤其在东南亚地区，华侨小学几乎普及到了偏僻的海岛山乡，而且还创办了一批中学，一些影响极大的名校就是此期创办的。此外，为适应华侨社会对各方面人才的需要，女子学校、师范学校、职业学校纷纷出现，华文（侨）教育已成为独立的教育体系。至20世纪50年代中期，华侨教育发展到顶峰，形成了从幼儿园到大学的完整的教育体系。据台湾编撰的《华侨志·总志》统计，1955年，海外华文学校总数为4 376所，其中亚洲（含香港、澳门）4 171所，而亚洲的华文学校主要集中在东南亚地区。

这一时期的华文（侨）教育具有以下特点：第一，华侨创办管理学校，保持学校的独立性，不接受当地政府的资助，也不依赖中国政府拨款，其教育经费主要靠华侨各种募捐和华侨社团赞助。第二，教育层次和水平不高。小学占绝大多数，中学和中等职业学校也有一些，专科以上的很少，大学仅有新加坡的南洋大学（1980年并入新加坡国立大学），菲律宾的中正学院勉强可列为大专院校。海外华侨华人子女要想接受高等教育，只好到中国升学或升入当地及欧美等地高校。第三，认同中国，并得到晚清政府和民国政府的支持。华侨学校大多秉承继承中国传统文化、发扬爱国精神的宗旨，故采用中国教育的原

① 华侨教育和华文教育是两个既有联系又有区别的概念。其共同点是二者均教授汉语语言文字和宣讲中华文化，在文化传统和民族性上有着一样的认同。但二者也有根本性的区别：①在教育性质上，华侨教育是中国本土教育在海外的延伸，是独立于所在国教育体系之外、自成体系的侨民教育，而华文教育是华人所在国教育的组成部分，是华人的母语教育。②在教育内涵上，华侨教育是正规学校，华侨子女接受的是系统的素质教育，而华文学校主要进行母语教育，仅是“华文教学”，华人子女的全面素质教育则在当地的学校进行（马来西亚除外）。③从教育对象看，一个是华侨子弟，一个是华人子女。④从其产生及存在背景看，华侨教育是华侨民族主义和爱国主义的产物，而华文教育是华侨社会向华人社会转化、华侨成为华人的必然结果。二者的区别是本质的、内在的，学界多用“华文教育”来涵盖，但具体阐述时，会自觉加以区分。

则，学制、师资、教材等基本来自中国，很多学生也把回中国升学作为学习的目标。

"二战"后达到鼎盛的东南亚华文（侨）教育，从20世纪50年代末开始危机四伏，到60—70年代更是每况愈下，全面走向衰落。60年代印尼有1 344所华校被关闭；缅甸223所华校停办。70年代越南、柬埔寨、老挝有430所华校停办，泰国华校也由原来的430所减至217所。与此同时，保留下来的华校，其教学目的、对象、教学内容等均发生了根本性的变化，如大多数不再以继承中华文化为宗旨，学校的学生也大多数为华裔，学的内容不再是中国本位的华文教育，而演变为当地教育体系的组成部分。

华侨教育逐步让位于华文教育。与战后华侨华人社会的变迁、华侨华人所居国政策的变化及新中国成立后侨务政策的调整有密切的关系。

首先，战后东南亚各国独立后，推行民族主义政策，在文化教育上采取同化政策，对华侨学校、中文教育实行限制、消灭的办法，以期使华侨华人最终摆脱中华文化的影响，淡化乃至彻底消除他们的民族意识。同化政策推行时往往受到有关国家政治因素的制约和影响，有的较为平和、理性，有的则带有强制色彩，甚至伴有反华排华暴力事件。

其次，教育主体发生了变化。20世纪50年代前的东南亚华人社会以客居者居多，和祖国联系密切。新中国成立后，没有大量的中国移民涌至东南亚，这一地区华人人口的增长主要依赖自然增长。土生华人和前辈相比，对中国的认同感要淡薄得多，即便在"二战"前，当以中文为教学媒介的华侨教育占主流时，也有不少华侨子弟进入西方文字（英、荷等）源流的学校学习，"二战"后这一情况更加普遍。特别是他们选择了所在国国籍、落地生根后，为谋更好的发展，教育的实用性被置为学习的首位。

再次，新中国侨务政策的调整。1955年中国和印度尼西亚政府签订了关于双重国籍问题的条约，正式放弃了基于血统原则的《国籍法》，解决了双重国籍的问题。这有利于华侨华人的长期生存和发展，有助于改善新中国和有关国家的关系。与此相适应，中国政府提出了"面向当地"的华侨教育方针，主张选择了所在国国籍的华人子弟应入当地的学校学习，"已经选择了所在国国籍的人，就应该效忠于那个国家，不再参加华侨团体，不再参加中国的政治活动"，因而独立于所在国教育体系之外的华侨学校已不合时宜了。

除此之外，高水平师资的缺乏、办校经费的减少及因国共两党对立导致华侨社会分裂等因素也是这一时期华文教育衰落的原因。

进入20世纪80年代，随着中国综合国力增强，国际影响力日增，华文在国际交往中的作用日渐重要；中国逐步改善了与世界各国尤其是东南亚国家的关系，对外政治、经济联系日益密切，也提高了华文在这些国家的地位。这一变化，使华文不仅是维系海内外炎黄子孙的纽带，也是进行中外经贸活动的重要媒介。华文教育由此出现了复苏振兴之势，在内涵、外延上都有了较大的拓展，并与中华民族的复兴紧密相连。其主要表现有：

第一，东南亚国家这一传统的华文教育地区不同程度地放宽了对华文教育的限制，一度受到打压、取缔的华文教育在较为宽松的环境中重现生机。如泰国 1992 年正式取消对华文的各种限制；马来西亚从 1992 年开始鼓励华人将子女送进华文小学就读；新加坡政府也放宽对华文的限制，决定在一些学校重新增设从小学到高中的华文第一语文班；越南开始允许华侨华人子弟接受华文教育。

第二，西方发达国家及一些新兴地区出现“中文热”。据海外媒体称，法国共有 90 所中学开设汉语课，巴黎东方语学院中文系学生多达 1 500 人；英国有 486 所大、中学校开设汉语课，进修人数超过 10 万人；在荷兰，有 30 多所中文学校，华裔学生 3 000 多人；美国 1990—1995 年，学习中文的学生增加了 36%，到 1996 年年底，全美共有 634 所中文学校，学生约 82 000 人；在韩国，自中韩建交后，中韩贸易剧增，汉语受到重视，近年兴起了“复活汉字”运动，各类学校纷纷开办汉语班，80% 的小学设立了汉语课。

第三，华文教育对象从华裔子弟扩大到其他各族群体，学习华文也不再像过去那样单纯是为了继承中华文化传统，而变为人们进行经济、文化、科技交流的工具。这使得华文教育不单呈现民族性，而且还呈现社会性，即逐步突破华人社会的圈子而向社会开放。

总的来看，20 世纪 80 年代后华文教育发展的新转机将会随着中国经济的进一步发展，中国与世界各国特别是东南亚各国经济文化交流与合作的加强而进一步发展并长期存在下去，并将突破继承中华文化传统这一宗旨，更多地起着传播中华文化，联络海内外炎黄子孙情感，促进中国与世界各国经济文化交往的作用。

第三节　华侨华人对中国革命和建设事业的巨大贡献

一、晚清以来中国政府侨务政策的变迁

秦汉以降至元末，历届王朝政府基本上奉行开放的海上贸易政策，对移民未加特别的限制。迄明清两朝，一直推行禁止私人海外贸易的政策，更不许移居海外。这一时期，中国政府眼中的海外华人多与叛离者、叛国者和阴谋策划

者画等号。如 1727 年清政府颁布的一项法令便将海外华人归为不良分子，认为如果让他们无限期在海外居留会产生负面影响，使更多的人有样学样。康熙年间，规定“凡出洋久留者，该督行文外国，将留下之人，令其解回立斩”。1740 年，印尼雅加达发生“红溪惨案”，清朝乾隆帝对荷兰殖民者不仅不加谴责，反而认为华侨“莠民不惜背弃祖宗庐墓，出洋牟利，朝廷概不闻问”，实际上自动放弃了对华侨的保护权和管辖权。清廷敌视海外华人，其律令之严酷，前所未有。

鸦片战争后，中国国门被西方列强打开。列强正积极开拓殖民地，急需大量廉价劳动力。他们通过“苦力贸易”诱使大批华工出洋。1860 年，清廷迫于英法的压力，签订《北京条约》，准许华工自由出境。内忧外患之下，清廷部分有识之士意识到海外华人经济力量之雄厚与爱国精神之强烈，主张利用海外华人的实力，推动中国的自强运动。同时，李鸿章、丁汝昌、陈兰斌等人深切理解到“苦力贸易”的流弊和出洋华工的悲惨遭遇，因而主张予以取缔和保护。于是，清廷对海外华人政策改弦易辙，从敌视变为保护，是为设领护侨之始。1893 年，在驻外公使薛福成、黄遵宪等人的建议下，清廷正式解除海禁，允许人民自由出境。1899 年 10 月，光绪帝颁布保护中国移民法令，申明保护归侨利益，视海外华人为华侨，要求中国驻外使领馆官员尽其所能在驻在国帮助和保护中国人。清廷对侨民的关注，体现在 1909 年颁布的第一部《国籍法》。该法据血统主义原则，规定凡父亲或母亲为中国人，则不论其子女出生何地，都被认为是中国国民。

民国伊始，孙中山在担任临时大总统和随后主持广东革命政府时期，颁布了多种保护华侨的法令，如禁止贩卖“猪仔”，保护华侨在国内外的正当权益，鼓励华侨回国投资兴办实业等。孙所倡导的《中华民国临时约法》和《参议院组织法》等规定，参议院须有 6 位华侨议员参政，开法定华侨参与国政的先河，终民国时期，该法规历久不变。北洋政府时期，一方面继承晚清政府的侨务政策，另一方面根据国情和侨情的变化，制定了专门性的法规。主要涉及华工、华侨归国与投资，教育与设置侨务机构等事宜。北洋政府还设立了专门的侨务机构，如先设地方性的福建暨南局，后在国务院设侨工事务局，这是中国第一个中央政府专职侨务的机构。

南京国民政府成立后，对侨务更为重视。1929 年，颁布新的《国籍法》和《国籍法实行条例》，再次强调血统主义原则，这两部法律迄今仍在台湾沿用。1932 年，侨务委员会改隶国民政府行政院为行政机构，总揽全国侨务行政职能。1931—1948 年，国民政府根据形势需要，还颁布了数十种法规，主要集中在侨民教育、华侨投资、海外社团和出入境等方面，其中以华侨教育为最多，至少有 16 种以上。20 世纪 30 年代，海外华侨学校已有 2 000 多所。南京国民政府希望通过教育激发华侨的民族与文化情感，并将其导向效忠中国及其政府。同时，为联络海外华侨社团，南京国民政府在海外建国民党支部，发展华侨党员。到抗战前，国民党支部遍布海外主要华侨集居地。到抗战爆发时，国民党已能有效动员华侨力量，支援祖国抗战。但抗战结束后不久，中国陷入全面内战，华侨在政治上也分为敌对的两大阵营，并影响至今。

1949—1954 年，新成立的中华人民共和国基本上延续了南京国民政府的海外侨务政策：以血统主义为原则，所有海外华人为中国国民，应首先对中国尽义务，华侨教育和出版的宗旨是宣传爱国主义和民族主义，认可华侨的参政权，护侨为政府职责。但"二战"后东南亚国家于独立后相继采取同化华侨的政策，使得新中国华侨政策的推行不利于中国发展与侨居国的外交关系。在冷战的大背景下，为扩大外交空间，突破英美等西方国家的外交封锁，中国政府于 1954 年调整华侨政策：由强调华侨效忠中国转而鼓励华侨争取居留地国籍。次年，周恩来总理在万隆会议上宣布：中国为了向亚洲新兴独立国家表示善意并解除其对华侨"第五纵队"的担忧，愿意扬弃原有的华侨政策，鼓励华人选择所居国国籍。该年，中国与印尼政府签订《关于双重国籍问题条约》，规定印尼华人只能选择一个国籍，效忠一个政府。凡选择了居留地国籍的华人，将成为外国公民，中国政府称之为海外华人；而保留中国国籍的华人，仍称华侨，但必须遵守居留地的法律和习俗。这标志着中国新侨务政策的肇始。当然，它并不意味中国政府对海外华人全然"置之不管"，而是采取了更为灵活、更为务实的政策。

"文化大革命"时期（1966—1976 年），受"极左"思潮影响，海外华侨华人受到歧视，归侨遭受了不平等待遇。1978 年改革开放后，这一情形有了根本性改变。1978 年，领导全国侨务工作的机构——国务院侨务办公室（侨办）成立，何香凝、廖承志、廖晖等先后主其事。各省的类似机构也得以设立。1980 年，中国的《国籍法》重申："任何定居外国的中国人，一旦归化后，并自愿取得外国国籍，即自动丧失中国国籍。"但在实际的认识上，外籍华人并不是纯粹的外国人，因为他们与中国依然有着浓厚的文化及民族情感上的联系，并将在中国的现代化进程中扮演重要的角色。同时，中国政府将新中国成立初期国内侨务工作的八字方针充实为十六字方针，即"一视同仁，不得歧视，根据特点，适当照顾"。从各方面保护和激发广大归侨、侨眷的爱国热情，调动他们投身于国家社会主义现代化建设的积极性。"一视同仁，不得歧视"，是指在法律上归侨、侨眷和全国各阶层人民完全平等，享有同样的权利和应尽的义务。在就业、工作、晋升、参军、入学、出国等方面，不得加以刁难和限制。“根据特点，适当照顾”，就是从侨胞的特点出发，在政策上需要适当照顾。1990 年，全国人民代表大会通过《中华人民共和国归侨侨眷保护法》，这是中国第一部有关侨务的专门法律，使广大归侨、侨眷的合法权益有了根本保障。侨务工作走上新的历史发展轨道。

二、海外华侨与中国近代革命及建设

近代中国，积贫积弱，国际地位低下，海外华侨也备受歧视，处境艰辛。正如宋庆龄所言，他们“在其居留地政府统治下，久已深切体验到被压迫民族所受之待遇与痛苦。所以能够了解祖国之兴衰存亡与侨胞之福利甚大，具有国家观念”。因而，华侨期盼祖国能繁荣强盛，能摆脱列强的欺辱。为表达对祖国的赤子之心，为振兴中华，他们或回国投资，实业救国；或支援、参加国内的革命与抗战事业，倾其所有乃至生命，为近代中国革命和建设作出了不可磨灭的贡献。

实业救国是许多中国人的选择。身居海外的华侨从近代中国落后及与西方资本主义的发达这一对比中，深深认识到创办实业、发展民族经济的重要性，遂纷纷回国投资创办实业，推动了中国近代民族经济的建立与发展。如早在 1872 年，越南华侨陈启源就在广东南海县创办继昌缫丝厂，为中国近代最早的民族资本主义企业之一。1906 年，马来西亚华侨何麟书在海南开辟了琼安公司橡胶园，并于 1919 年集资在广州创办了中国第一家橡胶公司。中国第一家近代化的酿酒厂是印尼华侨张振勋于 1892 年筹建于山东烟台。华侨简照南、简玉阶兄弟在上海创办的南洋兄弟烟草公司，是中国第一家近代化卷烟厂。华侨还回国兴建了 3 条铁路，其中潮汕铁路和漳厦铁路是由印尼华侨张榕轩兄弟与东南亚华侨集资兴建。据统计，到 1949 年，华侨在国内投资共 25 510 宗，资金达 1. 28 亿美元，其中 80% 来自东南亚。应指出的是，华侨在国内的投资，往往出于爱国热忱，如张榕轩兴建潮汕铁路，就是为了与西方列强争路权；华侨黄奕住出巨资资助史量才的《申报》，是为了促进中国民族报业的发展。

除回国投资兴办实业外，侨汇对近代中国的经济建设也起到了重要的作用。据估计，1862—1949 年，华侨向国内的汇款，折合美元约 35. 1 亿之巨。另外，华侨还积极捐资推进近代中国的文教卫生事业的发展。如著名华侨陈嘉庚、陈六使、黄奕住、李光前、胡文虎等，都为祖国的教育和公益事业作出了巨大的贡献。

近代中国人民的反帝反封建斗争，特别是孙中山领导的辛亥革命、反袁斗争，海外华侨都给予了积极支持，并作出了重大贡献。孙中山在《1916 年致海外革命同志书》中说："此次推翻帝制，各阜华侨既捐巨资以为军费，而回国效命决死，以为党军模范者复踵相接。"他高度评价华侨对辛亥革命的贡献，赞誉"华侨是革命之母"。

孙中山早年从事革命活动，多是通过海外华侨洪门组织的支持、资助进行的。1894 年 11 月兴中会成立时，其成员中 78% 是华侨；著名的黄花岗 72 烈士中，华侨就有 29 位。孙中山从 1895 年到 1911 年，为推翻满清王朝，先后发动了 10 余次武装起义，每次起义都有华侨参加。而捐款支持辛亥革命，是华侨最大的贡献。孙中山在《中国革命史》一文中回顾辛亥革命的历史时说："慷慨助饷，多为华侨；热心宣传，多为学界；冲锋破敌，则在新军与会党。"据不完全统计，1894—1912 年，华侨对辛亥革命的捐款为 700 万～800 万元（港币）。此外，华侨还积极认购了兴中会和同盟会发行的各种债券。

辛亥革命失败后，袁世凯复辟帝制的活动遭到海内外中国人的一致反对，海外华侨纷纷通电谴责其倒行逆施的行为，并积极筹措款项 200 万，资助革命军，还有不少华侨青年回国参加讨袁斗争。在广东有华侨决死队，在山东有华侨义勇团。

抗日战争是中国人民抗击日本帝国主义侵略的民族解放战争。具有强烈爱国主义情感的海外华侨，从财力、物力、人力方面积极支援祖国抗战，在抗战史上谱写了壮丽的篇章。

早在"七七事变"前，海外华侨就组织了一些抗日救亡团体。如"九一八事变"后不久，菲律宾华侨就成立"菲律宾华侨救国联合会"，推曾廷泉为主席，支持中国的抵抗运动。据中国驻马尼拉总领事 1933 年 6 月的报告，1931—1933 年的 26 个月里，菲律宾华侨为赈济国内水灾灾民、支持十九路军防守上海、支持东北和热河的抗日义勇军，共输捐 200 万美元。中日全面战争爆发后，海外华侨抗日团体如雨后春笋般涌现，他们提出的口号是："组织华侨千百万，复兴民族一条心。"1937 年 10 月 10 日，马来亚新加坡华侨筹赈祖国伤兵难民大会委员会（简称"新加坡筹赈会或星新筹赈会"）正式成立，陈嘉庚任主席。次年 10 月 10 日，南洋各地华侨救亡团体组成"南洋华侨筹赈祖国难民总会"（简称"南侨总会"），下辖 80 多个华侨爱国团体，至 1940 年发展到 702 个，陈嘉庚任主席。该团体也成为海外华侨救国团体中人数最多、影响最大的团体。据统计，抗战期间，海外华侨成立的各种抗日救国组织达 2 789 个。这些团体成立后，主要从事宣传和捐款活动，还组织慰问团回国慰问广大抗战将士。

海外华侨对抗战最大的支持就是从经济上援助祖国。当时华侨开展的捐献活动形式多样，有常月捐、纪念捐、货物捐、义卖捐等方式。仅 1939 年，海外华侨就寄回祖国义捐款1亿元（国币），其中南洋华侨捐款额最大，1938年10月到1941年年底的3年间，南洋华侨共汇款国币30亿元，其中有4亿元是义捐。这中间，抗日常月捐影响最大，有几百万华侨响应，每月捐约700万元。他们的口号是："抗战一日不停，月捐也就不停捐下去，直到民族得到解放为止。"在抗日筹赈运动中，爱国侨领以身作则，出钱出力。陈嘉庚带头每月捐献2 000元，直至抗战结束。南侨总会副主席、菲律宾侨领李清泉，带头认购公债40万元。他在1940年弥留之际还留下遗嘱，捐款10万美元抚养祖国难童，后来他的亲友又筹集了40万美元汇回国内资助难童。全美致公堂侨领司徒美堂、阮本万两先生推动洪门人士捐献5 400万美元。南洋著名华侨胡文虎，慷慨认购"抗日救国公债"200万元，并义捐50万元。抗战开始的前5年，华侨抗战义捐3.87亿美元，这期间义捐和寄回的赡养费共50亿美元，成为支持祖国抗战的重要财源。

抗战期间，中国重要城市和沿海地区被日寇占领，经济濒临崩溃，物资极为匮乏，在这种情况下，华侨千方百计捐献各类战争急需物资。据统计，从"七七事变"至1940年初，华侨捐献的各种物资，总数为3 000批以上，平均每月100批左右。截至1940年10月，华侨捐献各种飞机217架，战车27部，救护车1 000多辆，大米10 000袋（泰国一地），以及大量的药品、雨衣、胶靴等杂用品，共计35 000万元（约合10 300万美元）。其中，1938年，菲律宾华侨捐献50架飞机；缅甸华侨捐献救护车、运输车百辆以上；陈嘉庚投资200万在重庆创办制药厂，生产的西药尽数运往前线救治伤员和难民；1938年秋至1939年夏，南洋华侨发起捐献衣服，特别是捐献寒衣，共募集衣服700万套。上述捐献的战争物资，有力地支援了抗战前线。

对抗战最直接的支援，就是大批华侨青年回国参战。关于华侨回国参加抗日战争的总人数，至今无准确统计。但据广东省侨务委员会1964年的统计，仅粤籍华侨回国参战者就有4万多人，其中南洋华侨4万人，美洲和澳大利亚等地约1 000人。闽籍华侨回国参战的人数，一般估计不会少于粤籍回国人数。在这数以万计的回国参战华侨中，大多数是具有一定专业技能的抗战急需人才，如技工、飞行员、机械师、医务人员等。抗战爆发后不久，随着中国沿海地区的沦陷，海上通道被日军封锁，滇缅公路在相当长时期里成为对外联系的唯一途径，担负着运输军需物资的繁重任务。但当时司机极为缺乏，西南运输公司负责人宋子良通过陈嘉庚在华侨中招聘司机和维修工，在很短的时间内就招到3 200多人。这批华侨机工组成"华侨先锋大队"，驾驶着由南侨总会筹款配置的汽车，日夜奔驰在危险重重的滇缅公路上，一次次出色地完成运输任务。其中有近半数人在日军飞机的轰炸下献出了宝贵的生命。

三、华侨华人与新中国的建设事业

海外华侨华人身居海外，但心系中国，一直希望建立一个独立、富强的中国。新中国成立后，尤其是近 20 多年来，广大的华侨华人积极参与中国的改革开放和现代化进程，成为中国经济建设和社会发展的一支重要力量及中国与他国发展友好关系的重要纽带。

资金是经济发展的源泉。改革开放以来，海外华侨华人积极向中国投资，有力地促进了中国经济社会的发展。如前所述，华侨向中国投资可追溯到 100 多年前。1949 年新中国成立至 1978 年，前半段由于中国实行计划经济，不允许海外资本经营企业，故华侨华人投资量不大，仅 1 亿元左右；后半段由于“文化大革命”的原因，华侨华人在大陆的投资中断。

中国大陆实行改革开放政策后，重视吸引包括华资在内的海外投资；加之海外华侨华人经济实力的增强及相对有利的国际环境，海外华侨华人纷纷到中国投资，形成了持续的投资热潮，并成为进入中国外资的主力。据统计，从 1979 年到 1991 年，大陆批准利用外资协议金额 1 214. 7 亿美元，实际利用外资 796. 27 亿美元，其中，外商直接投资 268. 85 亿美元，包括港澳台资本的海外华资 179. 32 亿美元，占外商直接投资的 60%。1992 年到 1997 年的 6 年间，外商直接投资 1 968. 1 亿美元，其中海外华资为 1 276 亿美元，约为此期外商投资的 65%。其投资区域遍及全国各地，投资领域也扩大到政策允许的所有范围。1997—2000 年，海外华资在中国稳步发展，3 年间增加了 1 094. 6 亿美元，约占此时期外资总数的 63. 6%。在广东、福建等主要侨乡，海外华资所占的比例更高。

华侨华人在中国投资对中国经济建设具有重要的意义，如促进了中国改革开放的不断深入，缓解了中国现代化建设中资金短缺的困境，扩大了城乡劳动力的就业及增加国家财政收入等。此外，华侨华人在大陆的投资，还增强了他们与祖（籍）国的感情和联系，同时也促进了中国与华侨华人居住国的经贸合作与友好往来。

海外华侨华人具有造福桑梓、热心家乡公益事业的优良传统，尤其是对教育的捐赠，是华侨华人捐助公益事业的重点。新中国成立后，华侨华人回乡捐资办学和从事公益事业，进行赈灾义捐活动。据不完全统计，1949 年到 1966 年的 17 年中，仅广东华侨捐办的中小学和幼儿园就有 100 所，福建华侨捐办的中学 60 所。1978 年后，华侨华人的捐赠活动出现热潮。在对外开放的头 5 年，海外华侨华人和港澳台同胞为广东捐资兴建的大中小学达 2 000 所，著名侨乡福建晋江近 80% 的中小学为华侨华人所援建。另据统计，1979—1989 年，全国接受海外华侨华人和港澳台同胞的捐赠折合人民币55亿元，其中用于办学的达20.6亿元。这些捐赠除兴办教育外，还大量用于公益事业，如办医院、修筑桥梁等。仅广东梅州2011年接受海外侨胞、港澳台同胞捐资就达1.22亿。

海外华侨华人心系故国的赤子情怀还表现在每逢国内遭遇重大自然灾害时，他们都慷慨解囊，予以捐助。如1991年夏，长江中下游、淮河流域、松花江流域普降暴雨，遭遇百年一见的洪涝灾害，人员伤亡、财产损失惨重。消息一经传出，海外华侨华人纷纷捐款捐物，参与救灾活动。2010年6月，福建省台胞台企向省内因持续特大暴雨造成灾情的地区捐款捐物300万多元人民币。

大致而言，近年来华侨华人的捐赠活动可分为两个阶段。一是1979—1992年，为华侨华人捐赠的恢复和初步发展时期。其特点是直接捐赠某项事业，尤其以建楼为主。这一阶段的捐赠，地域特征明显，即主要捐赠本乡本里和母校，特别是表现在对家乡中小学和公益事业的捐赠上。二是1993年至今，为华侨华人捐赠活动的大发展时期。这一阶段的捐赠主要集中于增长知识的教育事业和救死扶伤的医疗卫生事业。

很显然，改革开放后海外华侨华人对国内捐赠热潮的出现，最重要的原因是其爱国爱乡传统及近年来国内良好的政策环境使然。如李嘉诚先生在谈及捐巨资办汕头大学时说："支持国家建设，报效桑梓，这是我们应尽的天职，也是我抱定的宗旨。近数年来，政府顺应民心，实行开放政策，使旅居各国的华侨和港澳同胞更感报国有门。所以，我就捐资兴建汕头大学，以更好地为中国四化建设培育英才，一表赤子拳拳之心。"

侨汇原指中国旅居海外华侨以及港澳台同胞从事各种职业所得而对大陆亲友的汇款，主要用于赡养国内亲属的生活用款，也是中国非贸易外汇的主要来源之一。华侨汇款及其相应机构的出现是鸦片战争后的事。民信局约在19世纪60年代出现，19世纪70年代至20世纪50年代，华侨汇款主要以民信局为主，也是华侨汇兑最重要的机构（民信局在新中国成立后改称侨批业），到1975年，侨批业结束。

在经济落后或处于发展阶段的近现代中国，侨汇成为平衡国际收支或对外贸易入超的主要法宝；在当代中国，从整体上看，侨汇对于弥补外贸入超和国家财政收支平衡也起到了重要作用。同时，侨汇不但是国内侨眷的主要生活来源，也是国外华侨华人与家乡联系的纽带，对侨乡的建设起着积极的作用。

由于海外华侨华人人数多，分布地域广，侨汇历史长，汇款币制多元，汇款途径复杂，经手机构多，故自近代至今，准确的侨汇数额无法统计。据分析，自1864—1988年的124年间，海外华侨华人与港澳台同胞汇入的侨汇数额为131.2亿美元，其中，1864—1911年为6.5亿美元；1912—1949年为28.6亿美元；1950—1988年为96.1亿美元。

近些年来，由于新一代移居华人崛起，侨汇数额增长非常迅速。据人民银行上海分行调查，近几年，仅福建省福清市年均侨汇就达20亿~30亿元人民币，约合3亿美元。福清藉新移民政府统计为8万多人，实际应有10余万人，约占大陆新移民的1/20。2008年中国大陆侨汇金额为350亿美元，居全球第二。

参考书目：

1. 冯子平：《华侨华人史话》，香港：香港天马图书有限公司2004年版。

2. 蔡北华：《海外华侨华人发展简史》，上海：上海社会科学院出版社1992年版。

3. 潘翎：《海外华人百科全书》，香港：三联书店（香港）有限公司1998年版。

4. 蔡德奇、江永良：《华侨华人的新发展》，厦门：厦门大学出版社2001年版。

5. 高伟浓、石沧金：《中国的华侨华人研究：对若干华侨华人研究其刊载文的摘评（1979—2000）》，北京：中国华侨出版社2002年版。

6. 吴凤斌：《东南亚华侨通史》，福州：福建人民出版社1993年版。

思考题：

1. 简述华侨华人的概念。
2. 简述中国人移居海外的历史过程。
3. 简述华侨华人社会概况。
4. 简述海外华侨对祖国的贡献。
5. 举例说明海外华侨的优良传统。
6. 阐释当代中国侨务政策。
7. 新时期华侨参与国家现代化建设的主要形式有哪些？